HONGARIJE 1944-1945

De vergeten tragedie

Ciceroreeks nummer 2

PERRY PIERIK

HONGARIJE 1944-1945
De vergeten tragedie

*

De laatste Duitse offensieven van de
Tweede Wereldoorlog

*

De ondergang van de laatste joodse gemeenschap
in Europa

*

1995 Uitgeverij Aspekt

CIP-GEGEVENS KONINKLIJKE BIBLIOTHEEK, DEN HAAG

Pierik, Perry

Hongarije 1944-1945, de vergeten tragedie : de laatste Duitse offensieven van de Tweede Wereldoorlog, de ondergang van de laatste joodse gemeenschap in Europa / Perry Pierik. - Nieuwegein : Aspekt ; Beusichem : Ef & Ef [distr.]. -(Cicero ; nr. 2)
Met lit. opg.
ISBN 90-75323-03-4
NUGI 641
Trefw:.: Hongarije ; geschiedenis ; Wereldoorlog II.

Oorspronkelijke titel: Hongarije 1944-1945, de vergeten tragedie
1995 Uitgeverij Aspekt b.v., Nieuwegein
Copyright 1995 © Perry Pierik

Foto omslag: Bundes Archiv Koblenz/Perry Pierik/Xander Colee
Druk: Drukkerij Wilco, Amersfoort
Verkoop en distributie aan de boekhandel EF & EF, Beusichem

Alle rechten voorbehouden. Niets uit deze uitgave mag worden verveelvoudigd, opgeslagen in een geautomatiseerd gegevensbestand of openbaar gemaakt, in enige vorm of op enige wijze, hetzij elektronisch, mechanisch, door fotokopieën, opnamen of enig andere manier, zonder voorafgaande schriftelijke toestemming van de uitgever.

Voor zover het maken van kopieën uit deze uitgave is toegestaan op grond van artikel 16B Auteurswet 1912 j° het Besluit van 20 juni 1974, St.b. 351, zoals gewijzigd bij het Besluit van 23 augustus 1985, St.b. 471, en artikel 17 Auteurswet 1912, dient men de daarvoor wettelijk verschuldigde vergoedingen te voldoen aan de Stichting Reprorecht (Postbus 882, 1180 AW Amstelveen). Voor het overnemen van gedeelte(n) uit deze uitgave in bloemlezingen, readers en andere compilatiewerken (artikel 16 Auteurswet 1912) dient men zich tot de uitgever te wenden.

Inhoud

Inleiding: Hongarije als sluitstuk van Hitlers destructieve
politiek 7
Complot te Klessheim 13
De brandende olie van Ploesti 31
De geheime kracht van Ferenc Szálasi 55
De vernietiging van de Hongaarse joden 71
Wacht am Donau 107
Boedapest wordt geofferd 123
Prelude 'Konrad' 147
Frühlingserwachen: Hitlers voorjaars-offensief 205
Terugtocht op de Reichsschutzstellung 227
Wenen, de olie van Zisterdorf en de mythe van de
Alpenfestung 243
De Hongaarse tragedie 277
Bronnen 287
Bronnen I. Boeken 289
Bronnen II. Artikelen 302
Bronnen III: Ongepubliceerde bronnen 305
Bronnen IV: Archiefmateriaal 307
Bronnen V: Mondelinge en schriftelijke
mededelingen/correspondentie ter inzage 309
Afkortingen 311
SS-rangen in vergelijking met rangen in het
Nederlandse leger (1940) 313
Namenregister 315

Inleiding

Met de dood van Adolf Hitler in de catacomben van zijn Berlijnse bunker in 1945 eindigde een politiek banditisme dat Hitler zelf eens getypeerd heeft als een 'Politiek des kühnen Wagnisses'. Het heeft lang geduurd voor de historici werkelijk iets begonnen te begrijpen van de man die de Tweede Wereldoorlog over de mensheid had gebracht, want de Tweede Wereldoorlog was bovenal Hitlers oorlog. Dit gebeurde in de jaren zestig toen men zich realiseerde dat Hitler niet slechts een boze opportunist was geweest met een handig instinct voor de zwakte van zijn tegenstander. Tot dan toe was het beeld van Hitler in verregaande mate bepaald door het werk van Hermann Rauschning die de opkomst van het nationaal-socialisme omschreef als een nihilistische revolutie. Rauschning zag Hitler als een man zonder doelen, die slechts uit was op het vergaren van macht. Een werkelijke wereldbeschouwing bezat Hitler volgens Rauschning dan ook niet. De ideeën die hij verspreidde, waren slechts een tactisch instrument in dienst van de macht. Bekende Hitlerbiografen, als Allan Bullock, traden in dit voetspoor. Georg Lukacz verklaarde dat Hitler 'geen gesloten ideeënsysteem had'.

Het komt de Duitse historicus Eberhard Jaekcel toe dat hij deze visie in 1969 definitief op zijn kop zette bij het verschijnen van zijn boek 'Hitlers Weltanschauung, Entwurf einer Herrschaft'. Bij werkelijke bestudering van Hitlers boeken, brieven, toespraken en politieke testament bleek er wel degelijk grote consistentie te bestaan in Hitlers gedachten en politiek handelen in de loop der jaren. Hitler was iemand die op buitengewoon starre wijze vasthield aan zijn basisideeën die hij reeds in een vroeg stadium gedefinieerd had. Een van de bewijzen hiervoor is 'Mein Kampf' dat achteraf gezien een buitengewoon openhartige bekentenis van Hitlers gedachtengoed blijkt te zijn. Jaeckel noemt het boek dan ook de ongelezen bestseller. Gezien het feit dat Hitler in totaal drie boekwerken uitgaf, verspreid over de tijd, bestond er de mogelijkheid de consistentie van Hitlers gedachtengoed te controleren. Het patroon werd almaar duidelijker.

Deze werkwijze werd overgenomen door een nieuwe generatie Hitler-biografen. Helmuth Heiber was één van de eerste die verklaarde dat Hitler en het nationaal-socialisme identiek waren. Sebastian Haffner sprak wat dat betreft van het bestaan van het 'Hitlerisme' waarvan Hitler zelf de Lenin en Marx in eigen persoon was. Het nationaal-socialisme was het privé-gedachtengoed van de man die van eenvoudig soldaat en mislukt kunstenaar uitgroeide tot Führer van het Duitse Rijk en wiens ideeën de politieke koers werden van deze regionale grootmacht in het hart van Europa. Nu kwam het er slechts nog op aan Hitlers politieke gedachtengoed te ontrafelen.

De kern van Hitlers ideeën - daarover zijn de historici het inmiddels wel eens geworden - vormt de gedachte dat de geschiedenis van de mens niet bepaald wordt door bijvoorbeeld sociale klasse of religie maar door volkeren en rassen. De buitenlandsepolitieke doelen van deze volkeren kan men kortweg definiëren als het vermogen van het volk te strijden voor zijn bestaan: in Hitlers termen het streven naar Lebensraum. In binnenlandspolitieke zin formuleerde Hitler dit als het verkrijgen van de benodigde macht ter uitvoering van dit buitenlandspolitieke beleid.

Terecht wees Haffner op het feit dat dit streven grote overeenkomsten heeft met het algemene machtspolitieke en geopolitieke denken van iedere grootmacht. Nieuw is echter bij Hitler dat het strijden een doel op zich was. Hitlers streven naar Lebensraum was tegelijkertijd ook een streven naar strijd. De eeuwige strijd vormde de kern van het bestaan en moest de zuiverheid van het ras stimuleren. Hitlers beoogde verovering van Lebensraum zou dan ook een nimmer afgerond plan zijn. In het oosten van het te creëren 'Kontinental-Imperium' (overzeese koloniën hadden in mindere mate Hitlers belangstelling) zou dan ook een open 'brandende' grens moeten ontstaan waar SS-korpsen in eeuwige strijd met de 'barbaarse' volkeren van het oosten zouden leven.

Het tweede punt waarop Hitlers ideeën volstrekt verschilden van die van de overige geopolitieke denkers van zijn tijd was het feit dat Hitler de komende strijd in rassentermen zag. Hierbij ging hij buitengewoon gevoelsmatig te werk. Nimmer in zijn geschriften of toespraken definieerde Hitler wat hij precies met deze rassen bedoelde. Duidelijk was in ieder geval dat hij de joden als de paria's van de wereld zag en dat hij de Slavische volkeren als Untermenschen beschouwde, die onderworpen dienden te worden. Daarmee komen wij terug bij Hitlers streven naar Lebensraum. Hitlers toekomstconcept voor Duitsland was de creatie van een 'Kontinental-Imperium' dat vrij zou zijn van joden, waarin de Slavische volkeren als knechten van het Duitse Herrenvolk zouden werken op het 'völkisch' opnieuw ingerichte land. In zijn 'Anmerkungen zu Hitler' concludeerde Haffner op basis van deze gegevens dat Hitler eigenlijk helemaal geen staatsman was aangezien Hitlers ideeën niets tot stand brachten. Zij veroorzaakten slechts ongelooflijk schade. 'Hitler heeft met verbazingwekkende kracht de plank misgeslagen.' Hitler maakte de vergissing het belang van een land af te leiden van de omvang van het grondgebied, terwijl juist de technologische ontwikkeling uiteindelijk bepalend zou zijn. Daarbij joeg hij met zijn hartgrondig anti-semitisme de internationale joodse gemeenschap, die in 1914-1918 over het algemeen pro-Duits georiënteerd was, tegen zich in het harnas.

Hitlers gedachten waren zo radicaal dat de meeste van Hitlers critici, voor en na de oorlog, hem lange tijd voor gek hebben verklaard. 'Die man bestaat helemaal niet', meende Kurt Tucholsky over Hitler, 'hij is alleen de herrie die hij veroorzaakt.' Was dat maar waar. Hitler was niet alleen een man met zeer uitgesproken radicale ideeën, maar hij was ook de man die ze tot uitvoer bracht en een volk vond dat bereid was hem te volgen! Hitler slaagde erin deze resultaten te bereiken door zijn positieve prestaties waarmee hij de waardering en ondersteuning van het Duitse volk won. We hoeven hierbij maar te denken aan het wonderlijke economische herstel van Duitsland na 1933.

Hitlers politiek was intelligent, effectief en succesvol, zeker in de beginjaren, hoewel zijn uiteindelijke doelen buitengewoon destructief zouden zijn en met een enorme contraproduktieve kracht zich uiteindelijk tegen Duitsland zouden keren. Om zijn ideeën gestalte te geven keerde Hitler zich af van de bestaande instituten alsmede de normen en waarden

van zijn tijd. Hij verliet de Volkenbond en wijzigde Duitslands economische aanzien in Europa. Hitler wilde het land veranderen in een autarkische staat die niet langer van de buitenwereld afhankelijk was voor zijn grondstoffen. Wat dit betreft, sloten Hitlers ideeën aan bij de lessen van de oorlog van 1914-1918. De schaarse grondstofreserves en voedselvoorraden waren het keizerlijke Duitsland in de loopgravenoorlog van '14-'18 ernstig opgebroken. De schrikbeelden van de Britse hongerblokkade rond Duitsland, waardoor 600.000 Duitsers verhongerden, was menigeen bijgebleven. Via een verandering van de status-quo (Lebensraum) wilde Hitler voorkomen dat dit ooit nog zou gebeuren.
Veel politici, militairen en zelfs burgers konden deze geopolitieke gedachtengang volgen en ondersteunen. Hitlers raciale invulling ervan en de enorme reikwijdte van zijn nimmer eindigende strijd was echter minder duidelijk of te onaangenaam om omarmd te worden. Hier wendde men zich af en vluchtte in de bewoordingen van Tucholsky.
De mythe rond het Nazisme was hierdoor ontstaan. Na de oorlog zouden veel Duitsers - ook historici - jammeren dat een 'dunkles Rätsel' over Duitsland was gekomen. Hitler was een uit de lucht gevallen onheil geweest, dat het land als weerloos slachtoffer had meegesleept in de ondergang. Rond dit thema brak een 'Historikerstreit' uit waarin het boek van de historicus Fritz Fischer, 'Griff nach der Weltmacht', een belangrijke rol speelt. In zijn in 1991 uitgebrachte 'Hitler war kein Betriebsunfall' keert hij zich wederom tegen deze 'Verharmlosung' van de Duitse geschiedschrijving.

Over Hongarije viel in 1944 en 1945 geen donker raadsel. Het was de voortzetting van de reeds door Jaeckel aangegeven constanten in Hitlers politiek die het beleid bepaalden: de vernietiging van de joden en de verovering van Lebensraum.
Hongarije vormt hiermee het logische sluitstuk van een reeds lang geleden ingezette Duitse politiek. Dit mag een enorme tragedie worden genoemd, gezien het feit dat Hongarije tot dan toe redelijk door de oorlog was heengekomen. Op vijf voor twaalf voor het einde van het Derde Rijk veran-

derde Hongarije echter in een rokende ruïne. De joodse gemeenschap van het land, de laatst overgebleven gemeenschap in Europa, viel ten prooi aan het commando van Adolf Eichmann. Dit gebeurde op een moment waarop iedereen wist wat uitlevering aan de Nazi's voor de joden zou betekenen. Ondanks vele smeekbeden en bemiddelingspogingen - voornamelijk van joodse en neutrale zijde - vond het laatste hoofdstuk van de Holocaust op enorm bloedige wijze doorgang. 'Het was de meest probleemloze vernietiging', concludeerde Eichmann naderhand.

Ter behoud van de Hongaarse olievelden en als springplank naar de verloren gegane Roemeense olievelden bij Ploesti, veranderde Hongarije in een van de meest verbitterde slagvelden van de Tweede Wereldoorlog. Binnen Hitlers Lebensraum-concept stond olie altijd met hoofdletters geschreven en met zijn bekende koppigheid vormden deze laatste natuurlijke oliereserves van het Derde Rijk een obsessie voor hem, die in vergaande mate zijn strategisch handelen aan het eind van de oorlog bepaalde.

Terwijl de naoorlogse geschiedschrijving alle aandacht richtte op de Ardennen en Berlijn, vocht de elite van het Duitse leger een vergeten eindstrijd uit op Hongaarse bodem. 'Het zijn de zwaarste gevechten sinds Stalingrad', klaagden de plaatselijke Sovjet-commandanten tegenover hun meerderen in de Stavka. In drie inleidende offensieven, de operaties 'Konrad', gevolgd door het grote maart-offensief 'Frühlingserwachen', probeerde Hitler nog eenmaal het initiatief naar zich toe te trekken. Het gevolg was dat de eindstrijd om Boedapest bloediger was dan de eindstrijd om Berlijn.

'Hongarije 1944 - 1945, de vergeten tragedie' beschrijft de eindstrijd van de laatste joodse gemeenschap in Europa. De koehandel die er met mensen plaatsvond en de hoop en wanhoop van de uitgeleverde joden. Hoe de SS met het oog op de nederlaag zich langzamerhand wat meer onderhandelingsbereid toonde maar uiteindelijk de vernietigingsmachine op volle toeren liet draaien. De dodenmarsen naar Hegyeshalom komen ter sprake en het fundament dat het Horthy-regime en de Pijlkruisers van Szálasi voor de vernietiging van hun eigen joden leverde. Wij zien hoe Hitlers Hongaarse olie-obsessie uitgroeide tot een militair strategisch draaiboek. Hoe in het Gerecse- en Pilisgebergte eenheden van de beste Waffen-SS divisies op nieuwsjaardag 1945 voor het offensief aantraden alsof het mei 1940 was. Het boek toont het verband tussen de operaties in de Ardennen, de Elzas en de Hongaarse gevechten en laat zien hoe het Weichsel- en Oderfront door de Hongaarse plannen stelselmatig verzwakt werden. Het beschrijft het laatste grote Duitse offensief van de Tweede Wereldoorlog, operatie 'Frühlingserwachen' en laat zien hoe de spanningen tussen leger en Waffen-SS in de dagen van de naderende nederlaag hoog zijn opgelopen. Het schetst de start van het Russische Weenseoffensief en de poging van het 6.SS Pz.leger om aan de vernietiging te ontsnappen. Tot slot volgen we het Sovjet-offensief in de richting van Wenen, de tweede hoofdstad van het Rijk en de uitgebleven eindstrijd in de 'Alpenfestung'. Toen de laatste schoten hadden geklonken waren honderdduizenden mensen om het leven gekomen.

Complot te Klessheim

Maart 1944: Trots wapperde de rode Sovjet-vlag weer op de schansen van Leningrad. Aan het zuidfront waren de troepen van het Rode Leger de rivier de Dnjestr overgetrokken en naderden zij de Roemeense grens. In Frankrijk was een opvallende activiteit in de lucht te bespeuren. Het RAF Bomber Command bombardeerde systematisch de Franse spoorlijnen met het oog op D-day. In februari 1944 was het definitieve plan Overlord gereed gekomen. In Italië vochten soldaten van het 6. Amerikaanse legerkorps bij Anzio en Nettuno. Het prachtige klooster Monte Cassino was door middel van luchtbombardementen in as gelegd. In januari waren in het reeds bevrijde deel van Italië de eerste processen tegen voormalige leden van de Grote Fascistische Raad in Verona begonnen. Grote Italiaanse steden als Turijn werden geteisterd door stakingen. De eerste jodentransporten vanuit Athene naar Auschwitz waren zojuist op gang gekomen. Tegen deze achtergrond was er grote activiteit binnen de stad Salzburg, nog altijd diep verscholen in het centrum van het aan alle kanten onder druk staande Derde Rijk.

Op 18 maart was het een drukte van jewelste in Salzburg, de stad die na de oorlog grote bekendheid zou verkrijgen met de anti-Nazi film 'The sound of music'. Het enige geluid dat op die dag te horen was was dat van overvliegende Geallieerde bommenwerpers die hun dodelijke lading op het 'Reich' afwierpen, alswel de zwarte voertuigen van de SS die voor veiligheidsdoeleinden hun activiteiten naar de stad verlegd hadden. Om precies te zijn spitste de bedrijvigheid zich toe op het kasteel Klessheim van aartshertog Ludwig Viktor, niet ver van Salzburg. In deze oude burcht werd een meesterlijk plan voorbereid.

In de burcht was de top van Nazi-Duitsland verzameld. Hitler had zijn belangrijkste adviseurs tot zich geroepen, zoals 'Chef des OKW' Wilhelm Keitel, 'Chef des Wehrmachtführungsstabes' Alfred Jodl, Reichsführer-SS Heinrich Himmler en 'Reichsleiter' Martin Bormann. Directe aanleiding voor de topontmoeting was het feit dat Joachim von Ribbentrop, de Duitse minister van Buitenlandse Zaken, in februari 1944 een waarschuwende brief aan Hitler geschreven had. Hem was ter ore gekomen dat de Hongaarse regering Kallay contact zocht met de Geallieerden. Op 12 februari was een brief van de Hongaarse Rijksregent en admiraal zonder vloot Miklos Horthy bij Hitler gearriveerd waarin deze hem vroeg negen lichte Hongaarse divisies van het Oostfront terug te laten keren naar Hongarije. Medio maart bereikte Hitler het nieuws dat op bevel van de regering Kallay Duitse militaire treintransporten naar de legers van Von Manstein en Kleist gesaboteerd werden. Dit alles waren tekenen dat de Hongaarse bondgenoten steeds minder betrouwbaar werden. Hierop was de maat vol en Hitler nodigde Horthy uit voor een gesprek te Klessheim om de onderlinge verschillen 'op te lossen'.

Het 'oplossen' van de problemen zou wat Hitler betreft een eenrichting-oplossing worden. Hij was van plan korte metten te maken met de Hongaarse tegenstrubbelingen. De uitnodiging aan Horthy maakte deel uit van een uiterst geraffineerde coup die Hongarije terug in het gareel moest plaatsen. Geheel in de sfeer van Hitlers vroegere politieke en militaire successen moest het een snelle, niet bloedige operatie worden. Hitlers redenering was even logisch als koelbloedig. Door Horthy voor te stellen de militaire problemen door te spreken en te willen oplossen was het voor Horthy onmogelijk de uitnodiging af te slaan. Hierdoor zou Horthy, mogelijk vergezeld van enkele hoge Hongaarse militairen, uit Hongarije worden weggelokt waardoor het land politiek en militair 'onthoofd' zou zijn. Daarop zouden Duitse strijdkrachten in vier groepen uit verschillende richtingen het land binnen vallen en bezetten.

De dag voor Horthy's komst in het slot Klessheim besprak Hitler samen met Jodl, Ribbentrop, Keitel en Himmler het scenario. Het plan tot de militaire bezetting van Hongarije, codenaam 'Unternehmen Margarethe', stamde nog uit september 1943. In die tijd werd Hitler geconfronteerd met een afvallig Italië. Hitler besloot dat een dergelijk debâcle hem geen tweede keer mocht overkomen en plande via de opera-

ties 'Margarethe' I en II de eventuele bezetting van Roemenië en Hongarije, landen die hij, door de schuivende fronten vanuit zowel zuidelijke (Italië) als oostelijke (Oekraïne) richting niet langer volledig kon vertrouwen.
De dictator van Roemenië, generaal Ion Antonescu, was een man naar Hitlers hart, een 'Gneisenau' en ijzervreter, op wiens loyaliteit Hitler kon bouwen. Jegens Hongarije was Hitler wantrouwiger. Horthy, een feodale aristocraat met Habsburgse trekjes, was iemand met wie Hitler van nature botste. Hitler had het Habsburgse Rijk, zijn vader was er een produkt van, altijd verafschuwd. Een afschuw die wederzijds was. Hitler was de typische 'parvenue', de korporaal die het opnam tegen de Hongaarse admiraal. 'Hitler haatte Horthy', schreef veldmaarschalk Von Weichs in 1944 in zijn dagboek en dat tekende de verhoudingen.
Horthy was in Hongarije aan de macht gekomen na de mislukte poging van communisten en sociaal-democraten om in Hongarije een Radenrepubliek te vestigen. Op 21 maart 1919 in de chaos volgend op de Eerste Wereldoorlog en het uiteen vallen van het Habsburgse Rijk, hadden de revolutionairen hun kans geroken. Naar Duits voorbeeld, waar in München tussen november 1918 en mei 1919 een experimentele Radenrepubliek bestond en geïnspireerd door de communistische omwenteling in Rusland werd de Hongaarse Radenrepubliek uitgeroepen. Aanvankelijk konden de revolutionairen in het machtsvacuüm dat was ontstaan na het wegvallen van de dubbel-monarchie hun kans grijpen en stuitten zij op weinig weerstand. Toen echter steun van het Rode Leger uitbleef, werd de coup bloedig neergeslagen door Hongaarse reactionairen, gesteund door de legers van de omringende landen. De Radenrepubliek van Bela Kun, bijgenaamd de bloedhond, ging roemloos ten onder en werd gevolgd door een wrede, witte terreur.
In die tijd werd Horthy als sterke man van Hongarije naar voren geschoven. Op 1 maart 1920 werd hij benoemd tot Rijksregent van Hongarije. Hoewel dit bewind nog enige tijd gelieerd bleef aan de monarchie maakte het al spoedig plaats voor een autoritair regime met sterk feodale trekken. Horthy kon rekenen op de steun van de conservatieve en de liberale

krachten in het Hongaarse politieke spectrum en via gemanipuleerde verkiezingen bleef hij al die jaren aan de macht. De kleine christelijke partijen en de boerenpartijen werden blijvend in de oppositie gedrongen. Het Hongarije van Horthy was dan ook geen parlementaire democratie.

Het buitenlandspolitieke streven van Hongarije stond geheel en al in het teken van de revisie van het verdrag van Trianon. Evenals Duitsland in Versailles was ook de Donau-monarchie na de oorlog in Frankrijk gestraft voor diens rol in de Eerste Wereldoorlog. De dubbelmonarchie viel hierbij uit elkaar en Hongarije verloor maar liefst 63% van zijn burgers en 73% van het grondgebied. Weliswaar woonden in deze gebieden slechts een Hongaarse minderheid maar dat nam niet weg dat de onvrede over dit verdrag zo groot was dat de revisie van Trianon altijd bovenaan de politieke agenda bleef.

Om opportunistische redenen had Hongarije een pro-Duitse koers gevaren. Door in te haken op de expansionistische Duitse politiek hoopte Horthy de revisie te verwezenlijken. Voor een deel werd dit doel bereikt. In 1939 had Hongarije gebied teruggekregen van Tsjechoslowakije. In 1940 verkreeg Boedapest Roemeens grondgebied, gevolgd in 1941 door delen van Joegoslavië. De prijs voor deze politiek was wel dat Hongarije zich in het Duitse kamp bevond en zich daar nu, bij kerende krijgskansen, maar moeizaam uit kon vrijmaken. Daarbij was er voor de militaire participatie in de veldtocht tegen de Sovjet-Unie, operatie 'Barbarossa', een hoge prijs aan het front betaald. Het was duidelijk dat Horthy wel de overwinning maar niet de nederlaag met Hitler wilde delen. In Klessheim hoopte hij zijn verwijderingsbeleid ten aanzien van Berlijn met succes te kunnen inzetten.

Niet voor niets had Hitler de ontmoeting en het bezettingsscenario van Hongarije zo in de puntjes voorbereid. Hij sloeg Horthy hoog aan als politiek onderhandelaar. De grijze eminentie kon bogen op een lange politieke ervaring. In eerdere ontmoetingen met Hitler had Horthy zich een uiterst handig onderhandelaar getoond. Toen Hitler hem eens in april 1943 op uiterst grove wijze het mes op de keel had gezet en Horthy via dreigementen met allerlei besluiten had laten instemmen was Horthy de volgende dag op zijn toezeggingen terug gekomen. Hij deed dit op uiterst intelligente wijze. Hij was op Hitler toegelopen en had hem toegefluisterd: 'Weet u, ik ben nogal hardhorig. Ik geloof dat gisteren zeker de helft van het gesprek langs mij heen is gegaan.' Hitler bleef achter in een wanhopige razernij. Horthy, hoewel politiek en militair gezien de zwakkere partij, had Hitler lelijk bij de neus genomen. Dit mocht geen tweede maal gebeuren. Horthy besefte natuurlijk ook dat hij er ditmaal niet zo gemakkelijk vanaf zou komen. De relatie Hitler-Horthy was in de loop der jaren zienderogen achteruitgegaan en de ontmoeting in maart 1944 zou het tragisch dieptepunt vormen. Horthy had Hitler voor het eerst ontmoet in augustus 1936. Horthy was, zoals alle politici van die tijd gefascineerd door deze 'Gefreiter' die uit het niets opgedoken leek en de politiek in midden-Europa naar zijn hand zette. Toen Hitler de aansluiting met Oostenrijk tot stand bracht, vond Horthy dat de tijd rijp was om eens persoonlijk kennis te maken met deze nieuweling op het internationale politieke toneel.

In zijn memoires beschrijft Horthy dat zijn bezoek aan Hitler een mengeling van verschillende gevoelens opriep. De pers in Hongarije had de opkomst van de nationaal-socialisten kritisch gevolgd. In de kranten van Boedapest werd openlijk getwijfeld aan de toedracht van de brand in het Reichstagsgebouw in 1933. Na deze brand was Hitler via noodverdorderningen buiten het parlement om gaan regeren en hij had deze noodmaatregelen - zogenaamd om een communistische coup te voorkomen - nimmer meer teruggedraaid. De Hongaarse pers twijfelde openlijk aan de Nazi-versie van de brand, waarbij de schuld gelegd werd bij de communisten. Ook was het geweld in de nacht van de Lange Messen tegen de SA, Horthy noemde dit 'wraakjustitie', iets wat de admiraal tegen de borst stuitte. Anderzijds werd Horthy ook geprikkeld door een zekere nieuwsgierigheid om de 'Führer' persoonlijk te leren kennen. Om politieke commotie te verhinderen koos Horthy voor een privé-bezoek.

In augustus 1936 vond de ontmoeting plaats op de Obersalzberg. Horthy werd, evenals zo velen, overdonderd door Hitlers perfect gedirigeerde ontvangst. Horthy zetelde op de enorme bank in Hitlers werkkamer en luisterde drie uur naar de monoloog die Hitler op hem afvuurde. Via het enorme raam dat de werkkamer als het ware middenin de natuur plaatste, toonden op de achtergrond de Alpen hun woeste granieten hellingen die de robuuste woorden van Hitler nog meer kracht bijzetten. Hitler, die retorisch op zijn sterkst was in deze jaren, appelleerde aan het Hongaarse drama in de Eerste Wereldoorlog. Geen volk was na de Eerste Wereldoorlog harder getroffen dan de Hongaren. Zij hadden een buitensporige hoeveelheid land en burgers verloren aan de buurlanden via het verdrag van Trianon en Hitler legde de parallel tussen dit onrecht en het dictaat van Versailles waar hij Duitsland van had bevrijd. Hitler schoot in de roos. Horthy's argwaan nam zienderogen af. 'Ik had geen reden hem tegen te spreken', noteerde Horthy in zijn memoires.

Daarbij raakte Horthy meer en meer in de ban van Hitlers buitengewoon sterke geheugen. Hitler kon eindeloos citeren uit verscheidene werken en deze stortvloed aan woorden bracht Horthy tot de overtuiging dat hij te maken had met een superintelligente autodidact die zonder vooropleiding toch aan een fabelachtige kennis gekomen was.

De beide mannen namen hartelijk afscheid van elkaar. 'Ik was niet de enige die zich in Hitler vergist had', gaf Horthy na de oorlog volmondig toe. Voor het moment leek alles echter koek en ei. Op de verjaardag van Horthy's zegenvierende intocht in Boedapest na het neerslaan van de Bela Kun-revolutie, ontving Horthy een hartelijk telegram van Hitler. Dat waren de dagen dat de mannen nog beleefdheden uitwisselden. Erg lang zou deze tijd niet duren. In 1938, bij het tweede bezoek van Horthy aan Hitler - ditmaal officieel - veranderden reeds Horthy's gedachten. Aanvankelijk leek het hele bezoek zich in aangename sfeer te ontwikkelen. De vrouw van Horthy kreeg van Hitler een boeket van haar lievelingsbloemen terwijl die voor de tijd van het jaars zeer schaars waren. Op de werf Germania te Kiel doopte mevrouw Horthy met een fles champagne het oorlogsschip 'Prinz Eugen' voordat het te water ging. De doop was een succes, de 'Prinz Eugen' was één van de weinige grote Duitse oorlogsschepen die de oorlog onbeschadigd overleefde. Na de oorlog keerde

Europa in angst voor het communisme. Raden-republiek in Hongarije, een groot-grondbezitter wordt opgehangen. De daders poseren voor de camera.

De politieke instabiliteit in Hongarije was voor een belangrijk deel te wijten aan het verdrag van Trianon waardoor Hongarije het grootste deel van haar inwoners en grondgebied was kwijtgeraakt.

*Admiraal Horthy op bezoek bij de werf 'Germania' te Kiel.
Horthy was nieuwsgierig naar de nieuwe sterke man van Duitsland. Hij wantrouwde Hitler vanwege de 'Nacht van de Lange Messen'. Toen Hitler hem vertelde dat hij niet zou aarzelen 'Praag te vernietigen', wist Horthy wie hij tegenover zich had.*

de kansen voor het schip. De Britten deden de 'Prinz Eugen' cadeau aan de Amerikanen die in 1946 bij het eiland Bikini een kernproef bij het schip namen. Een jaar later werd het uitgebrande casco in de buurt van Kwajalein tot zinken gebracht.
Na de doop van het schip nam Hitler Horthy onder vier ogen. Zonder omhaal sprak Hitler over zijn toekomstige plannen. Het viel Horthy op dat Hitler zich opwierp als de toekomstig heerser van Europa. Ook had hij zijn eerste doel reeds op het oog: Tsjechoslowakije. Horthy schrok van de wijze waarop hij zijn plannen met betrekking tot dit land formuleerde. De Tsjechen moesten 'verpletterd' worden, meende Hitler en Praag zou desnoods 'vernietigd' worden als dat nodig mocht blijken. Horthy was sprakeloos. 'De vriendelijke stemming was verdwenen en er hing een onaangename atmosfeer', schreef de rijksregent na de oorlog in zijn memoires. Wie zo gemakkelijk sprak over de vernietiging van mogelijk wel de mooiste stad ter wereld boezemde hem angst in. Terechte angst, zou Horthy later merken. Zeven jaar na de tweede ontmoeting met Hitler was Boedapest nog slechts een brandende ruïne. De stad was opgeofferd aan Hitlers destructieve plan dat hij nastreefde met de vastbeslotenheid van een slaapwandelaar.

Het bezoek in maart 1944 in de Alpen had niets meer weg van een beleefdheidsbezoek. Om te voorkomen dat Horthy opnieuw de dove oude man zou spelen had Hitler de conferentieruimte vol laten hangen met microfoons en bandrecorders. Iedere zucht van Horthy zou voor het nageslacht worden vastgelegd opdat de rijksregent aan zijn woord gehouden zou kunnen worden. Op 18 maart arriveerde de trein van Horthy in Salzburg. Direct bleek dat de Duitsers goed gegokt hadden. Horthy was niet alleen gekomen maar had zijn belangrijkste adviseurs bij zich: de Hongaarse Honved (defensie) minister Csatay, de Chefstaf van het leger Szombathelyi en de minister van Buitenlandse Zaken Chyczy. Hongarije was voor een deel van zijn topkader afgezonderd en hierdoor een gemakkelijke prooi.
Horthy had rekening gehouden met een onaangename ver-

rassing. Tot op het laatste moment hadden premier Kallay en minister Csatay zich verzet tegen Horthy's bezoek aan Klessheim. Horthy, die toch nog de hoop koesterde Hitler in een persoonlijk gesprek van de noodzaak van een Hongaarse militaire terugtocht te kunnen overtuigen, had dit uiteindelijk van de hand gewezen. Evenals Ghyczy was hij tot de slotsom gekomen dat de spanningen door het bezoek mogelijk wat zouden afnemen. Zij verwezen hierbij naar de recente bezoeken van Tiso en Antonescu aan Hitler. In beide gevallen waren er geen Duitse strafmaatregelen tegen hen genomen. Desalniettemin kreeg Horthy een 'slecht gevoel' over zich toen op 17 maart de trein naar Klessheim uit Boedapest vertrok. 'Een goede zeeman vaart nooit op vrijdag uit', mijmerde Horthy. Deze scheepvaartles bleek maar al te waar.

Op het station in Salzburg werd Horthy ontvangen door Hitler, Keitel en Von Ribbentrop. Aanvankelijk verliep het bezoek volgens het gebruikelijke protocol. Kort daarop kondigde Hitler aan dat hij Horthy graag persoonlijk wilde spreken. Dit betekende een gesprek onder vier ogen. Slechts de tolk, Paul Schmidt, was aanvankelijk bij het bezoek aanwezig. Op verzoek van Horthy verliet hij korte tijd later het gesprek. Dit laat deze ontmoeting zonder verdere getuigen. We moeten teruggrijpen op Horthy's memoires. Hitler beschuldigde Horthy van sabotage en toenadering tot de Geallieerden en maakte duidelijk dat hij na Italië een dergelijke houding niet meer kon tolereren. Horthy ontkende in alle toonaarden, waarop Hitler op zijn beurt begon te dreigen en het aftreden eiste van premier Kallay.

Kallay was een markante Hongaarse politicus, met borstelige wenkbrauwen en een krachtdadige kin. Hij stond voor de eeuwenoude Hongaarse strijd voor vrijheid en soevereiniteit en was het levende bewijs van de Hongaarse drang tot zelfstandigheid. Voor Horthy gingen Hitlers dreigementen veel te ver. 'Als toch alles al beklonken is', reageerde hij op Hitlers betoog, 'dan is mijn aanwezigheid hier niet langer nodig' en hij stond op en verliet de kamer. Hitler was niet ingegaan op de eis van Horthy tot terugtrekken van de Hongaarse eenheden. De Rijksregent, die de oorlog niet meer zag zitten en bovendien zijn zoon Stephan aan het Oostfront verloren had, was uitgesproken.

Op dat moment opende Hitler zijn trukendoos. Ineens was er luchtalarm rond het kasteel van Klessheim. De telefoons zouden zijn uitgevallen. Natuurlijk was niets van dit alles waar, maar Hitler vertraagde op deze wijze succesvol het vertrek van Horthy naar Boedapest. Ondertussen, zonder dat de Rijksregent het besefte, werd Hongarije door vele Duitse divisies bezet middels operatie 'Margarethe'. Horthy, die reizen noch bellen kon, stond radeloos in Klessheim. Hitler nodigde hem met schijnheilige beleefdheid uit voor de lunch. Horthy stemde schoorvoetend toe.

Het werd een macabere maaltijd. Horthy met Hitler aan tafel terwijl hij het ergste vreesde voor zijn land. Hitler at zenuwachtig van zijn vegetarische salade. Hij wachtte op nieuws uit Hongarije. Aan de lunch nam ook de Reichsführer-SS Heinrich Himmler deel. Himmler stond aan het hoofd van het imperium van de SS dat in de loop der jaren meer en meer een staat in de staat was geworden. Zijn macht strekte zich uit tot het gehele politie- en inlichtingenapparaat. Ook zijn economische en militaire macht was in de loop der oorlogsjaren explosief gegroeid en boven alles stond Himmler aan het hoofd van de vernietigingsmachinerie die tegen de europese joden in stelling was gebracht. Op het zelfde moment dat Horthy beleefdheden uitwisselde met de Reichsführer-SS trok de colonne van Adolf Eichmann, de grote motor achter de jodendeportaties uit heel Europa, als onderdeel van operatie 'Margarethe' onder bescherming van de Duitse Wehrmacht Hongarije binnen. Zij begonnen aan wat Eichmann achteraf typeerde als de best verlopen jodendeportatie in zijn hele carrière.

Terwijl de heren in een ijselijke atmosfeer aan tafel zaten richtte Hitler het woord tot Keitel. Op luide toon, zodat Horthy het kon horen riep hij hem toe: 'Kan de invasie nog gestopt worden?' Keitel wendde zich direct tot Hitler en antwoordde: 'Nee mijn Führer, de troepen zijn al in beweging.' Het was negen uur 's avonds toen Hitler Horthy eindelijk naar zijn trein begeleidde. Horthy was een gebroken man. Hij had het spel gespeeld en verloren. Na afloop van het eten had hij een door de Nazi's voorbereid protokol ondertekend waarin hij instemde met de Duitse eisen aan Hongarije. Het protokol liet geen enkele twijfel bestaan aan wat de plaats van Horthy's Hongarije in de Europese machtsconstellatie was. Hongarije was en bleef in het Duitse kamp, de regering Kallay zou vervangen worden door een pro-Duitse regering en de Hongaarse troepen zouden louter nog opereren binnen de planning van het Duitse OKW. De Duitsers waren zo overtuigd van hun diplomatieke succes jegens Horthy dat Hitler de aanvoer van een aantal extra eenheden voor operatie 'Margarethe', de 100.Jg.D., 21.Pz.D., de Pz.Abt.507 en Pz.Abt.301 niet langer nodig achtte. Hij gaf de eenheden vrij voor andere taken. Parachutisten zouden bij Boedapest landen maar de Hongaarse hoofdstad werd om psychologische redenen ontzien en derhalve niet daadwerkelijk bezet. Hitler wilde de gewone Hongaar in de straat niet onnodig voor het hoofd stoten.

Op de terugreis werden de verslagen Hongaren in de trein begeleid door twee onuitgenodigde gasten: General der Polizei Winckelmann en de Reichsbevollmächtigter Ungarn dr. Edmund Veesenmayer. Twee belangrijke elementen voor de Duitse onderdrukking reisden met Horthy mee terug naar Hongarije. Horthy wist dat als hij in Hongarije zou arriveren, zijn land bezet zou zijn door Duitse troepen. In Boedapest zou een Duitse 'erewacht' hen op staan te wachten. Hoewel dit drama op zich al groot was, kon Horthy zich nog geen voorstelling maken van wat Hongarije nog allemaal te wachten stond. In precies een jaar vanaf de dag dat Horthy's trein terugreed naar het oosten zou Hongarije economisch uitgebuit zijn en de joodse gemeenschap vernietigd zijn. Boedapest zou in een ruïne zijn veranderd en vijf van de zwaarste en meest destructieve veldslagen uit de moderne krijgsgeschiedenis hadden zich op Hongaarse bodem afgespeeld: gevechten die het Rode Leger typeerde als de zwaarste gevechten sinds Stalingrad.

De operatie 'Margarethe', de militaire bezetting van Hongarije, verliep zeer voorspoedig voor Duitsland. Het was een van de laatste militaire acties die verliepen zoals Duitsland in de beginjaren van de oorlog gewend was geweest. De Nazi's

waren oppermachtig, de tegenstander legde het hoofd zonder tegenstand in de schoot.
De operatie begon via een in scene gezette 'Hongaarse bomaanslag' op een Duitse trein rijdend van Wenen naar Boedapest. Hoewel de Hongaren zich haastten met excuses over iets dat zij nimmer hadden gedaan, gold de bomaanslag als 'rechtvaardiging' voor de inval. Het was dezelfde tactiek waarmee de Hongaren in 1941 de oorlog tegen de Sovjet-Unie in gang hadden gezet in de hoop een stuk van de te verdelen buit in het oosten te verkrijgen. Nu werd deze handelswijze op effectieve wijze door de Duitsers jegens Boedapest gebruikt.

Problemen waren er aan Duitse kant slechts over de technische uitvoering van de operatie. Het grootste probleem was het verzamelen van voldoende eenheden voor een dergelijke operatie nu Duitsland door de 'Allfrontenkrieg' van alle kanten belaagd werd. Vanuit alle delen van het 'Reich' werden troepen naar Hongarije gedirigeerd. Onder hen waren troepen van Ob.Südost, die vrijgemaakt werden vanuit het Joegoslavische front alwaar tegen de partizanen van Tito gevochten werd. Andere eenheden, zoals de 16.SS Pz.Gren. D.'Reichsführer-SS', werden vanuit Italië, waar delen van de divisie nog vast lagen bij het front rond Nettuno, aangevoerd. Vanuit het westen kwam de Pz.Lehr divisie, alsmede vele kleine pioniereenheden en Landesschutzen-bataljons.

Een ander probleem was dat de zich verzamelende eenheden rond Hongarije voortdurend dreigden te worden ingezet in het schuivende Oostfront. De generaals aan het zuidfront, die hoorden van de aankomst van nieuwe eenheden, deden hiertoe menig verzoek. Het Führerhoofdkwartier moest deze druk weerstaan. Duidelijk was wel dat 'Margarethe' slechts kortstondig door veel divisies kon worden uitgevoerd en dat daarna het grootste deel van de eenheden - vaak rechtstreeks - naar het front zou worden overgeplaatst.

Maar ondanks deze problemen verliep de operatie 'reibungslos', zoals het KTB OKW noteerde. Hitlers eisen aangaande de regering Kallay werden zonder problemen ingewilligd. Op 23 maart werd in Boedapest een pro-Duitse regering beëdigd. De periode Kallay was na één jaar regeren voorbij.

De Duitse militair-attaché in Boedapest, General Von Greiffenberg, kreeg de opdracht pro-Duitse Hongaarse officieren te verzamelen voor een reorganisatie in het Hongaarse defensie-apparaat.

Met de operatie 'Margarethe' was de prelude van Duitslands destructieve Hongarije politiek ingezet. Hitler liet er geen gras over groeien. Op dezelfde avond dat Horthy vertrok naar Boedapest en de Duitse tanks de Hongaarse soevereiniteit onder hun rupsbanden verpletterden, riep hij Karl Otto Saur bij zich om de Hongaarse buit optimaal te benutten voor de Duitse krijgsinspanningen.

Saur, Amtschef in het 'Rüstungsministerium' en rechterhand (en toekomstig opvolger van) Albert Speer, was een typisch voorbeeld van Hitlers intimi. Hij had de eigenschap Hitler voortdurend naar de mond te praten en steunde de Führer in al zijn grootse en soms clowneske plannen. Een typerend voorbeeld voor Saurs gebrek aan persoonlijkheid bleek in mei 1943. Even buiten Hitlers Oost-Pruisische hoofdkwartier werd Hitler het houten proefmodel van een 180 ton (!) zware supertank gedemonstreerd dat op zijn speciale verzoek ontworpen was. De presentatie werd bezocht door professor Porsche, tankgenie Heinz Guderian en generaal Zeitler die allen buitengewoon pessimistisch waren over dit 'onding' waarmee men op het slagveld niet uit de voeten zou kunnen. Hitler toonde zich dan ook al snel teleurgesteld toen loftuigingen uitbleven.

Op dat moment greep Saur het woord en hemelde het loodzware gevaarte op tot een revolutionaire wending op het slagveld. Tussen Saur en Hitler ontspon zich een van iedere logica gespeend futuristisch gesprek dat de vaklieden met stomheid sloeg. Aan het einde van hun opgewonden gesprek waren Hitler en Saur het er over eens dat de 180 ton zware tanks slechts het voorproefje zou zijn van een nog veel zwaardere tank. Beiden meenden dat de toekomst lag in een tank van 1.500 (!) ton die in delen per trein naar het front zou worden getransporteerd. Vlak voor de inzet zou de tank ter plaatse in elkaar gelast worden om vervolgens de vijandelijke stellingen te vermorzelen. Een van de tank-specialisten die aanwezig was kon het niet langer aanhoren en zei dat slechts één handgranaat voldoende was om de oliewalm die dit 'monster' zou produceren te laten ontvlammen. Hitler draaide zich geïrriteerd om en zei dat de hypertrofische pantserwagen daarom met automatische machinegeweren moest worden uitgerust zodat niemand de tank zou kunnen naderen. Saur sloot zich hier bij aan. 'Als iemand een proces verdiend had', blikte Albert Speer in zijn Spandau-dagboek terug op het proces van Neurenberg, 'dan was het de kruiperige Saur wel.'

De opdracht die Hitler voor Saur had, was operatie 'Margarethe' direct te benutten om de economische uitbuiting van Hongarije in gang te zetten. Hongarije was een rijke buit voor de Duitsers in maart 1944 en zou in de komende maanden snel aan importantie winnen.

Hongarije was met zijn ruim tien miljoen inwoners een sterk agrarisch land - 50,8% van het arbeidzame deel van de bevolking was werkzaam in de landbouw - en kon hierdoor helpen de Duitse monden bij groeiende schaarste te helpen voeden. De Hongaren beschikten over vijf miljoen schapen en varkens en bezaten bijna 900.000 paarden, waarop Reichsführer-SS Himmler reeds een oogje had laten vallen. De paarden zouden zeer nuttig zijn voor de opbouw van de cavaleriedivisies van zijn Waffen-SS. Spoedig zou Himmler zijn eisen nog drastischer gaan stellen. De grote joodse gemeenschap in Hongarije maakte een mogelijke motorisering van zijn divisies denkbaar door de ruil van joden tegen vrachtwagens. We komen hier nog op terug.

Ook beschikte Hongarije over grondstoffen. De Hongaarse olievelden bij Nagykanizsa waren in de loop der jaren steeds meer gaan produceren. In 1939 had de Hongaarse olieproduktie door het benutten van nieuwe olieputten door de Standard Oil Company een produktie van 200.000 ton per jaar bereikt. Dit was ongeveer eenderde van de binnenlandse behoefte van Hongarije. In de jaren daarop werd de produktie opgeschroefd en werden produktiecijfers gehaald, die boven de binnenlandse behoefte (600.000 ton) uitkwamen. Het leeuwedeel van het overschot, in 1943 310.000 ton,

werd naar Duitsland geëxporteerd. De Hongaarse olie zou naar mate de oorlog langer duurde van steeds groter belang voor Duitsland worden. Tot slot zouden de Hongaarse velden zelfs Hitlers strategisch handelen en militaire planning gaan bepalen. In maart 1944 was dit echter nog niet merkbaar. Duitsland kende nog altijd de luxe van de grote Roemeense olievelden van Ploesti, hoewel Hitler zich hierover door geruchten van een Roemeense toenadering tot de Geallieerden alsmede door het naderende Rode Leger in toenemende mate zorgen maakte.
Naast de olie was ook de Hongaarse bauxietproduktie van belang. Vanaf 1936 was de produktie van bauxiet - belangrijk voor de vliegtuigbouw - sterk toegenomen van 329.000 ton per jaar naar meer dan 500.000 ton per jaar in 1937 en volgende jaren hetgeen ongeveer 14% van de bauxiet produktie wereldwijd vormde. Gedurende de oorlogsjaren steeg de produktie nogmaals explosief tot boven de 1.000.000 ton in 1942. Niet minder dan 926.123 ton hiervan ging rechtstreeks naar Duitsland.
Door middel van operatie 'Margarethe' kon het Duitse 'Rüstungsministerium' zijn greep op de Hongaarse economie versterken en de produktie opschroeven ten behoeve van het Duitse oorlogsapparaat. Maar niet enkel Speer en het Duitse bedrijfsleven roken kansen in Hongarije, ook het SS-imperium van Heinrich Himmler diende zich aan. Direkt in reactie op 'Margarethe' waren de eerste acties van de Duitse veiligheidsdiensten reeds gestart. In de nacht van 18 op 19 maart waren niet minder dan 3076 vooraanstaande joden gearresteerd, van wie er velen leidinggevende industriëlen waren. Interessant voor de SS was de grote joodse participatie in de Hongaarse economie. Met name in de particuliere sector was het joodse aandeel onevenredig groot. Hoewel volgens opgave uit de jaren dertig de circa 445.000 joden slechts 5% van de populatie vormden, bezaten zij 53% van de eigen bedrijven. De groeiende invloed van Duitsland in Hongarije gaf Himmler de kans zijn SS-imperium verder uit te bouwen op kosten van de joodse gemeenschap. Belangrijke industrie kon in beslag worden genomen. Naast de joodse bezittingen viel zijn oog natuurlijk ook op de fysieke aanwezigheid van

de joodse gemeenschap zelf, welke als een laatste joods eiland in Europa de Holocaust tot dan toe aan zich voorbij had zien trekken. Terwijl in de rest van Hitlers 'Festung Europa' de joden geconcentreerd, gedeporteerd en tot slot vernietigd waren hadden de joden in Hongarije de adem in gehouden. Dit veranderde toen Adolf Eichmann in de nacht van 18 op 19 maart voet zette op Hongaarse bodem.

De brandende olie van Ploesti

Operatie 'Margarethe' was het begin van Hitlers destructieve Hongarije-politiek. Politieke en militaire veranderingen in 1944 zouden zorgen voor een snel groeiende Duitse betrokkenheid bij Hongarije. Aanvankelijk leek Hitler op te gaan in een grote euforie vanwege het recente succes tegenover de opstandige Horthy en de regering Kallay. Op 20 maart verzamelde Hitler namelijk een aantal van zijn generaals om zich heen en hield een historische speech. In het kort kwam Hitlers calculatie van de Duitse militaire kansen hierop neer. Het alles beslissende moment zou het wel of niet slagen van de westelijke Geallieerde landing zijn. Het was daarom van het grootste belang deze landing direct bij aanvang op te vangen en de Geallieerden terug te werpen in zee. Churchill was namelijk, zo meende Hitler, 'een oude en ziekelijke' man, die een dergelijke inspanning niet wederom zou kunnen klaarspelen. Als 'Overlord' daarom in een Dieppe zou veranderen - de mislukte Geallieerde 'oefenlanding' uit 1942 - dan betekende dit in praktijk dat het Westfront voor een aantal jaren (!) gevrijwaard zou blijven van landingen. Duitsland kon zich dan concentreren op de eindoverwinning in het oosten. Tot die tijd probeerde Duitsland de Atlantische kust, van de Spaanse grens tot Noorwegen tot een vesting - de 'Atlantikwall' - uit te bouwen.

Hitlers zorgen over het Westfront waren zeer reëel. Op het moment dat hij zijn speech hield, waren de westelijke Geallieerden zojuist begonnen het wegen- en spoorwegennet in Frankrijk vanuit de lucht met verhevigde intentie te bombarderen. Dit Geallieerde luchtoffensief, dat vooral werd uitgevoerd door het RAF Bomber Command, zou aanhouden tot juni 1944 en vormde de inleiding van operatie 'Overlord', de Geallieerde landing op de Normandische kust. Reeds op 23 december 1943 was generaal Eisenhower benoemd tot de overkoepelende commandant van deze geweldige maritieme operatie die als een dreigende wolk voor de kust van Hitlers 'Festung Europa' hing.

Ook in het oosten verliepen de politieke en militaire ontwikkeling allesbehalve naar Hitlers wens. Evenals in Hongarije speelde Hitler reeds vanaf 1943 met de gedachte om ook Roemenië militair te bezetten. Natuurlijk werd een dergelijke stap jegens een bondgenoot niet gemakkelijk ondernomen omdat er als vanzelfsprekend anti-Duitse sentimenten uit zouden voortkomen, die Berlijn niet kon gebruiken. Anderzijds was Roemenië van buitengewoon groot belang voor Duitsland.

Het ging Hitler bovenal om de olievelden van Roemenië, die na het verlies van de Oekraïnse velden in 1944 van immense waarde waren geworden. Samen met de Duitse synthetische olieindustrie zorgden deze velden ervoor dat het Duitse leger de bewegingen die de 'Allfrontenkrieg' verlangde, ook kon uitvoeren. Gezien het Geallieerde luchtoverwicht was de Duitse synthetische olieindustrie meer en meer onder druk komen te staan. Toen de Geallieerden vervolgens vanuit Italië ook de Roemeense velden gingen bedreigen kwam het tot een regelrechte crisis aan Duitse kant.

Op 1 augustus 1943 hadden de westelijk-Geallieerden voor het eerst de Roemeense olievelden bij Ploesti gebombardeerd. De Duitsers waren verbaasd geweest dat dergelijke strategische luchtaanvallen nog zo lang op zich hadden laten wachten. Maar nu dat moment was aangekomen kwam de klap direct hard aan. De Duitse olieproduktie, raffinage en transport werden ernstig in gevaar gebracht. Op 5 april 1944 volgde een volgende aanval, gevolgd door nieuwe bombardementen op 24 en 26 april, 5 en 6 mei 1944 en bombardementen in juli. Hoewel de westelijk Geallieerden aanzienlijke verliezen leden, waren de aanvallen een groot succes. Na 24 april was de totale hoeveelheid brandstof die vanuit Roemenië vervoerd kon worden met 50% afgenomen. Bij de aanval van 5 mei waren 25.000 kostbare tonnen brandstof in vlammen opgegaan.

De Geallieerden concentreerden zich bovenal op de velden, raffinaderijen en het station van Ploesti. Ook de raffinaderijen en het station van Boekarest stonden bovenaan de lijst strategische doelen. Systematisch werden alle spoorweg-

Van Moldova tot Boedapest. Het zuidelijke deel van het Oostfront tussen 20.08.1944 en 01.01.1945.

knoopunten die van belang waren voor Ploesti onder vuur genomen. Campina, Kronstadt, Giurgiu en Wenen werden gebombardeerd. Ook het nieuw uit te bouwen spoorwegtraject Boekarest-Tecuci werd niet ontzien, evenals de olie-pijpleiding tot Giurgiu. In de Donau werden mijnen gedropt. Hierdoor was de waterwegverbinding niet langer te benutten voor het olietransport zodat het zwaargehavende spoorwegennet het nog zwaarder te verduren kreeg. De weinige transporten die konden uitrijden moesten een omweg maken via Bulgarije. De mijnen in de Donau vormden tevens een ernstige bedreiging voor de bevoorrading van het Duitse Oostfront. Het front aan de Dnjestr en het Duitse garnizoen op de Krim waren hiervan afhankelijk.

Ondanks het feit dat de velden rond Ploesti één van de best verdedigde stukjes van het Duitse imperium waren - er stonden honderden luchtafweerkanonnen, nevelmachines en schijnwerpers opgesteld - werd de Duitse oorlogseconomie in het hart getroffen. Met één klap was de enorme kwetsbaarheid van het Duitse militair-industriële complex blootgelegd. Reeds in 1939 was Duitsland met een onverantwoord kleine hoeveelheid strategische grondstoffen de Tweede Wereldoorlog ingegaan. Dit begon zich nu te wreken. De tekorten liepen dramatisch op. Zo bedroeg de produktie van vliegtuig-olie in 1944 per maand nauwelijks vijf procent van wat de Luftwaffe eigenlijk nodig had.

De Duitsers deden wat zij konden om de crisis te keren. Allereerst probeerden zij de regio administratief beter te organiseren opdat de hulpprogramma's beter zouden functioneren. Generalleutnant Gerstenberg werd in juli 1944 benoemd tot de commandant van het Roemeense aardoliegebied. Hij was verantwoordelijk voor de organisatie van de luchtafweer en de inzet van Duitse en Roemeense jachtvliegtuigen. Generaal Gercke werd 'Chef Transportwesen' en was verantwoordelijk voor het herstel van de beschadigde spoorlijnen. Ook hij stond voor een enorme opgave. Dit werd nog bemoeilijkt door de onrealistische eisen die Antonescu aan de reeds zwaar overspannen Duitse economie stelde. Alleen voor de Roemeense spoorwegen eiste hij al 400 versterkte locomotieven op, alsmede kilometers bielzen

en rails. Ook voor het mijnen-vrijmaken van de Donau werd door Hitler een speciale commandant benoemd. Generaladmiral Marschall werd de 'Sonderbevollmächtigter des Führers für die Donau', zoals zijn titel officieel luidde. Major d.G. Dereser werd benoemd tot de Sonderbeauftragter van het OKW voor de 'Treibstof-Fragen'. De beschermingstaak van de Duitsers werd door veel zaken bemoeilijkt. Schaarste speelde de Duitsers parten. De industrie in Duitsland leed zwaar onder de Geallieerde luchtbombardementen en had moeite de produktie van reserve-onderdelen op gang te houden. Onderdelen die geproduceerd werden, moesten via het beschadigde spoorwegennet naar Ploesti vervoerd worden. Ook liet de samenwerking met de Roemenen te wensen over. De Duitsers spraken vaak spottend over 'hun zigeuners' als zij over de Roemeense bondgenoten spraken. Van de Roemeense jachtvliegtuigen van eigen fabrikaat moesten zij niet veel hebben. De Roemenen daarentegen vonden de Duitsers nogal uit de hoogte. Wat zij ook wantrouwden, was het feit dat de Duitsers nogal veel Oost-Europese - en bovenal Oekraïnse - vrijwilligers inzetten bij hun herstelwerkzaamheden in Ploesti. De Duitsers hadden hier hun redenen voor. Zij vonden de Roemeense werkkrachten wat al te bang waardoor bij het minste teken van een naderende aanval het gehele produktie- en herstelproces kwam stil te vallen. De Oekraïniërs daarentegen, strak georganiseerd onder SS-Brigadeführer Hoffmeyer, bleven op hun post.
Al deze inspanningen ten spijt kon de crisis niet gekeerd worden. 'Wat hebben we aan nieuwe straaljagers en tanks als we geen brandstof hebben om ze te gebruiken', klaagde Albert Speer in deze dagen. In het proces van Neurenberg verklaarde hij dat zijns inziens de Tweede Wereldoorlog vanaf mei 1944 om 'produktie-technische' redenen verloren was. Ook Jodl onderschreef de waarde van de Roemeense velden. 'Op geen enkele plek zijn wij dodelijk te treffen', meende hij, 'behalve in het Roemeense aardoliegebied.' Juist op deze plek werd Hitler-Duitsland getroffen. Bij verrassing, zoals Horthy in Klessheim was overkomen...

Roemenië, het militaire voorveld van Hongarije, ontliep een bezetting als 'Margarethe' door het feit dat Hitler geloofde in de leider van het land, maarschalk Ion Antonescu. 'Antonescu is de enige Roemeen die begrijpt waar het in deze oorlog om gaat', schreef Goebbels lijfblad 'Das Reich' over de 'conducator' (leider) van Roemenië. Hitler was het hier volmondig mee eens. Hij zag Antonescu als een man van de daad en daar had hij grote bewondering voor. Evenals Hitler was de Roemeense dictator een veteraan uit de Eerste Wereldoorlog. Antonescu was voortgekomen uit de IJzeren Garde, een mystieke ultra-nationalistische Roemeense organisatie die een sterk anti-semitisch karakter had. Antonescu was één van de intellectuele vaders van deze dubieuze extreem-rechtse politieke groepering. 'Wij wachten op een nationalistisch Roemenië, bezeten en chauvinistisch, gewapend en sterk, meedogenloos en wraakzuchtig', had een van de oprichters van de IJzeren Garde over het politieke motto van zijn beweging geschreven. Onder Antonescu werden de anti-semitische pogroms in de praktijk gebracht. De joden waren in de Boekowina en Bessarabië (Moldova) over de Dnjestr gejaagd en bij tienduizenden afgemaakt. In januari 1941 waren in een spontane progrom, waarbij de IJzeren Garde een centrale rol speelde, de joden in en om Boekarest afgeslacht.

Roemenië was in feite het enige land in Europa waar de Duitsers nauwelijks iets hoefden te doen om de Holocaust ten uitvoer te brengen. Antonescu speelde een ambivalente rol in de Holocaust op zijn grondgebied. Enerzijds was hij een produkt van de IJzeren Garde, anderzijds nam hij ook afstand van hun geweld en anti-semitisme. Toen in september 1940 een coup tegen de Roemeense conducator dreigde, koos Hitler partij voor Antonescu. De Roemeense leider was te populair bij het volk om verloren te laten gaan. Antonescu was de man waarmee hij politiek kon maken en dat was iets waard in de politiek moeilijke Balkan-regio. Nazi-Duitsland opende wel zijn grenzen als schuilplaats voor gevluchte leden van de IJzeren Garde na de mislukte coup.

Roemenië was, evenals andere landen op de Balkan, een moeilijk land om te besturen. Te klein voor overheersing en

te groot om niet mee te tellen werd het land altijd heen en weer geslingerd tussen enerzijds groot-chauvinistische gedachten en anderzijds een problematische handhaving van de status-quo. Op Balkanachtige-wijze was het land een ratjetoe van minderheden en etnische diversiteit, gecompleteerd door agrarische armoede, beginnende industrialisatie en een complexe historie. Daarbij werd het land ingeklemd door de twee klassieke grootmachten in de regio: Rusland en Duitsland. Het begin van deze eeuw was voor Roemenië een moeilijke periode. Allereerst werd het land geconfronteerd met de Balkan-oorlogen die naadloos overliepen in de Eerste Wereldoorlog. Na dit conflict en het uiteenvallen van de Donaumonarchie werd Roemenië geconfronteerd met een machtsvacuüm in de regio en de voortdurende angst voor een Hongaarse revisie van Trianon waardoor het Transsylvanië - alwaar veel Hongaren woonden - door Hongarije zou worden opgeëist. Voor de handhaving van zijn status-quo - het doel van de constitutionele monarchie die Roemenië in die dagen onder koning Carol-II was - werd contact gezocht met zowel Rusland en Duitsland alswel met kleine regionale machten (Polen) en de westelijke machten. Al spoedig werd het voor Carol-II duidelijk dat hij van de westelijke machten weinig hoefde te verwachten. In april 1939 hadden Parijs en Londen de Roemeense integriteit gewaarborgd, maar in september van dat jaar, toen Duitsland Polen binnenviel, werd het duidelijk dat dit slechts papieren verdragen waren. Ook het Molotov-Ribbentrop-Pact, een maand eerder gesloten in augustus 1939, had Boekarest duidelijk gemaakt dat Duitsland en Rusland op de Balkan de dienst zouden uitmaken.
Hitler speelde van beide partijen het slimste spel. Door de Roemeens-Russische grensstreek Bessarabië via geheime onderhandelingen aan Moskou te offeren joeg hij het verontwaardigde Boekarest in Duitslands armen. Op 20 juni 1940 had Stalin door middel van een ultimatieve nota de directe overdracht van Bessarabië en noord-Bukowina opgeëist. Boekarest kon weinig anders doen dan gehoor geven aan deze revolver-diplomatie. Nadat de Kroonraad op 27 juni

'ja' had geantwoord op de Russische eis was het regime van Carol-II, die weinig keus had, totaal ondermijnd. Hij deed afstand van de troon, ten gunste van de jonge prins Michael. In praktijk betekende dit dat Ion Antonscu kon regeren, die de banden met Berlijn aanhaalde. Voor de gewone man in de straat was het niet duidelijk dat Moskou zijn eisen slechts had kunnen stellen met Duitse toestemming.

Maar in 1944 had ook de gewone Roemeen inmiddels begrepen dat zij op het verkeerde paard hadden gewed. Bij Stalingrad waren het gros van de Roemeense eenheden die met de Duitse Wehrmacht oostwaarts was getrokken, verpletterend verslagen en bij de nadering van het Roemeense grondgebied door het Rode Leger, dat op 26 maart 1944 de Dnjestr bereikte, nam de onvrede toe. Nu de Oekraïne voor Duitsland verloren was, werd het voor de hele wereld zichtbaar dat de veldtocht in het oosten op een catastrofe was uitgelopen. Zelfs de meest fervente Nazi's waren hier langzamerhand van overtuigd geraakt.

Toen de Gauleiter van de Oekraïne, Erich Koch, zich uit zijn voormalig bestuursgebied terugtrok, realiseerde hij zich dat Duitsland het 'een volgende keer heel anders moest doen'. Alfred Frauenfeld, de Gauleiter van de Krim, een ander gebied dat door de opmars van het Rode Leger bedreigd werd, deelde deze mening. 'Onze vijand had geen ergere schade kunnen toebrengen dan het destructieve beleid van Koch', meende hij, verwijzend naar diens perverse rassenideeën en de daaruit volgende haat van de Oekraïnse bevolking tegenover de Duitse bezetter. De Oekraïne bleef achter als een leeggeplunderd en gebrandschat land. Met reuzestappen koerste nu het oorlogsgeweld af op het hart van de Balkan.

Na de Oekraïne liep ook de Krim, traditioneel gezien de poort tot de Balkanregio, gevaar, hetgeen zoals wij reeds zagen versterkt werd door het afwerpen van mijnen in de Donau. Hitler, die altijd wilde vasthouden aan eenmaal ingenomen grondgebied, weigerde de Krim onder de snel verslechterende frontsituatie op te geven. Hij meende dat dit, mede naar de neutrale landen toe (Turkije) een teken van

Maarschalk Antonescu, geflankeerd door de Duitse maarschalk Von Manstein tijdens een frontbezoek op de Krim. Hitler bewonderde Antonescu die hij als een 'Gneisenau' beschouwde. De val van Roemenië en het verlies van de olievelden bij Ploesti werden als een enorme klap ervaren.

*Hans Friessner arriveert aan het Hongaarse front.
Tot december 1944 zou hij het commando voeren over de Heeresgruppe Südukraïne, later ombenoemd tot Heeresgruppe Süd.*

De Poesta brandt!
Eind 1944 vonden zware verdedigingsgevechten plaats ten oosten van Boedapest. Rond Debrecen woedde een tankslag die vele dagen duurde.
De Duitse strijdkrachten boekten opvallend goede resultaten maar moesten uiteindelijk het onderspit delven tegenover de overmacht van het Rode Leger.

*De familie Horthy geportretteerd.
De anti-Duitse putch van oktober 1944 werd grootdeels in familieverband voorbereid. Horthy vertrouwde niemand meer.*

zwakte zou zijn. Groot was dan ook Hitlers ergernis toen spoedig daarop de havenstad Odessa op 10 april in handen van het Rode Leger viel. Odessa was de natuurlijke evenknie van de haven Sebastopol op het schiereiland. De manschappen op de Krim raakten hierdoor geïsoleerd. Kort daarop werd de 10. Roemeense Infanterie-divisie - het lot van de eenheid werd in Boekarest angstig gevolgd - door het Rode Leger onder de voet gelopen waarna maar liefst 26 Russische divisies op Sebastopol afkoersten. Generaal Jaenecke, verantwoordelijk voor de verdediging van de Krim, zag de bui al aankomen en meldde zijn meerderen dat de Krim direct ontruimd moest worden. Hitler nodigde hierop de officieren uit in zijn hoofdkwartier. De ontmoeting tussen Hitler en zijn generaals verliep zoals altijd. Of de generaals werden enthousiast en deelden Hitlers optimistische kijk op de zaak, of zij bleven pessimistisch maar durfden hun stem niet te laten horen. Jaenecke behoorde tot de tweede categorie officieren. Hij hield zijn kaken op elkaar maar zond Hitler de volgende dag een vijf pagina's lange brief waarin hij de uitzichtloze situatie van Sebastopol schilderde. Jaenecke werd daarop prompt vervangen door een van zijn korps-commandanten, Generalleutnant Karl Allmendinger, die echter ook het tij niet kon keren. Op 5 mei vond de uiteindelijke evacuatie van de Kaap van Chersonesus naar Constanta in Roemenië plaats. Het werd een drama. Na afloop van de strijd waren bijna 100.000 Duitse en Roemeense militairen gesneuveld en 42.000 manschappen als gevolg van de inzet van Russische marine en luchtmacht op zee verdronken. Hitler was woedend over deze nieuwe tegenslag. 'Ik wil deze soldaten niet meer aan het front zien', deelde hij mee en beval de overlevenden te werk te stellen in de oorlogseconomie aangezien zij 'geen militaire waarde meer hadden.' Jaenecke en Allmendinger kregen nimmer meer een commando in handen.

De kortstondige euforie rond 'Margarethe' was voorbij. De loyaliteit van Duitslands bondgenoten en eigen officieren werd in de komende maanden door nog een lange reeks tegenslagen verder op de proef gesteld. De grootste tegenslag deed zich hierbij voor aan het Westfront. Amper een maand na de val van Sebastopol ontwaakte Hitler met de melding waar hij het hele jaar 1944 voor had gevreesd: de Geallieerden waren geland op de kust van zijn 'Festung Europa'. Op 6 juni was het zover. Operatie 'Overlord' had plaatsgevonden. De eerste resultaten van deze strijd waren voor Duitsland allesbehalve positief. Het gelukte de Duitse eenheden in Normandië niet de Geallieerde troepen direct terug te werpen in zee. Een nieuw Dieppe was uitgebleven. Natuurlijk had Hitler zijn schuldigen snel gevonden. Op 2 juli moest Von Rundstedt het veld ruimen en vervangen door generaal Von Kluge. Ook deze kon echter geen ijzer met handen breken en slaagde er niet in de loop der gebeurtenissen te veranderen. Op 19 augustus bereikte Hitler het bericht van diens zelfmoord.

Op 20 juli 1944 had een groep officieren rond Oberst Claus von Stauffenberg geprobeerd Hitler in de Wolfsschanze te Oostpruisen met een bomaanslag om het leven te brengen. De Führer ontsnapte op het nippertje aan de dood. Het wantrouwen tegenover het leger vergrootte zich ten gunste van de Reichsführer-SS Himmler en diens Waffen-SS-troepen die in geen enkel belangrijk offensief meer ontbraken. De aanslag had een versterkend effect op Hitlers koppigheid en vrees voor complotten en meer dan ooit was hij geneigd vast te houden aan zijn eigen inzichten en eenmaal ingeslagen koersen. 'De blauwbloedige zwijnen moeten worden uitgeroeid', schreef Robert Ley, de leider van het 'Deutschen Arbeitsfront' (DAF), in 'Der Angrif', in een aanval tegen de Junkers die binnen de Duitse strijdkrachten oververtegenwoordigd waren.

Eén dag na Von Kluges zelfmoord zette Charles de Gaulle, de leider van de Vrije Fransen weer voet op Franse bodem. Elf dagen later braken de Geallieerden uit over de rivier de Somme en koersten naar Parijs. Of dit alles nog niet genoeg was, startte op 23 en 24 juni het grote Sovjet-zomeroffensief dat het Rode Leger tot voor de poorten van Warschau bracht. Op 1 augustus volgde een opstand van de Armja Krajowa, het vaderlandse leger, in de Poolse hoofdstad. Dit vormde een van de macaberste stadsgevechten uit de Tweede Wereldoorlog. Onder bevel van SS-Obergruppenführer

Von dem Bach Zelewski werd de opstand met enorm geweld neergeslagen. Ongeveer tachtig procent van de stad werd in puin gelegd. De Polen werden, met de bevrijding in zicht, afgeslacht.

Binnen de muren van het wankelende Derde Rijk begon het nu nog meer te gisten en te broeien. Op de Balkan stond de val van Roemenië en de strategische olievelden van Ploesti voor de deur. Hoewel Antonescu Hitlers veldtocht naar het oosten altijd had gesteund was ook hij ervan overtuigd geraakt dat de oorlog voor Duitsland niet meer te winnen was. Vanuit Antonescu's politieke opvattingen was een accoord met Moskou onmogelijk. De enige manier waarop Roemenië uit de oorlog geloodst zou kunnen worden was door een deal met de westelijk-Geallieerden te sluiten. In zijn achterhoofd hoopte Antonescu zijn land te redden en een verraad jegens Duitsland te voorkomen. Misschien was het mogelijk de westelijk-Geallieerden samen met Duitsland en Roemenië op één lijn te krijgen in de strijd tegen het communisme.

In de herfst van 1943 had Boekarest voor het eerst contact gezocht met de westelijk-Geallieerden. Dit gebeurde via de Roemeense ambassade in Ankara. De Roemeense onderhandelaar, de oud-minister Maniu, bemerkte al snel dat de onderhandelingen moeizaam verliepen. De VS hadden eigenlijk nauwelijks interesse in de Balkan en Groot-Brittannië, dat zich meer geïnteresseerd toonde, had zijn eerste prioriteit bij Griekenland liggen. Nadat het Rode Leger in maart 1944 de Dnjestr had bereikt, besloot Antonecsu wederom tot een diplomatiek offensief. Ditmaal vond het overleg in Caïro plaats en kwam men tot meer concrete plannen. Op 12 april legden de Geallieerden hun eisenpakket op tafel. Roemenië zou direct de banden met Duitsland moeten verbreken en zijn strijdkrachten ter beschikking moeten stellen voor de strijd tegen Berlijn. Tevens moest Roemenië alle krijgsgevangenen vrijlaten, herstelbetalingen verrichten aan de Sovjet-Unie en blijvend afstand doen van de Noord-Boekowina en Bessarabië.
Voor Antonscu was dit eisenpakket een bittere ontgooche-

ling. Het was uitgesloten dat hij hiermee accoord zou gaan. Vanaf dat moment brak er een vreemde episode aan in de Roemeense politiek. Als verdoofd bleef Antonescu zijn eenmaal ingeslagen koers volgen. Hij zag geen uitweg meer en verkondigde menigmaal dat hij misschien maar beter kon aftreden. Op 5 augustus 1944 vond de laatste ontmoeting tussen Hitler en Antonescu plaats in de Rastenburg in Oost-Pruisen. Hitler slaagde er in de terneergeslagen Roemeense dictator weer wat op te peppen. Hij sprak urenlang over nieuwe superwapens die een wending op het slagveld zouden brengen. De Krim en de Oekraïne waren slechts verloren gegaan door 'het werk van verraders'. Antonescu verzekerde Hitler dat Roemenië Duitsland tot de laatste snik trouw zou blijven. Hitler geloofde hem. Toen Antonescu vertrok en in zijn wagen stapte en langzaam weg reed, rende Hitler hem plotseling achterna. De auto hield halt en een verbaasde Antonescu keek Hitler aan vanachter het raam. 'Ga niet naar het paleis van de koning!' riep Hitler. Een plotseling instinct had Hitler gewaarschuwd. De Führer had koning Michael altijd gewantrouwd, zoals Hitler alle monarchen wantrouwde.

Hitlers wantrouwen was gerechtvaardigd want de Duitse belangen in Roemenië waren om twee redenen in gevaar. In augustus 1944 was het de commandant van het Duitse front, Generaloberst Hans Friessner, duidelijk geworden dat het Rode Leger op het punt stond een groot offensief in de bloedhete, boomloze steppe van Bessarabië te ontketenen. Friessner, die Hitler was opgevallen door kordaat optreden aan het Noordfront, was een rechtlijnige officier die politieke en militaire zaken streng gescheiden hield. Hij onderscheidde zich dan ook niet door een al te kritische houding ten aanzien van het nationaal-socialisme hoewel hij zelf iemand van conservatieve huize was. Op een militaire bespreking had Friessner Hitler op gezwollen wijze toegesproken over de heroïsche strijd van zijn manschappen. Hitler had zijn beide handen diep ontroerd beetgegrepen. 'Dit is de beste militaire uiteenzetting die ik ooit heb gehoord', stamelde hij tegen Friessner. De Führer was er van overtuigd dat Friessner het

Het vloeibare zwarte goud waar het Hitler in Hongarije om ging. Door systematische bombardering van de Duitse synthetische olie-industrie en het verlies van de Roemeense velden van Ploesti waren de Hongaarse velden naar Hitlers inzicht van groot strategisch belang geworden.

De brandstofindustrie was de achillespees van de Duitse oorlogsindustrie. 'We hebben de oorlog produktie-technisch verloren', meende Albert Speer al in 1944. Duitsland kampte niet alleen met gebrek aan brandstof, ook het transport over het door luchtbombardementen zwaar gehavende spoorwegennet verliep uiterst moeizaam.

Roemeense front zou redden. De vooruitzichten voor deze strijd waren echter alles behalve rooskleurig. Niet alleen maakte Friessner zich zorgen over de kwantitatieve verhoudingen en de uitgestrektheid van het front - Hitler had de terugtocht op een kortere linie (Plan Bär) verboden - tevens wantrouwde Friessner de Roemeense troepen die meer en meer een defaitistische en/of ongeïnteresseerde houding aannamen. Dit laatste was maar al te waar. In Boekarest was, als gevolg van onvrede over de onderhandelingsimpasse een brede politieke coalitie ontstaan, die zich van de Roemeense leider wilde ontdoen en accoord wilde gaan met het in Caïro overlegde pakket aan eisen. In de praktijk betekende dit niets minder dan een coup tegen Antonescu en Hitler-Duitsland. Antonescu leek blind voor deze dreiging. De Duitse politieke afgevaardigden in Roemenië hadden Hitler eveneens onvoldoende gewaarschuwd. Zoals wij zagen, ging Hitler op 5 augustus bij zijn waarschuwing jegens Antonescu af op zijn politieke instinct. In feite bereikten Hitler maar weinig verontrustende berichten uit Boekarest. Sterker nog, op de dag van de coup, seinden de Duitse autoriteiten in Boekarest naar het Führer-hoofdkwartier dat 'alles rustig was'.

Friessner weet deze vreemde ontwikkeling aan het feit dat de Duitsers zelf 'niet met open kaart speelden'. Hij doelde hiermee op het feit dat het brengen van slecht nieuws vaak als een teken van defaitisme gezien werd, waardoor niemand de boodschapper van het slechte nieuws wilde zijn. Hitler werd hierdoor slechts fragmentarisch geïnformeerd. Daarbij bleef een deel van de informatie eenvoudigweg hangen in de bureaucratische piramide-constructie waaruit het totalitaire Derde Rijk bestond. 'Dat is het gevaar als de beslissingen door één persoon genomen worden', meende Friessner terecht na de oorlog.

Maar Friessner had in eerste instantie andere problemen aan zijn hoofd en dat waren de militaire perikelen waarvoor de Heeresgruppe Südukraine (later omgedoopt in Heeresgruppe Süd) stond. Het werd in augustus met de dag duidelijker dat het 2. Oekraïnse front (Malinovski) en het 3. Oekraïnse Front (Tolbouchin) op het punt stonden het offensief te openen. Op de kaart bood het front van oost-Roemenië de verdedigers een aantal voordelen. De rivieren de Dnjestr, Pruth, Sereth stonden haaks op de aanvalsrichting van het 3. Oekraïnse front dat Roemenië vanuit de richting van Odessa en Tiraspol bedreigde. Daarentegen werd het 2. Oekraïnse front, dat de Duitse linies vanuit noordoostelijk richting bedreigde, minder belemmerd door natuurlijke hindernissen. In zijn hoofdkwartier te Slanic besprak Friessner de situatie met afgevaardigden van de twee Duitse legers binnen zijn Heeresgruppe: het 8. leger en het 6. leger. De algemene verwachting was dat het Rode Leger op 20 augustus in het offensief zou gaan.

Dit vermoeden bleek maar al te juist. Op zondag 20 augustus startte het offensief van het Rode Leger met een artillerie-bombardement van anderhalf uur op de Duits-Roemeense stellingen. Bij de stad Jassy aan de Dnjestr, tegenover het 2. Oekraïnse front tekende zich spoedig daarop een grote Sovjet-doorbraak af. Het bleek dat het Rode Leger zich bovenal concentreerde op de stellingen van het Roemeense leger en dat de Roemenen er massaal vandoor gingen. De Roemenen hebben geen 'Stehvermögen', noteerde Friessner in zijn memoires. De 5. en 7. Roemeense cavaleriedivisie gingen er vandoor nog voor zij een soldaat van het Rode Leger hadden gezien. In korte tijd was het duidelijk geworden dat slechts een snelle terugtocht van de strijdkrachten een totale ineenstorting van het front zou kunnen voorkomen.

Amper een dag later bleek dat zelfs dit een te optimistische weergave van de feiten was. De doorbraak was zo volledig dat de Duitsers zich nog slechts strijdend zouden kunnen terugtrekken. Een run op de spaarzame bruggen was het gevolg. Officieren moesten hun uiterste best doen paniek in de gelederen te voorkomen. Het niet eerder terugnemen van het front op een korter, beter verdedigbaar front brak de Duitsers nu op. De Duitse soldaten betaalden de prijs voor Hitlers koppigheid.

In de nacht van 22 op 23 augustus haastte Friessner zich naar Ion Antonescu. De reden van het bezoek was Friessners angst dat het spoedig tot een totale ineenstorting van de

Roemeense strijdkrachten zou komen, gezien het feit dat zij weinig animo voor de tot strijd toonden. Antonescu, volgens Friessner 'een man van formaat met militair inzicht', toonde zich pijnlijk verrast door het falend optreden van zijn troepen. 'We moeten standhouden', meende Antonescu, 'anders ligt de hele Balkan open.' Friessner deelde deze mening. 'We zitten samen in een boot op stormachtige zee. Wie nu uitstapt, brengt niet alleen de eigen natie in gevaar maar de hele Europese wereld.'
Na deze gezwollen woorden namen Friessner en Antonescu afscheid van elkaar. Het was hun eerste en laatste ontmoeting. Antonescu deed nu, waar Hitler hem op 5 augustus voor gewaarschuwd had. Hij vloog direct naar de koning om hem verslag uit te brengen van de jongste ontwikkelingen. In het koninklijk paleis wachtten de samenzweerders hem op en werd hij gearresteerd. Antonescu werd opgesloten in de kluis van het paleis - oorspronkelijk bedoeld voor de postzegelverzameling van koning Carol-II - en verdween van het politieke toneel.

Op 23 augustus, 22.00 uur, riep koning Michael de Roemeense militairen op de wapens neer te leggen. Via de radio bereikte deze boodschap de eenheden aan het snel ineenstortende front. De chaos was compleet! Friessner greep direct de telefoon en belde naar de Duitse autoriteiten in Boekarest, die de opstand bevestigden. De aandacht van de Duitse militaire leiding ging natuurlijk in eerste instantie uit naar de frontsituatie. Gezien de desastreuze ontwikkelingen sinds de start van het Sovjet-offensief op 20 augustus kon de Roemeense afvalligheid voor de Duitsers bijna niet op een beroerder moment plaatsvinden. Friessner riep onmiddelijk de oudste en meest gezaghebbende Roemeense commandant, Generaloberst Dumitrescu, bij zich in zijn hoofdkwartier. Tegen beter weten in vroeg Friessner hem de Duitse troepen van de Heeresgruppe Südukraïne trouw te blijven in hun strijd tegen het Rode Leger en geen gehoor te geven aan de oproep vanuit Boekarest. Het antwoord van Dumitrescu was even eenvoudig als veelzeggend. 'Ik kan mijn belofte van trouw aan de koning niet breken.' Tegen deze soldatenlogica wist Friessner niets in te brengen. Zijn woede was er niet minder om. Hij noemde zijn memoires na de oorlog 'Verratene Schlachten'. Een 'verraad' dat zich, zoals wij zullen zien, niet enkel tot Boekarest beperkte.

'Waarom heeft hij in hemelsnaam niet naar mij geluisterd', jammerde Hitler over de coup tegen Antonescu in het koninklijk paleis te Boekarest. Hitler was ten einde raad. Niet alleen dreigde er door de militaire doorbraak aan de Dnjestr een militaire catastrofe waarbij twee Duitse legers vernietigd dreigden te worden, maar tevens tekende zich een enorm politiek en economisch debâcle af door het plotseling overlopen van de Roemenen. Om 23.00 uur kreeg Friessner Hitler persoonlijk aan de telefoon. Deze droeg hem direct op de verradersgroep te 'beseitigen'. Voor Friessner, die zijn handen vol had aan het ineenstortende front, was dat een vrijwel onmogelijke opgave. De enige eenheden die ter beschikking stonden in het achterland en inzetbaar waren, vormden de verdedigers van het oliegebied van Ploesti en de daarbij behorende luchtstrijdkrachten van de Luftflotte IV.

Door omstandigheden gedwongen kwam het tot een zeer oneigenlijke inzet van troepen. Aangezien Hitler in nieuwe gesprekken wederom aandrong op militaire actie tegen de opstandige Roemenen - Friessner aarzelde omdat hij vijandelijkheden tussen beide oud-bondgenoten vreesde - verzamelden de luchtafweereenheden van Ploesti zich voor een aanval op Boekarest. Het commando over deze Flak-Kampfgruppe voerde de SS-Brigadeführer Hoffmeyer en General Gerstenberg. De gehele operatie liep op niets uit. De eenheden waren nimmer voorbestemd tot grondgevechten en de zware kanonnen leenden zich niet voor mobiele oorlogvoering.

De teleurgestelde en wraakzuchtige Hitler gaf daarop Friessner het bevel Boekarest zo snel mogelijk vanuit de lucht te bombarderen. Vanuit militair oogpunt zou een dergelijke maatregel niets dan ellende betekenen en Friessner besloot dit bevel te traineren door allereerst een 'studie' naar de mogelijkheden van dit bombardement te laten verrichten. Maar Hitler liet zich niet om de tuin leiden en korte tijd later bereikte Friessner het bericht dat Duitse Stuka's van de Luftflotte IV. Boekarest hadden gebombardeerd. Hitler had Göring rechtstreeks benaderd en deze had zich gehaast de order uit te voeren. Nu de Duitse Luftwaffe vooral in het westen zwaar in het defensief was gedwongen en het prestige van Göring zwaar te lijden had, was hij blij zijn 'Führer' dit 'plezier' te kunnen doen. Het bombardement bracht politiek geen enkele wijziging en de Duitse eenheden geen verlichting. Sterker nog, de Roemenen, tot dan toe meestal nog redelijk neutraal jegens hun vroegere Duitse bondgenoten, keerden zich nu tegen de troepen van de Heeresgruppe Südukraïne. Op 25 augustus volgde zelfs een Roemeense oorlogsverklaring aan Berlijn. Terwijl de Duitse troepen terugtrokken in de richting van de Karpaten-passen en het Roemeens-Hongaarse grensgebied verbeet Friessner zijn woede over de gebeurtenissen. Verschillende steden waren door Hitler, die zich tot in detail met de gevechtshandelingen bleef bemoeien, tot 'Festen Platz' benoemd, zoals Braila en Focsami. Friessner beschouwde dit als een onzinnige verspilling van manschappen en materiaal. Hij wist niet dat dit echter pas het begin was van nog veel grotere militaire catastrofes en opofferingspolitiek zoals in het laatste oorlogsjaar in Boedapest zou blijken. In de Donau-delta gingen de Duitse marine-faciliteiten verloren. De trotse kustbatterij 'Tirpitz' moest door de eigen Duitse troepen worden opgeblazen. Ook de U-boot-basis aan de Zwarte Zee was voor altijd verloren. Het 8. leger viel met steeds grotere snelheid terug in de richting van Klaussenburg. Het 6. leger trok zich terug in de richting van de Buzau-pas. Tot overmaat van ramp spreidden de vijandelijkheden in de Balkan zich spoedig daarop ook uit tot Bulgarije dat in navolging van Roemenië, zich nu ook afkeerde van de Duitsers en Berlijn op 5 september de oorlog verklaarde. Met zijn Fiesseler-Storch reisde Friessner door de lucht van brandhaard naar brandhaard. Hij landde op de weg van Focsani - Ploesti, alwaar hij getuige was van de ondergang van de zich strijdend terugtrekkende Kampfgruppe Winkler. Schaarse Duitse tanks en Duitse infanteristen hielden hier tot de laatste snik stand tegen de overmacht van het Rode

Leger terwijl achter hun rug lange kolonnes terugtrokken naar het westen. De lucht boven hun hoofden was diep zwart gekleurd door de brandende olietanks. De vernietiging van Ploesti voor het Duitse oorlogsapparaat was een feit. Na de val van Ploesti restte Hitler-Duitsland slechts nog de Hongaarse olievelden bij Nagykanizsa en de kleine velden bij Zisterdorf in Oostenrijk. Deze velden zouden de komende maanden centraal staan in Hitlers geopolitieke denken.

De geheime kracht van Ferenc Szálasi

Na de val van Boekarest en Ploesti verplaatste de strijd zich met reuzenschreden naar het Hongaars-Roemeense grensgebied. Dit gebied, in het Latijn aangeduid als Transsylvanië - de Roemenen spreken van Ardeal, de Hongaren van Erdély en de Duitsers van Siebenbürgen - vormde een van oudsher omstreden bodem, waar reeds menig veldslag het levenslicht zag. Transsylvanië is een typisch overgangsgebied, een land in de schaduw van bergketens, de Karpaten en de Transsylvanische Alpen (Zuid-Karpaten), en daardoor een natuurlijke barrière en grens tussen stammen en volkeren door de eeuwen heen. In een ver verleden was het gebied naast zijn strategische ligging ook omstreden wegens zijn goudvondsten in de bodem en vruchtbare aarde. Vandaag de dag vormen de Roemenen, met rond zes miljoen inwoners, de voornaamste bevolkingsgroep in het gebied, maar in 1944 was het land een omstreden grensstrook tussen Roemenië en Hongarije. Op dit vroegere slagveld van Hunnen en Gothen werden in 1944 nieuwe zware verdedigingsgevechten, de Duitsers spraken van 'Abwehrschlachten', gevoerd.

September 1944 was de maand waarin de slag om Transsylvanië gestreden werd. Na de val van Ploesti drongen de eenheden van het Rode Leger, niet minder dan 31 Schützendivisies en meerdere 'Schnelle Korpsen', het gebied via de Karpatenpassen binnen. Friessner deed zijn uiterste best de situatie in de hand te houden. Duitse versterkingen werden in sneltreinvaart naar het front gebracht, zoals de 'Gruppe Siebenburgen' onder bevel van SS-Obergruppenführer en General der Waffen-SS Arthur Phleps, waarin onder andere eenheden van de 8. SS Kav.D. 'Florian Geyer' vochten. Onder uiterste krachtsinspanning wist het Duits-Hongaarse leger, geteisterd door munitie- en brandstofgebrek en zwaar aangeslagen als gevolg van de zware gevechten, zich in redelijke orde terug te trekken. Het front bleef, voor zover je daarvan kon spreken, redelijk in tact. Dit zei niet alleen iets over de discipline aan Duitse zijde van het front, maar ook over het Rode Leger dat, door deze wederom diepe stoot in het Roemeense binnenland, eveneens naar adem snakte. Friessner noemde de terugtocht in zijn memoires 'een volledig afweersucces' voor het Duitse leger waarbij het Rode Leger bijna 200 tanks, ongeveer 150 artilleriestukken en zelfs 2.000 man aan krijgsgevangenen verloor. In werkelijkheid was dit slechts een kanttekening bij het succes van het Rode Leger. In korte tijd was het Derde Rijk van zijn laatste grote brandstofreserve beroofd en had het door de val van Roemenië één van zijn laatste bondgenoten verloren. Tevens stond door het verlies van het 62.000 vierkante kilometer grote Transsylvanië het Rode Leger voor de deur van de Hongaarse rompstaat.

Als gevolg van de Sovjet-opmars was het Duitse 8. leger onder bevel van Otto Wöhler op de uiterste noordflank van Friessners Heeresgruppe gedrongen. Voor de bescherming van Hongarije, het front liep eind september in een 1.000 kilometer (!) lange boogvorm van Klaussenburg via Grosswardein naar Arad en Temeschburg, steunde Friessner dan ook meer en meer op het Duitse 6. leger (Armeegruppe Fretter-Pico) dat na de ondergang bij Stalingrad wederom was opgesteld. Tevens beschikte Friessner over het Hongaarse 3. leger dat met twee korpsen aan het front stond. In aansluiting met het 8. leger van Wöhler stond het Hongaarse 2. leger rond Klaussenburg.

Het was bij voorbaat al duidelijk dat deze linie nimmer gehandhaafd kon worden. Het wachten was slechts op het nieuwe offensief van het Rode Leger. Friessner vreesde dat deze snel zou komen. Het gerucht deed de ronde dat Stalin de val van Boedapest had geëist ter viering van de jaarlijkse herdenking van de oktober-revolutie!

Op 6 oktober brak de slag om de Hongaarse poesta uit. Hoewel de kansen van het Rode Leger op papier ongelooflijk gunstig lagen, hadden zij opmerkelijk veel moeite met de Duitse strijdkrachten. Zoals altijd was de doorbraak het minste probleem voor het Rode Leger. De Hongaarse sector aan het front bleek broos en week snel. In de diepte van het front, waar het aankwam op goede bevelstructuren en tactiek, waren de Sovjets de mindere. Hoewel numeriek zwaar in de overhand geraakten meerdere Sovjet-korpsen omsingeld door Duitse tank-eenheden die met opvallend weinig materiaal moesten opereren. Het waren vooral de drie pantserdivisies van het 6. leger van Fretter-Pico, de 1., 13. en 23. Pz.D., die het de Sovjets lastig maakten. Rond Debrecen woedde een strijd die dagenlang aanhield. Maar het Rode Leger kon de slag uiteindelijk niet verliezen. De doorbraak aan het front bij Arad en Szalonta ten zuiden van Grosswardein werd uiteindelijk beloond met een definitieve terugtocht van het Duitse 6. leger (het 8. van Wöhler was genoodzaakt zich mee terug te trekken om verbinding te houden) naar het westen. Het Rode Leger telde naar schatting 11.000 gesneuvelden, bijna 6.000 man was in krijgsgevangenschap geraakt en maar liefst 1.000 tanks waren verloren gegaan. Deze verliezen waren zwaar maar niet onoverkomelijk. De Sovjet tankproduktie werkte subliem. Verliezen, zowel qua manschappen als materiaal, werden aan Sovjet-zijde in het algemeen tot meer dan 90% vervangen. In het gunstigste geval lag dit aan Duitse zijde net iets boven de 60%. De Duitse pantserstrijdkrachten waren nu nog verder aangeslagen. Het gehele 6. leger beschikte slechts nog over veertien Pz.V, twaalf Pz.III en 41 Sturmgeschützen, ongeveer de normale sterkte van een doorsnee pantserdivisie. Alleen al de 23. Pz.D. onder bevel van Von Radowitz had niet minder dan 37 tanks en pantservoertuigen aan kracht ingeboet.

Na dit moeizaam bevochten succes was het duidelijk dat de viering van de oktober-revolutie in Moskou niet gepaard kon gaan met de verovering van Boedapest. Maar de stad was wel in zicht. Slechts de rivier de Theiss (Tisza) scheidde eind oktober het Rode Leger nog van de poorten van Boedapest en de Donau. Binnen het Hongaarse kamp was de spanning inmiddels om te snijden. Net als in augustus toen Boekarest viel, wilden steeds minder Hongaren de nederlaag met Hitler-Duitsland delen.

Reeds sinds het fiasco van Klessheim zinde Horthy op een manier om de oorlog te verlaten. Hij werd hierbij geplaagd door dezelfde problemen als Ion Antonescu. De opmars van het Rode Leger werd door Horthy en het gros der Hongaren met groeiende angst gevolgd. Weerzinwekkende geruchten over Russische misdragingen ten aanzien van de Hongaarse burgers versterkten de ondergangsstemming in Boedapest. Weerzin tegen een accoord met het Rode Leger hield de Hongaren nog in het Duitse kamp, maar dat het wapenbroederschap zijn einde naderde was zonneklaar. Tekenend voor de veranderde verhoudingen was dat de Duitse militaire greep op het land sinds operatie 'Margarethe' sterk was vergroot en dat ook de Duitse politieke invloed zienderogen toenam. De Höhere SS und Polizeiführer Otto Winkelmann nam vanuit politioneel oogpunt de situatie in Boedapest nauwlettend in ogenschouw. Eenheden van SD, SS en Gestapo stonden hem dag en nacht ter beschikking. Politiek gezien volgde dr. Edmund Veesenmayer, in maart als ongewenste gast in Horthy's trein meegereisd naar Hongarije, als Hitlers speciale afgezant het politieke doen en laten in de residentie van Horthy met argusogen. De Hongaarse joden werden, als gevolg van ingrijpende maatregelen van het kommando Eichmann, meer en meer opgejaagd en uitgeleverd aan het Nazi-vernietigingssysteem. Ook de economische druk op het land was sterk toegenomen. Zorgwekkend was tevens het feit dat onder Duitse druk steeds meer Hongaarse fascisten, de Nyilas (pijlkruizers) van Ferenc Szálasi, aan macht en invloed wonnen.

De enige uitweg uit dit labyrint van problemen zag Horthy in een toenadering tot het westen. Hierbij herhaalden zich ook voor Hongarije de problemen waarop Antonescu reeds gestuit was. Op 22 september werden enkele afgezanten van Horhty ontvangen door de Britse generaal Maitland Wilson van het 8.leger. De onderhandelingen verliepen traag, gezien het feit dat de Geallieerden natuurlijk eerst in onderling overleg moesten treden. Om dezelfde redenen waarom het destijds in Boekarest niet lukte, mislukte ook de toenaderingspoging van Horthy: de westelijk-Geallieerden wilden geen afspraken maken, die de Sovjet-Unie buiten beschouwing lieten. Reeds op dat moment was al duidelijk dat de Balkan na de oorlog in de schoot van Stalin zou vallen. Dat was een politieke en militaire realiteit waaraan de westelijk-Geallieerden hun vingers niet wilden branden.

Hitlers favoriete commando-leider, Otto Skorzeny. Via een doeltreffende commando-operatie arresteerde hij admiraal Horthy in oktober 1944 toen deze probeerde naar de Geallieerden over te lopen. Deze operatie, alsmede de bevrijding van Mussolini uit Gran Sasso eerder in de oorlog, leverde Skorzeny de bijnaam op 'de gevaarlijkste man van Europa'. De foto toont Skorzeny kort na zijn arrestatie door de Geallieerden. Na de oorlog leefde hij in Spanje.

Ferenc Szálasi arriveert op de burcht in Boeda, oktober 1944.
De Pijlkruizers grijpen met hulp van de Duitse troepen de macht. Anti-joodse pogroms zijn het gevolg.

Toen diezelfde maand Horthy's militaire adviseur Vörös verklaarde dat de Hongaarse eenheden aan het front op instorten stonden en het Rode Leger ieder moment kon doorbreken tot Boedapest begreep Horthy dat hij zelf de knoop zou moeten doorhakken. Met een kleine groep getrouwen, zelfs het gros van de politici werd nauwelijks ingelicht uit angst voor verraad, bezon Horthy zich op de wijze waarop Hongarije zich uit de oorlog zou kunnen terugtrekken. De enige mogelijkheid was dat Hongarije eenzijdig de wapens zou neerleggen en zich, zonder strijd tegen de Duitse troepen, uit de oorlog zou terugtrekken. Het was een weinig realistisch plan, gezien de ervaringen in Boekarest. Direct na de coup tegen Antonescu had Hitler Boekarest laten bombarderen en de Roemenen en Duitsers waren slaags geraakt. Maar Horthy had geen alternatief en boog zich over de precieze tekst van de proclamatie die hij over de radio wilde uitzenden. Op aandringen van Moskou, waarmee hij heimelijk in contact stond, werd aangedrongen de ommezwaai begin oktober te maken.

Na het debâcle in Boekarest waren de Duitse autoriteiten echter ditmaal bijzonder op hun hoede. De burcht van Horthy werd dag en nacht in de gaten gehouden en de onderhandelingen van Boedapest met de westelijk-Geallieerden en Moskou waren geen geheim. Op 10 september had Hitler zijn favoriete man voor moeilijke klussen, de boomlange SS-officier Otto Skorzeny, in de Wolfsschanze te Oost-Pruisen bij zich geroepen met de opdracht om in geval van nood in samenwerking met Friessner en Winkelmann de orde in Boedapest te herstellen. De geboren Oostenrijker, wiens gezicht ontsierd werd door ere-littekens van een sabelduel uit zijn studententijd, was de juiste man voor de baan. In september 1943 had Skorzeny met succes via een commandoactie Benito Mussolini in Gran Sasso uit handen van Italiaanse partizanen gered. Op een haartje na was Tito, de Joegoslavische partizanenleider, in een valstrik van Skorzeny gelopen. Vanwege snel en effectief optreden kenmerkten Skorzeny's acties zich door lage verliezen en hoog rendement. Hij was het type man naar Hitlers hart en het was daarom ook niet voor niets dat Hitler hem naar het door hem van groot strategisch belang geachte Hongarije zond. Later in de oorlog zou Skorzeny nog drie opdrachten krijgen: de vernietiging van de brug bij Remagen, een verwarringsoperatie tijdens het Ardennenoffensief (Operatie 'Greif': Duitse commando's in Amerikaanse uniformen) en de handhaving van het bruggehoofd Schwedt aan de Oder. Geen van deze acties was zo succesvol als die te Gran Sasso en Boedapest. Wel leverden ze voldoende stof op voor boeiende memoires, die Skorzeny maar liefst viermaal op papier zette.

Naast Skorzeny, die onder de schuilnaam dr. Wolff in Boedapest arriveerde, werd ook SS-Obergruppenführer Erich von dem Bach Zelewski naar Boedapest gestuurd waar hij op 13 oktober arriveerde. Zijn brute optreden in Warschau had indruk gemaakt op Hitler die meende dat de anti-partizanen ervaring van de gezette SS-officier ook in Boedapest vruchten kon afwerpen. Voor Skorzeny betekende Von dem Bach-Zelewski echter meer een sta in de weg. De methoden van beide SS-officieren verschilden nogal. Terwijl Von dem Bach-Zelewski meteen overwoog de historische burcht-residentie van Horthy met een dikke Bertha (65cm kanon) in de as te leggen, wilde Skorzeny het veel subtieler aanpakken.

De politiek van Skorzeny zegevierde. In september en oktober begon in Boedapest een ware schimmenoorlog. Dit alles voltrok zich voor een angstaanjagend decor van menselijk lijden. In en om Boedapest waren honderdduizenden joden verzameld, die in getto's en kampen hun transport naar Auschwitz en de Duitse wapenindustrie afwachtten. Joodse bouwbataljons werkten reeds aan versterkingen voor de stad met het oog op de te verwachten slag om Boedapest. Tevens waren er veel vluchtelingen in de stad, die vanuit het oosten kwamen, op de vlucht voor de opmars van het 2. en 3. Oekraïnse Front. Pijlkruizers werden met de dag brutaler en intimideerden de Hongaarse autoriteiten en de joodse bewoners van de stad. Als reactie hierop liet Horthy op 16 september een aantal vooraanstaande Pijlkruisleiders arresteren. Op 8 oktober antwoordde de Gestapo met de arrestatie van generaal Szibard Bakay, een van de laatste militaire vertrouwelingen van Horthy. Ondertussen werkte de rechterhand van Skorzeny, SS-Hauptsturmführer Von Fölkersam, het aanvalsplan op de brucht - operatie 'Panzerfaust' - tot in detail uit. Veesenmayer was reeds in nauw contact getreden met de Pijlkruizers om een eventuele overgangsregering voor te bereiden indien Horthy het Duitse kamp zou proberen te verlaten. Op 15 oktober 1944 was het zover. Horthy had, na nauw overleg met zijn getrouwen - voornamelijk bestaande uit familieleden - besloten tot het voorlezen van de proclamatie waarin de Hongaren werden opgeroepen de wapens neer te leggen en een neutrale houding aan te nemen. Horthy, een man van eer, wilde echter alvorens dit uit te voeren zijn plan voorleggen aan de Kroonraad en premier Lakatos en bovendien Edmund Veesenmayer van zijn besluit op de hoogte stellen. In praktijk was dit echter nauwelijks nodig want de Nazi's waren perfect op de hoogte van Horthy's plannen en hadden hun tegenplan klaar liggen. Dat bestond uit verschillende exponenten. Op politiek gebied zouden Veesenmayer en een nieuwe speciale gezant van Hitler, de Duitse ambassadeur in Italië Rudolf Rahn, in stelling worden gebracht om Horthy door middel van een diplomatiek hoogstandje voor het Duitse kamp terug te winnen. Rahn werd voor dit doel speciaal met een Condor vanaf München naar Boedapest gevlogen. Mocht dit niet lukken dan was er nog altijd de militaire exponent. Skorzeny bereidde een valstrik voor met betrekking tot de familie van de rijksregent. Tevens waren er Duitse eenheden in de stad - waaronder ongeveer 40 zware Königstiger-tanks (spZ.Abt.503) - die militair konden ingrijpen. Vanuit veiligheidsoverwegingen had Horthy het leger niet van te voren op de hoogte durven stellen en van een werkelijk voorbereide Hongaarse verdediging van de residentie was dan ook geen sprake.

De Duitse acties verliepen volgens plan. De zoon van Horthy, die volop meewerkte aan de geheime contacten van Horthy met de Geallieerden, werd zogenaamd door afgezanten van Josef Tito uitgenodigd voor een geheime onderhandeling. Aanvankelijk bestond er aan Hongaarse kant enig wantrouwen, maar op de ochtend van de 15e oktober besloot Horthy jr. toch te gaan, vergezeld van een paar bewakers. De ontmoeting, opgezet onder codenaam 'Mickey Mouse', was echter een valstrik van Otto Skorzeny. Nauwelijks in het gebouw gearriveerd overviel een grote groep van de SD de zoon van de rijksregent. Deze raakte buiten kennis, werd in een tapijt gerold en direct naar het vliegveld gebracht, alwaar hij werd overgevlogen naar het concentratiekamp Mauthausen nabij Linz, in Oostenrijk. De hele actie had de Duitsers slechts één man verlies opgeleverd, echter hoog in rang: de SD-Chef Boedapest, SS-Hauptsturmführer Otto Klages die een schot in de maag kreeg toen buiten het pand een vuurgevecht met Hongaarse veiligheidsbeambten ontstond. Skorzeny, die zelf in burgerkleding staande bij een zogenaamd defecte auto voor het onderhandelingsgebouw de strijd op het nippertje overleefd had, leverde de Duitse autoriteiten een sterke troefkaart.

De ontvoering van Horthy jr. versterkte aanzienlijk de positie van Veesenmayer en maakte van de 15e oktober een nog moeilijkere dag voor Horthy dan het al was. Allereerst stelde hij zijn kroonraad op de hoogte en deze was, mede gezien het feit dat zij tot dan toe niets van Horthy's plannen wisten, niet erg daadkrachtig in ondersteuning van de rijksregent. Kort daarop, om 12.00 uur, diende Veesenmayer zich aan. Tevergeefs probeerde deze de vermoeide rijksregent tot andere gedachten te brengen. Ook Rudolf Rahn, die kort na Veesenmayer als speciaal afgezant van Hitler een onderhoud met Horthy had was niet succesvol.

Rahn was van te voren al weinig positief geweest over zijn missie op de Balkan, een gebied dat hij typeerde als een 'park vol waanzinnigen'. Dit werd nog gekoppeld aan het feit dat Rahn een buitengewoon lage dunk had van de Duitse diplomatieke dienst waarin meer SA- en SS-mannen rondliepen dan mensen die de diplomatieke kneepjes van het vak kende. De ontwikkelingen in Boekarest spreken wat dat betreft boekdelen. Rahn weet dit euvel bovenal aan de incompetentie van de Duitse minister van Buitenlandse Zaken Von Ribbentrop. Deze ijdele man - hij had het adelijke 'von' er bij gekocht - was eigenlijk door een wederzijds misverstand tussen Hitler en hemzelf hoog opgeklommen in de Nazi-hierarchie. Von Ribbentrop had aanvankelijk in Hitler de man gezien, die het Duitse keizerrijk kon herstellen. Hitler dacht in de handige wijnhandelaar die regelmatig zakenreisjes deed 'een man van de wereld te hebben gevonden', die hij nodig had om het nationaal-socialistische programma in het buitenland te verkopen. Door deze wederzijdse inschattingsfouten bracht Von Ribbentrop, mede door de steun van zijn overambitieuze vrouw, het tot minister van Buitenlandse Zaken hetgeen zijn schoonmoeder de opmerking ontlokte dat 'uitgerekend haar domste schoonzoon het tot minister had gebracht'. Zij was niet de enige die zich laagdunkend over Von Ribbentrop uitliet. Ook de intelligente propaganda-minister Goebbels besefte dat Von Ribbentrop een lichtgewicht was. Hij noemde hem spottend in het openbaar 'de wijnhandelaar'. Rahn had het gevoel dat hij met zijn spoedopdracht, uitgewerkt op een velletje papier, de rommel van het ministerie moest opruimen.

Rahn, een beroepsdiplomaat die voorheen ondermeer in Syrië en Tunesië had gewerkt, slaagde er in de botte teneur tussen het gesprek tussen Veesenmayer en Horthy om te buigen in een meer gemoedelijke sfeer. 'Waarom heb ik u niet eerder ontmoet', klaagde Horthy. Op het moment dat de bespreking plaatsvond werd Horthy's boodschap reeds uitgezonden. De anti-Duitse opstand was een feit geworden. De Duitsers sloeg de schrik om het hart. Even voor de bespreking met Horthy had Veesenmayer Rahn een telegram uit Berlijn laten zien waarop in duidelijk taal stond dat bij een debâcle zoals in Boekarest zij beide voor de bijl zouden gaan en letterlijk het hoofd zouden verliezen. De sfeer werd nog onaangenamer doordat Von Ribbentrop, doodsbang voor een herhaling van de tragedie in Boekarest zoals in augustus 1944, voortdurend hysterisch opbelde en uitriep dat alles dreigde mis te gaan. Met de val van Boekarest was voor de Nazi's de belangrijkste diplomatieke missie in Oost-Europa verloren gegaan en Von Ribbentrop kon zich onmogelijk ook nog het verlies van Boedapest veroorloven. 'Geeft u ons toch wat krediet', probeerde Rahn de minister te temperen en hing vervolgens op.

Veesenmayer, Friessner en Skorzeny besloten nu geen tijd meer te verliezen. De greep op Boedapest moest direct hersteld worden. Tiger-tanks, met daarop soldaten van de kavaleriedivisie 'Maria Theresia', Waffen-SS-parachutisten (Fallschirmjägerbataillon 600) en Jagdverband 'Mitte' (voorheen Jägerbataillon 502) rolden op de burcht af. Horthy, die besefte dat zijn bewakers kansloos waren, gaf bevel niet terug te schieten. Toch brak er een kort vuurgevecht uit. Door een misverstand waren niet alle Hongaarse eenheden op de hoogte gesteld van Horthy's bevel geen weerstand te leveren. Voor Skorzeny werd het een operatie zoals te Gran Sasso. Het verzet werd zonder veel problemen gebroken. Er zijn foto's van de actie 'Panzerfaust' bewaard gebleven. Het toont een oppermachtig Duits leger. Manschappen van de Waffen-SS cavaleriedivisie 'Maria Theresia' rookten na afloop op hun gemak een sigaretje op de burcht in Boeda. Evenals bij Mussolini begeleidde Skorzeny Horthy persoonlijk van het politiek toneel. Horthy was een gebroken man en in tranen gehuld. Hij zocht steun bij Rudolf Rahn wiens handen hij beetpakte en smeekte zijn enig overgebleven zoon te sparen. Per vliegtuig verdween de rijksregent uit Hongarije om verbannen te worden naar kasteel Hirschberg bij het plaatsje Waldheim te Beieren, alwaar hij uiteindelijk bevrijd zou worden door de Amerikanen. Pas na zijn dood zou hij Hongarije terugzien, bij zijn herbegrafenis in 1993. Ondanks toezeggingen bleef Horthy jr. in gevangenschap en werd hij op het einde van de oorlog bevrijd uit Dachau, waarheen hij was overgeplaatst. Himmler was buitengewoon tevreden over het resultaat van operatie 'Panzerfaust'. 'Mijn complimenten voor het prima werk', schreef hij Veesenmayer. Rahn nam afscheid van Veesenmayer, die blij was van deze bemoeial verlost te zijn. De opluchting was wederzijds. Rahn liet de Balkan met een opgelucht gevoel achter zich en vloog terug naar Italië. Hij was blij dat er bij 'Panzerfaust' nauwelijks doden waren gevallen, maar had geen vertrouwen in een goede afloop.

Het decor in Boedapest veranderde na de val van Horthy snel tot een nog veel grimmiger tafereel. Een eenheid van de Duitse veiligheidsdienst onder bevel van een zekere SS-Untersturmführer Kernmayer had de radiozender van Boedapest inmiddels in handen gekregen. Deze operatie staat zo uitgebreid beschreven in het revisionistische boek 'Die Letz-

Duitse soldaten van de 22.SS Kav. D. 'Maria Theresia', uitgerust met Panzerfausten, lachen ontspannen na de bestorming van de burcht in Boeda. De Hongaren gaven zich vrijwel zonder slag of stoot over. Buitgemaakte wapens liggen op de grond.

te Schlacht' van de auteur Erich Kern dat het zeer aannemelijk is dat het bij Kernmayer en Kern om één en dezelfde persoon gaat. Kern noemt de man die het radio-station innam overigens Ruhle. Pijlkruizers maakten van het ingenomen radio-station dankbaar gebruik en proclameerden ongeremd groot-Hongaarse en anti-semitische gedachten. Honderden joden werden in de nacht van 15 op 16 oktober door tienerbendes van de Pijlkruizers om het leven gebracht. Een aantal joodse-bouwbrigaden had, in een kort moment van euforie, de band met gele ster afgegooid en de schoppen en pikhouwelen laten vallen. Voor de Pijlkruizers was dit een extra motivatie om de lang opgekropte haat nu bot te vieren. Honderden joden werden vanaf de historische Ketting- en Margarethe-brug de Donau ingeworpen en beschoten. Ook op andere plaatsen in de stad, bovenal rond de Népszinhastraat en het Teleki-plein, vonden pogroms plaats. We zullen hier nog uitgebreid in het volgende hoofdstuk op terug komen.

Ook politiek gezien veranderde er veel. De Pijlkruizer-partij ('Nyilaskeresztes Part') van Ferenc Szálasi, reeds door Veesenmayer op de macht voorbereid, trad aan om Hongarije op uiterst destructieve wijze te gaan regeren. Voor Szálasi brak het moment aan waar hij een groot deel van zijn leven naar toe had geleefd. Hij was een enorme fantast die geloofde dat de voorzienigheid hem had voorbestemd het christelijke Hongarije te bevrijden van dreigend communisme, slavische 'kleinstaterij' en het 'joodse probleem'. Szálasi was op 6 januari 1897 geboren en stamde af van Hongaars-Slowaakse en Armeense voorouders. Zijn autoritaire vader maakte carrière binnen het leger. Szálasi, evenals de andere zonen van het gezin, volgde het voetspoor van zijn vader en was een veelbelovend militair talent. Als jongeman werkte hij in de Eerste Wereldoorlog bij de generale staf. In 1925 trad hij definitief toe tot de hoogste militaire regionen van Hongarije. In 1932 was zijn ster gerezen en was hij een populaire docent militaire geschiedenis. Szálasi's verdere carrière zou er zonnig hebben uitgezien, als hij niet zijn leven over een andere boeg had gegooid door te kiezen voor een politieke carrière. Het was geen rationele beslissing van Szálasi. De man was tot in het diepst van zijn hart overtuigd van de noodzaak van zijn historische missie. Hij meende oprecht dat de voorzienigheid hem had uitgekozen Hongarije tot de 'grootmacht van de Karpaten en het Donau-basin' te maken. In 1933, het jaar dat Hitler in Duitsland aan de macht kwam, verscheen Szálasi's eerste politieke boekwerk. De titel was 'Plan voor de reconstructie van de Hongaarse staat'. Op zich was dit geen radicaal standpunt gezien het feit dat de eis tot revisie van Trianon - het Hongaarse Versailles - in Hongarije vrijwel gelijk stond aan oprecht patriottistisch gedrag. Szálasi ging echter veel verder. Zijn revisie was op ziekelijke wijze doorgevoerd. Hij schroomde er niet voor het gebruik van geweld. Onderwerping van de andere Balkanvolkeren ten gunste van de Hongaarse hegonomie was een rechtstreeks streven van Szálasi. Deze agressieve politiek werd aangevuld door een op de Nazi's gelijkend anti-semitisme en coöperatieve ideeën voor de omvorming van de economie waartoe Mussolini's Italië de Hongaar had geïnspireerd. Opmerkelijk was ook dat Szálasi, evenals Hitler, louter zichzelf de historische taak tot het volbrengen van dit 'groot-Magyarendom' toedichtte. 'Wie mij niet onvoorwaardelijk dient, moet verdwijnen', stelde hij. Mocht niemand aan de vereiste gehoorzaamheid voldoen dan was dat voor Szálasi geen enkel punt. 'Al ben ik alleen, dan nog zal ik de Hongaarse staat creëren door de geheime kracht die in mij is'.

Die 'geheime kracht', waarbij Szálasi verwees naar de christelijke voortrekkersrol die Hongarije in het verleden (tegenover de Turken) in de Balkan speelde, zou Szálasi in deze laatste maanden hard nodig hebben. Het Rode Leger naderde de torens van Boedapest en een groot deel van de Hongaren zagen de machtsovername van de Pijlkruizers als een oorlogsverlenging. Szálasi stond voor de bijna onmogelijke opgave de Hongaren te mobiliseren voor de eindstrijd aan Duitse zijde. Daarbij wilde hij proberen het volk er van te overtuigen dat zij hun strijd ook streden voor de groot-Hongaarse gedachte - door Szálasi vaak 'het groot-vaderland' genoemd - dat slechts beschermd kon worden door een samengaan met Nazi-Duitsland. Daarnaast wilde Szálasi ook nog een aantal nieuwe politieke standaardwerken schrijven, om zijn ideeën in druk - op kosten van de staat - voor het nageslacht te bewaren. Van de aanvang af was het duidelijk dat de Pijlkruizers slechts een overgangsregime zouden vormen. Niet alleen zou de frontontwikkeling daartoe leiden maar tevens was de machtsbasis van de Pijlkruizers gewoonweg te klein. Weliswaar was de aanhang van Szálasi in de loop der jaren gestegen (1935: 8.000, 1937: 19.000, 1940: 116.000 en 1944: 500.000 leden) en kon hij tevens op steun van 100.000 andere rechtsradicalen binnen Hongarije rekenen, maar dit was onvoldoende voor een breed gedragen consensus over een zo belangrijk thema als de strijd aan Duitse zijde. Daarbij nam de populariteit van de partij snel af toen de krijgskansen verder keerden. Desondanks zou Szálasi wel enige doelen weten te bereiken. De door hem gehate joden zouden niet aan de macht en destructieve plannen van Pijlkruizers en Adolf Eichmann ontsnappen. Ook kwam er een eindstrijd tot aan de dood, zoals Szálasi en Hitler die gewild hadden. Beiden droomden van een militaire ommekeer, een nieuw begin. De Hongaarse economische schatten zouden westwaarts stromen, nieuwe tanks, vliegtuigen zouden gebouwd worden, V-raketten zouden massaal worden afgeschoten op Antwerpen en Londen en nieuwe straaljagers van het type Me-262 zouden de lucht boven Duitsland schoonvegen en de restanten van 'Festung-Europa' eindelijk van 'een dak' voorzien. Beide dictators geloofden dat de werkelijkheid kneedbaar was onder druk van hun ijzeren wil en overtuigingskracht. De vuist van het nationaal-socialisme balde zich voor de laatste maal en sloeg wederom met duizelingwekkende vernietigingskracht de plank mis. In Hongarije zou de bizarre en irrationele politiek van het nationaal-socialisme zijn laatste bloederig hoofdstuk schrijven. Het is het verhaal van collaboratie, getto's, bureaucratische moordenaars, tienerbeulen, de laatste vergassingen van Auschwitz, dodenmarsen en tewerkstellingen, gekoppeld aan een reeks opmerkelijke en zeer grootschalige en prestigieuze militaire offensieven en economische plannen.

De ondergang van de Hongaarse joden

In de nacht van 18 op 19 maart 1944, tijdens operatie 'Margarethe', trok samen met de tanks van de Pz.Lehr divisie een kleine colonne voertuigen van de SS Hongarije binnen. Deze voertuigen vormden de kopploeg van het SS-Kommando van Adolf Eichmann dat zijn laatste grote deportatie in de vernietiging van de Europese joden ging opzetten. Het doel was Boedapest, een stad met een nog intacte joodse gemeenschap en veel joodse bedrijven. Eichmann was in een opperbest humeur. In de nacht van 18 op 19 maart had hij, samen met zijn naaste medewerkers SS-Sturmbannführer Dieter Wisliceny en SS-Sturmbannführer Hermann Krumey, met een fles rum zijn verjaardag gevierd en elkaar succes toegewenst bij hun nieuwe missie. Toen de zwarte colonne Hongarije binnenreed en koers zette naar Boedapest viel het Eichmann op dat de Duitsers overal vriendelijk door de Hongaren werden ontvangen. Voor de binnentocht had Eichmann zijn revolver geladen en op scherp gezet. Nu bleek dat Hongarije zijn onafhankelijkheid zonder slag of stoot opgaf. Het was een voorbode van wat komen zou, want Hongarije, zo schreef Eichmann na de oorlog, zou de gemakkelijkste opdracht uit zijn carrière worden. Dit is opmerkelijk als wij bedenken op welk tijdstip de 'Endlösung' van de Hongaarse joden in gang werd gezet. Pas vanaf maart ('Margarethe') en oktober 1944 ('Panzerfaust') hadden de Duitsers min of meer de vrije hand. Op dat moment was het al duidelijk dat de Tweede Wereldoorlog voor Duitsland verloren was. Ook de daders wisten dat zij na de oorlog voor hun gruweldaden ter verantwoording geroepen zouden worden. Desondanks werd de Hongaarse Holocaust een opmerkelijk Duits succes, hetgeen iets zegt over de vastbeslotenheid van de Nazi's om in ieder geval hun 'oorlog tegen de joden' te winnen. Ook zegt dit veel over de Hongaren, op wiens grondgebied en met wiens medewerking dit alles kon plaatsvinden. Ook vertelt het iets over de joden, die dit ondergingen en de buitenwereld, die toekeek maar - wederom - niet ingreep.

Toen Eichmann in maart 1944 Hongarije binnentrok en kort daarop zijn intrek nam in het luxueuze hotel Majestic op de 'Schwabenberg' in Boedapest, was Hongarije nog een laatste oase van rust voor de joden. Hongarije was als het ware een geïsoleerd joods eiland geworden in een van joden 'gezuiverd' Europa. Van Rusland tot de Spaanse grens, van Noorwegen tot Griekenland had het Kommando van Eichmann de joden opgedreven en naar de vernietigingskampen gedeporteerd. Opvallend genoeg was het juist binnen de grenzen van de Duitse bondgenoten waar de joden relatief nog het veiligst waren. Dit kwam vanwege het feit dat deze voor Berlijn betrouwbare landen nog een min of meer zelfstandige politiek konden volgen en daarom ook een eigen jodenpolitiek konden uitoefenen.

Eichmann ging in Hongarije, zoals altijd, bijzonder secuur te werk. Wisliceny, 'zijn beste medewerker', werd direct er op uit gestuurd om contact op te nemen met de Hongaarse en Duitse autoriteiten in de stad. Het ging Eichmann hierbij vooral om 'specialisten' die verstand hadden van het 'joodse vraagstuk' in de Donaumetropool. Kort daarop zat Eichmann met zijn eerste Hongaarse gastheer aan een diner. Eichmann was uitgenodigd voor een etentje bij dr. Laszlo Endre, een voormalig rechter, anti-semiet en schrijver, die 'brandde van verlangen Eichmann persoonlijk te ontmoeten'. Wisliceny had Endre bij Eichmann geïntroduceerd omdat hij van de SS en SD autoriteiten in Boedapest vernomen had dat Endre het van het grootste belang achtte 'Hongarije van de joodse plaag te bevrijden'. Wisliceny had Eichmann met de juiste man in contact gebracht. Eichmann behoefde slechts een paar woorden te spreken of Endre liep over van enthousiasme over de aanstaande deportatie van de Hongaarse joden. 'De rest van avond hoefden we geen tijd meer aan discussie te verspillen' meende Eichmann in zijn memoires, 'en konden wij ons richten op het testen van heerlijke Toscaanse wijnen.' Deze avond had het lot van de Hongaarse joden bepaald want korte tijd later zou Endre benoemd worden tot staatssecretaris van Politieke Zaken. Het woord Politiek was hier te lezen als 'Joodse' zaken.

De vernietiging van de Hongaarse joden kon enkel plaatsvinden in samenwerking met de Hongaren en deze samenwerking was volgens Eichmann ideaal. Hongarije mocht dan tot 1944 voor Hongarije's 750.000 joden een paradijs van rust zijn geweest, maar dat was slechts een relatief gegeven. In praktijk was Hongarije een anti-semitisch land, met zelfs voor Oost-Europa een strenge anti-semitische wetgeving. Het anti-semitisme liet zich gedeeltelijk herleiden op religieuze gronden. De joden leefden in een voornamelijk katholiek land (circa 10 miljoen mensen). Verder leefden er binnen Hongarije 2,7 miljoen calvinisten en 720.000 Lutheranen.
Ook was er sprake van economisch anti-semitisme. De joden vormden in Hongarije in grote mate de middenklasse. Terwijl de joden (5,1 % van bevolking) slechts 0,33% van het aantal boeren uitmaakten en 1,6% van de ambtenarij en het leger, waren zij in de vrije beroepen oververtegenwoordigd. Zo was 49,2% van het aantal rechters joods. Ook was meer dan de helft van het aantal artsen joods. Hoge percentages joden kwamen ook voor onder bankemployées (59,4%), industriële agenten (75,1%), muzikanten (25%), schilders (14,7%), uitgevers (30,4%) en wetenschappers (31,7%). Deze succesvolle positionering van joden op een aantal belangrijke terreinen voedde anti-semitische vooroordelen en nationalistische sentimenten. Ook hun demografische concentratie, twintig procent van de joden woonden in Boedapest, versterkte deze gevoelens. De aristocratische elite, waartoe Horthy behoorde, wantrouwde de (economische) macht van de joodse middenklasse en dit verklaart hun angst voor de joden en de opvallend anti-semitische Hongaarse politiek.
De eerste aanzetten tot het Holocaust-proces kwamen dan ook geheel en al van Hongaarse zijde, zonder aandringen van de Duitsers. Deze hebben slechts voortgeborduurd op de reeds gelegde Hongaarse vernietigings-infrastructuur. In het monumentale standaardwerk over de jodenvervolging van Raul Hilberg wordt duidelijk dat het vernietigingsproces van de joodse gemeenschap in Europa gefaseerd verliep. Het proces verliep in de volgende fasen:

1 definitie
2 onteigening
3 concentratie
4 deportatie
5 vernietiging

Opmerkelijk is dat in ieder geval de eerst twee fasen grotendeels zonder Duitse steun verliep. Hilberg heeft bij zijn inventarisatie van de Hongaarse Holocaust onderscheid gemaakt tussen Hongaarse minister-presidenten die pro-Duits waren en diegenen die collaboreerden omdat zij onder druk stonden. Opvallend hierbij is dat beide kampen elkaar iedere keer afwisselenden en dat de tragedie van de Hongaarse joden hierdoor elke keer versneld werd en vervolgens weer in tempo terugviel. In geen enkel ander land in Europa is er dan ook zo met de joden gesold als in Hongarije. Het was een pijnlijk langzame vernietiging maar toen die eenmaal op gang kwam, was het proces buitengewoon dodelijk.

De zwalkende Hongaarse koers ten aanzien van de joden, het gehele proces had iets weg van een hink-stap-sprong, werd ingezet met de definitie van wat een jood was. Dit was belangrijk omdat Hongarije uit eigen initiatief op de universiteiten een nummerus clausus instelde voor joden. Maar liefst driemaal kwam het Hongaarse parlement tussen 1939 en 1943 bijeen om een definiëring vast te stellen. Problematisch hierbij was de vraag in hoeverre joden als godsdienstige of als etnische entiteit gezien zouden moeten worden. Het was met name de katholieke kerk die de kleine groep bekeerde joden (circa 62.000 mensen) voor de definitie jood wilde behoeden. Uiteindelijk werd de laatste definitieve wet zo scherp gesteld dat hoewel Hongarije slechts 725.000 joden telde, 787.000 inwoners als joods geboekt werden. Dit had alles te maken met het feit dat Hongaren - vrijwillig! - kozen voor de Neurenbergse benadering van de definitie jood. In de Neurenberger rassenwetten had Hitler in 1936 zijn definitie van 'jood' laten vastleggen.

De definiëring van het begrip 'jood' maakte acties tegen joden gemakkelijker. De volgende fase was dan ook die van de onteigening van joden: kortom de verrijking van de be-

Adolf Eichmann begon in Hongarije aan zijn laatste deportaties. Hij noemde de Hongaarse Holocaust de 'meest succesvolle uit zijn carrière'. Hij kreeg goede medewerking van de Hongaarse autoriteiten.

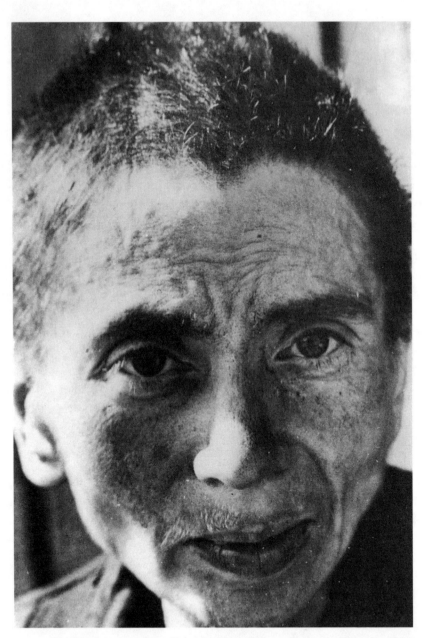

Op vijf minuten voor twaalf van het Derde Rijk werden honderduizenden Hongaarse joden door de Duitsers vermoord. Bovenstaande foto toont een Hongaars slachtoffer dat Auschwitz overleefde.

De vernietiging van de Hongaarse joden 77

De deprotaties zijn in volle gang.
Bepakt en bezakt melden de Hongaarse joden zich voor transport. Hongaarse Pijlkruizers, zie de soldaat rechts met de Pijlkruis-armband, helpen de Duitse autoriteiten.

staande Hongaarse elite ten koste van de joden. Hierbij werd Horthy met een probleem geconfronteerd. Aan ministerpresident Teleki schreef Horthy in oktober 1940: 'Ik ben al mijn hele leven anti-semiet en het is vreselijk voor mij om banken en bedrijven in joodse handen te zien. Maar de onteigening van joods bezit moet voorzichtig worden aangepakt, anders gaat het land bankroet'. Dit was een 'probleem' waar het hele onteigeningsproces van de joodse economische infrastructuur in Hongarije mee te kampen zou krijgen. Omdat de joden traditioneel de middenklasse van het land vormden en de rest van het land bovenal agrarisch georiënteerd was, was er niemand die het economische gat zou kunnen opvullen. Ook de Duitsers, die reeds in vroeg stadium hun 'joodse belangen' in Hongarije bestudeerd hadden, bevestigden dit probleem. 'De Hongaren ontbreekt het aan geld en aan kennis', schreef in januari 1941 een afgevaardigde van de afdeling Ausland-Abwehr van het OKW.

De 'Arisierung' van de joodse economische belangen verliep dan ook moeizaam. Horthy was realist genoeg hier niet met de botte bijl te hakken. Ook de Nazi's waren overigens wat terughoudend. In Hongarije waren namelijk nogal wat joodse bedrijven die van belang waren voor de Duitse industrie. Het kwam hierbij tot opmerkelijke samenwerking. Zo investeerde de Duitse staalindustrie tijdens de oorlogsjaren volop in joodse bedrijven, met name in de aluminium-industrie, die van belang waren voor de Duitse vliegtuigbouw. Een interessant voorbeeld dat Hilberg hierbij aanhaalt, zijn de nauwe banden tussen dr. Westrick, bedrijfsleider van de Duitse 'Vereinigten Aluminiumwerke' (VAW) en de joodse directeur van de firma Aluerz, dr. Hiller. Na de inval in maart 1944 van Hongarije haastte Westrick zich met een pleidooi voor de veiligheid van dr. Hiller met wie zo goed zaken was gedaan. Terecht was Westrick bevreesd voor de contra-produktieve krachten van de SS op de 'joodse buit' in Hongarije. Door hun vernietigingsdrang hadden zij in de oorlog systematisch het joodse economische potentieel weinig efficient gebruikt. Er was dan ook gedurende de gehele oorlog een interne economische oorlog aan de gang tussen het Duitse bedrijfsleven en Albert Speers Ministerie voor

Oorlogsproduktie en anderzijds het als maar uitdijende SS-imperium van Heinrich Himmler, die een economische en financiële autarkie voor zijn' SS-Staat' nastreefde. Terwijl de 'Arisierung' van de joodse (voornamelijk industriële) bedrijfsactiviteiten moeizaam verliep, greep de Hongaarse politieke elite succesvoller in tegen het joodse grondbezit. De joden bezaten voor 1939 ongeveer 5% van de grond in Hongarije. Dit werd gedurende de oorlogsjaren snel kleiner door confiscatie. De grond werd 'afgestaan' aan oorlogsveteranen uit de Eerste Wereldoorlog, alsof de joden zelf niet hadden meegevochten... De economische uitbuiting van de joden kwam ook tot uitdrukking in de oorlogsjaren. Na het uitbreken van de oorlog tegen de Sovjet-Unie in de zomer van 1941 werd het Hongaarse leger versterkt met 130.000 joodse arbeiders. Deze werden opgedeeld in bataljons en toegevoegd aan de Hongaarse eenheden. Deze gebruikten de joden voor de smerige karweitjes, zoals het ruimen van mijnenvelden. Opmerkelijk is dat ook in die tijd het reeds tot economische accoorden met de Duitsers kwam, waarvan joden het slachtoffer waren. Terwijl Himmler de handen vol had aan het vernietigingsproces van joden uit andere landen, volgde Albert Speer de tewerkstelling van de Hongaarse joden in de bouwbataljons met grote belangstelling. Om de Duitse oorlogseconomie op volle toeren te laten draaien was hij altijd op zoek naar arbeidspotentieel. Zo was er bijvoorbeeld in 1943 een groot gebrek aan werknemers in de kopermijn van het Joegoslavische plaatsje Bor. Dit was oorspronkelijk een Frans bedrijf geweest ('Compagnie des Mines de Bor') dat door de al te rigoureuze werkwijze van de SS zonder personeel was komen te zitten. De plaatselijke Servische en joodse bevolking was door het SS-apparaat gedeporteerd en vernietigd. Speer benaderde vervolgens de Hongaarse autoriteiten met het verzoek om 10.000 Hongaarse joden voor het werk in de kopermijnen ter beschikking te stellen.
Na enige aarzeling ging Boedapest accoord met een 'leverantie' van 3.000 joden in ruil voor 100 ton koper per maand. Een handelsdeal dus over de ruggen van de Hongaarse joodse bevolking. Het was niet de laatste Hongaarse

'slavendeal'. Ook Szálasi handelde liever met Hongaarse joden dan dat hij ze vrijgaf voor vernietiging: de joden van Hongarije als exportartikel.
Ook aan deportatie en moord maakten de Hongaren zich schuldig. Opmerkelijk was dat de Hongaren gemakkelijker hun 'veroverde'-joden vernietigden dan hun 'eigen' joden. Door de gebiedsuitbreidingen als gevolg van de collaboratie in het Duitse kamp, waren er tienduizenden joden buiten de rompstaat Hongarije in Hongaarse handen gevallen. Tegen deze werd in meerdere keren harder opgetreden dan tegen de 'eigen' joden. Zo werden de zogenaamde 'Ostjuden' uit het gebied Karpaten-Oekraïne (buitgemaakt op Tsjechoslowakije) eenvoudigweg de grens over gedeporteerd waardoor ze onder jurisdictie van de Duitse autoriteiten vielen. Dit gebeurde zonder enig overleg met Berlijn zodat deze, reeds overbelast met de vernietiging van andere joden in Europa, met de handen in het haar zaten. Hier en daar werden de joden bij duizenden de grens weer over gestuurd, om door de Hongaarse autoriteiten weer even hard uit het nieuw buitgemaakte land te worden verwijderd. De Höherer SS-Und Polizei Führer Jeckeln beloofde daarop in september 1941 te proberen de joden 'zo snel mogelijk te vernietigen'.
Een tragedie en volkerenmoord deed zich voor in het veroverde Joegoslavische gebied. In de plaats Novi Sad beval de Hongaarse generaal Ferenc Feketehalmy-Czeydner op 20 januari 1942 de bevolking de rolluiken van de stad te sluiten. Daarop werden Servische en joodse inwoners van de stad naar de badplaats geleid aan de Donau, alwaar de ongelukkigen naakt plaats moesten nemen op de duikplank van waaraf zij de met ijs dicht gevroren Donau in werden geschoten. De lichamen sloegen wakken in het ijs. Circa 6.000 Serviërs en 4.000 joden vonden de dood. Een jaar daarop toonde Hongarije weer het gezicht van de hink-stap-sprong door de bevelvoerende generaal in Novi Sad voor de rechter te dagen. Deze ontsnapte echter naar Duitsland en Hitler voorkwam persoonlijk dat hij aan Boedapest werd uitgeleverd.
Natuurlijk zagen de Nazi's graag dat de vernietiging van de Hongaarse joden meer gestructureerd zou plaatsvinden en binnen het gebruikelijke stramien dat voor heel Europa gold.

Hiertoe werden van Duitse kant serieuze pogingen ondernomen. Zo was er in april 1943, ook ditmaal te Klessheim, een onderhoud tussen Horthy, Hitler en Von Ribbentrop. Horthy verdedigde de eigen Hongaarse jodenpolitiek met het argument dat Hongarije het eerste land was geweest dat de quotum-regelingen met betrekking tot de joden had toegepast. Voor Hitler was dit niet voldoende en hij drong aan op hardere maatregelen. Hij pleitte hen hun economische existentie af te nemen. Horthy riep hierop verontwaardigd uit dat hij 'de joden toch moeilijk allemaal kon vernietigen', waarop een ijzige Von Ribbentrop liet volgen dat vernietiging of opsluiting in de KZ's de enige oplossing was. 'Jullie Duitsers hebben het gemakkelijker', meende Horhty, 'want jullie hebben minder joden.'

Spoedig zou het joodse vraagstuk echter van Horthy's schouders worden genomen. Dit kwam mede door de toenemende macht van de Duitsers in Hongarije. In het voetspoor van Horthy's terugkeer uit Klessheim, maart 1944, vestigde zich een uitgebreide SS-top in Boedapest. Deze stond onder bevel van de Höherer SS und Polizeiführer dr. Otto Winkelmann en het SS-Sondereinsatzkommando Ungarn, zoals de officiële benaming van het Kommando Eichmann was, met medewerking van Seidl, Krumey, Dannecker, Wisliceny, Novak, Hunsche en Abromeit. De coördinator van alle Duitse autoriteiten in Hongarije was dr. Edmund Veesemayer en zijn plaatsvervanger Feine. De invloed van deze Nazi's was merkbaar door de benoeming van een nieuwe Hongaarse regering op 22 maart 1944 onder leiding van Ministerpresident Döme Zstojay. In zijn kabinet nam zitting dr. Endre als staatssecretaris van Politieke (joodse) Vragen; Eichmanns man in de Hongaarse regering. Tussen Endre en Eichmann was inmiddels een hechte vriendschap ontstaan. Als teken van zijn persoonlijke waardering had Eichmann Endre zijn persoonlijk wapen cadeau gedaan. Endre nodigde Eichmann regelmatig uit op het familiegrondbezit in Kiskunfölinhaza, 150 kilometer ten zuiden van Boedapest.

Gezien deze ontwikkeling kon Eichmann serieus van start gaan met zijn deportatieplannen. Reeds op 20 maart vond de eerste ontmoeting plaats met vertegenwoordigers van de

Hongaarse joodse gemeenschap. Eichmann liet de heren eerst een aantal uren antichambreren voordat zij - door een relatief lage SS-officier - ontvangen werden. Tijdens deze eerste ontmoeting werd de joden te verstaan gegeven dat er een joodse raad zou moeten worden geïnstalleerd; er een lijst met joodse bezittingen op tafel moest komen en dat geen enkele jood Boedapest mocht verlaten. Eichmann - die volgens sommige ooggetuigen een bijna hypnotiserende invloed kon hebben - etaleerde zijn macht in de dagen daarop nog meer. Hij maakte gebruik van hun angst - hij noemde zichzelf eens 'de bloedhond' - ; anderzijds was hij vriendelijk en voorkomend en garandeerde hij dat de joden - bij samenwerking - niets zou overkomen. Hierbij duidde Eichmann op de veranderde politieke en militaire situatie in Europa. De joodse leiders wilden maar al te graag horen dat het juist bij hun gemeenschap allemaal anders zou gaan en slikten Eichmanns leugens als zoete koek. Het kwam voor de Nazi's tot een vruchtbare samenwerking. Dit kwam ondermeer tot uiting in de persoonlijke verrijking van Eichmanns Kommando, dat zich liet bevoorraden met damesondergoed, Eau de Cologne en schilderijen. SS-Hauptsturmführer Hunsche, die graag piano speelde, liet de joden weten dat hij zo snel mogelijk een piano geleverd wilde hebben. Voor het einde van die dag waren hem maar liefst acht instrumenten geleverd. Intussen riep de Joodse Raad in Hongarije - door middel van een eigen krant - de joden op tot gehoorzaamheid en discipline.

Diezelfde maand, maart 1944, werd de wetgeving tegen de Hongaarse joden verscherpt. Hierbij borduurden de Duitsers voort op de reeds door de Hongaren genomen maatregelen. De 'Berufsverbote' werden op 29 maart verder uitgebreid. Alle joodse journalisten, juristen, wetenschappers en musici kwamen zonder werk te zitten. In de praktijk werden in korte tijd eigenlijk alleen de joodse artsen ontzien, zonder wiens praktijken de gezondheidszorg in Hongarije grotendeels ineen zou storten. De economische vernietiging van de Hongaarse joden bracht ook de Hongaarse economie zware schade toe. Hongarije telde 110.000 bedrijven waarvan er 40.000 als joods te boek stonden. Deze gingen voor het merendeel dicht. Van de 30.000 bedrijven in Boedapest werden er 18.000 gesloten. Op dezelfde dag als de uitvaardiging van joodse 'Berufsverboten' werd de gele armband met de David-ster ingevoerd. Slechts oorlogsinvaliden uit de Eerste Wereldoorlog, die voor 75% invalide waren en dragers van gouden en zilveren ere-onderscheidingen van '14-'18, werden hiervan vrijgesteld. Begin april ging er een algemeen reisverbod voor joden van kracht en tussen 31 maart en 28 april 1944 volgde een grootscheepse arrestatiegolf om eventuele georganiseerde joodse tegenstand bij voorbaat de kop in te drukken. Bijna 8142 'gevaarlijke' joden verdwenen in gevangenschap.

Na de door de Hongaren ingezette definitie en onteigening van de Hongaarse joden gingen de Duitse autoriteiten over tot concentratie en deportatie van de joden. Om dit 'Ghettoisierungsprozess' snel te laten verlopen was het land opgedeeld in vijf zones plus Boedapest waarin om de beurt de joden verzameld en gedeporteerd zouden worden. Ook hier trad Eichmann tactisch gezien weer handig op. Om de Joodse Raad niet tegen zich in het harnas te jagen begon de concentratie en deportatie in zone I en zone II, de Karpaten en Transsylvanië. Hierbij werd de Joodse Raad wijs gemaakt dat de Duitsers slechts de 'veroverde joden' op het oog hadden - die ook in het verleden door de Hongaren extra hard waren aangepakt - en dat zij de 'eigen joden' geen haar zou krenken. Natuurlijk was dit niet waar. Zone III (ten noorden van Boedapest), IV (Oosten van Donau zonder Boedapest) en Zone V (westen van Donau zonder Boedapest) en tenslotte de hoofdstad zelf kwamen tussen juni en eind juli aan de beurt.

De gehele deportatie verliep met een verbluffend gemak en professionaliteit, mede gezien de voorkennis van iedereen over het te verwachten lot van de joodse Hongaren en de kerende kansen aan het front. Ondanks dit alles was de motor van het vernietigingsproces moeiteloos op gang gekomen. De verzamelde joden werden bijeengebracht in getto's in grote steden (zoals in Oradea, Szeged en Sighut) of in tentenkampen (Klaussenburg) en soms eenvoudigweg onder de blote hemel (Tirgu en Mures). Er waren in de verste verten geen accommodaties voor alle joden aanwezig en alles wees er op dat de Duitsers van plan waren de concentratie direct te laten volgen door de deportatie en vernietiging. Om ook dit zonder problemen te laten verlopen had Eichmann SS-Hauptsturmführer Novak en diens plaatsvervanger SS-Untersturmführer Martin naar Wenen gestuurd om zitting te nemen in de 'Reichsbahn'(spoorweg)-conferentie die in de Oostenrijkse hoofdstad zou worden gehouden. De conferentie - die het transport van de Hongaarse joden naar de vernietingsmachine van Auschwitz moest leiden - was een verbluffend staaltje van internationale samenwerking binnen de Holocaust. Aanwezig waren niet alleen Duitse civiele specialisten maar ook Hongaarse en Slowaakse autoriteiten, waaronder Hauptmann Lullay van de Hongaarse gendarmerie. Het probleem waarvoor men stond, was het feit dat het spoorwegtraject via Lwow door de gebeurtenissen aan het front onbruikbaar was geraakt. Het spoorwegnet Boedapest -Wenen was niet bruikbaar omdat dat paniek onder de Joodse Raad en de joodse gemeenschap in Boedapest zou veroorzaken. Besloten werd de transporten via Slowakije te laten verlopen. Afgesproken werd dat er vier treinen per dag gereserveerd zouden worden, met 45 wagons elk. De Hongaren zouden voor het 'inladen' van de wagons zorgen.

Reeds eind april 1944 waren de eerste 'Voraustransporte' naar Auschwitz aan het rollen gebracht. De inzittenden werden gedwongen opgewekte post naar de Joodse Raad in Boedapest te sturen, die de brieven verder zond aan familie. Volgens de gedeporteerden werden zij naar Waldsee gebracht waar het goed toeven was. Aanvankelijk leek de Duitse truc te werken tot iemand de slecht weggewerkte stempel Auschwitz kon lezen. Paniek in de joodse gelederen veranderde echter weinig aan hun lot. Na afloop van de spoorwegconferentie in Wenen waren reeds meer dan 200.000 joden verzameld in getto's en dit aantal nam snel toe. De deportaties verliepen dan ook snel en vakkundig. Op 9 juli waren maar liefst 437.402 Hongaarse joden gedeporteerd naar Auschwitz, hun vernietiging tegemoet.

Horthy en zijn getrouwen zagen deze ontwikkelingen met lede ogen toe. Zij kwamen in actie toen de druk op hen uit met name de neutrale landen - bovenal Zweden en Zwitserland - begon toe te nemen. Ook de westelijke Geallieerden spraken van medeverantwoordelijkheid aan oorlogsmisdaden, hetgeen Horthy in actie bracht. Hij had al voorkomen dat ook in Boedapest een groot getto zou ontstaan. In plaats daarvan was er gekozen voor 'joodse huizen'. Aanvankelijk hadden de joden - 200.000 van de één miljoen inwoners in de stad - 52.300 huizen bezeten. Dit was in juli teruggebracht tot 33.294 huizen waarin de joden - gemiddeld dertien op één kamer - waren ondergebracht. Ook protesteerde Horthy luider tegen de joden-transporten, liet hij treinen stoppen en ontsloeg hij Endre uit zijn functie. Dit alles culmineerde in de machtsomwenteling van 15 oktober, toen Pijlkruizers de macht grepen.

Toen Szálasi aan de macht kwam, waren de grote jodentransporten naar Auschwitz reeds geschiedenis. De vernietigingsmolen in het Poolse kamp - het laatste vernietigingskamp dat nog open was - liep inmiddels op zijn eind. De Duitsers hadden de joden nodig voor andere doelen. Als gevolg van een rigoreuze uitkamming van Duitse arbeiders voor het front, schreeuwde het Duitse achterland om arbeiders en de joodse gemeenschap leverde gratis arbeidskracht. Met name het SS-Wirtschafts-Verwaltungshauptamt (SS-Gruppenführer Kammler) had een oogje op de Hongaarse joden vanwege de ondergrondse vliegtuig- en V-2 fabrieken die hij wilde bouwen. Hiervoor waren tienduizenden werkkrachten nodig. De Duitse autoriteiten in Boedapest waren gaarne bereid de benodigde 'slaven' voor het werk te leveren, maar men stuitte hierbij op een aantal problemen. Het Duitse spoorwegennet was zowel beschadigd als overbelast waardoor de joden slechts lopend hun werkplaats zouden kunnen bereiken. Drie dagen na het aan de macht komen van Szálasi besloten de Duitse autoriteiten 50.000 Hongaarse joden naar het westen te laten marcheren. Deze marsen gingen de geschiedenis in als de dodenmarsen naar Hegyeshalom, de grensplaats aan de Oostenrijks (toen Duits) Hongaarse grens, alwaar men de joden ook in wilde zetten voor de bouw van de 'Südostwall'/'Reichsschutzstellung' (een soort Siegfriedlinie in het oosten). Door sneeuw en ijs strompelden de

Onder het toeziend oog van nieuwsgierige Hongaren worden de Hongaarse joden verzameld voor transport.
De Duitsers borduurden met hun anti-joodse maatregelen voort op reeds bestaande anti-semitische wetgeving in Hongarije.

De vernietiging van de Hongaarse joden 87

Een jonge Duitse soldaat met stok in de hand houdt toezicht op de deportaties. Het gros van de Hongaarse joden werd naar Auschwitz gedeporteerd. Enige tienduizenden gingen te voet naar Duitsland om ingezet te worden in de Duitse oorlogsindustrie.

Een Hongaarse jood wordt gedwongen de Hitler-groet te maken onder toeziend oog van Pijlkruizersers en Duitse militairen.

De vernietiging van de Hongaarse joden 89

Hongaarse jodinnen worden afgevoerd. Een enkeling kon gered worden door individuele reddingsacties die onder andere werden uitgevoerd door de bekende Zweed Raoel Wallenberg.

joden - reeds slecht gevoed tijdens de periode van concentratie - naar het westen toe. De route Piliscsaba - Dorog - Süttö - Szöny - Gönyü - Dunaseg, Moson-Magyarovar werd de 'snelweg van de dood'. De route, ongeveer 200 tot 220 kilometer, werd in groepen van 2.000 tot 4.000 mensen afgelegd en nam zeven tot acht dagen in beslag. Overal langs de weg kwamen joden van uitputting om het leven. Slechts hulpverleners van het Rode Kruis verlichtten het lijden hier en daar. De neutrale ambassades reageerden geschokt. De Zwitserse en Zweedse ambassade stuurden een delegatie naar Hegyeshalom. De Hongaarse Holocaust speelde zich voor het oog van de wereld af. Iedereen wist er van. Zelfs de SS was gechoqueerd bij de aanblik van de joodse kolonnes. SS-Obergruppenführer Hans Jüttner deed zijn beklag over het joodse lijden bij de autoriteiten in Boedapest.

Op het moment van de marsen naar Hegyeshalom was de joodse gemeenschap al zover ontbonden en ontredderd dat het Eichmann en Veesenmayer niet eens meer lukte 50.000 'arbeitsfähige' joden bij elkaar te zoeken. Uiteindelijk werden er in totaal ongeveer 35.000 joden via de dodenmarsen op pad gestuurd. Daarbij had ook Szálasi bezwaren tegen de deportaties van de joden. Ook hierbij speelden economische motieven een rol. Szálasi, mogelijk terugdenkend aan de 'export' van joden aan de Joegoslavische kopermijnen, vertelde Veesenmayer dat hij de joden slechts 'uitleende'aan de Duitsers. Berlijn lapte deze kanttekening natuurlijk aan de laars, daarbij kon men de 'arbeids-joden' eenvoudigweg niet teruggeven omdat zij in hoog tempo 'verbruikt' werden. Door slechte behandeling kwamen velen om het leven, anderen werden aan het einde van de oorlog afgeschoven naar concentratiekampen in het westen, zoals Mauthausen of Gunskirchen.

De overige joden bleven in Hongarije. Een aanzienlijk deel van hen in Boedapest, dat uiteindelijk toch zijn eigen getto kreeg. Het besloeg een klein gebied van slechts 0,3 vierkante kilometer (totale oppervlakte van Boedapest 207 vierkante kilometer) gelegen tussen de straten Domany, Magyatadi-Szabo. In november 1944 zaten er nog 120.000 joden vast in de Hongaarse hoofdstad. Het gebied was afgerasterd met een houten omheining, gebouwd door dezelfde onderneming die het getto in Warschau had afgegrendeld, een bedrijf van een zekere Joszef Auguszt. Toen het Rode Leger Boedapest naderde, ging Auguszt er vandoor en liet de laatste werkzaamheden aan zijn ondergeschikte Novak over. Op 10 december, even voor de omsingeling van de stad door het Rode Leger, was het aantal bewoners van het getto teruggelopen tot 70.000. Nog altijd waren de joden hun leven niet zeker. In de tweedelige standaardstudie over het lot van de Hongaarse joden van Randolph L. Braham wordt melding gemaakt van dagelijkse pogroms binnen de muren van het getto. Hierbij moesten zelfs ziekenhuizen het ontgelden, waarbij artsen en patiënten gemarteld en vermoord werden. Voorbeelden hiervan deden zich voor op 11 en 14 januari 1945. Bij een aanval op het ziekenhuis in de Maros-straat vielen niet minder dan 92 doden. Ook het beleg zelf eiste nog levens. Ongeveer 10.000 joden kwamen tijdens het beleg om het leven, een groot gedeelte van hen als gevolg van oorlogsgeweld.

Het merendeel van de naar Auschwitz gedeporteerde Hongaarse joden kwam daar om het leven. Door de studie van Martin Gilbert komen wij meer te weten over het vernietigingsproces. Door het snelle en succesvolle transport dat Eichmann naar Auschwitz regelde, kenmerkte zich de nadagen van Auschwitz door een topdrukte en nieuwe recordaantallen vergassingen. Van mei tot oktober 1944 werden er in het vernietigingskamp honderdduizenden de dood ingejaagd. Een groot aantal van hen waren Hongaarse joden.

Op 16 mei kwam het eerste Hongaarse transport in Auschwitz aan. Per trein ging het hierbij meestal om rond de 4.000 personen. Uit het eerste transport gingen slechts zeven (!) mensen naar het kamp, de rest ging rechtstreeks naar de gaskamers. Op 17 mei kwam het tweede transport aan, wederom meer dan 4.000 mensen die grotendeels de dood in gingen. Op die dag, zo berekende een sinistere boekhouder van de SS, bedroeg de opbrengst aan gouden kiezen van de Hongaarse joden reeds 40 kilogram. Op 18 mei volgde het derde transport, slechts twintig vrouwen op 4.000 personen werden naar het kamp verwezen. Op 20 mei volgde het vierde transport. Ditmaal werden 34 mannen en 58 vrouwen naar het kamp doorgestuurd, de rest werd vermoord. Meer dan 16.000 Hongaarse joden waren in amper vier dagen tijd de dood ingejaagd. Op 21 mei was het helemaal een gekkenhuis in Auschwitz. Er rolden maar liefst drie treinen uit Hongarije binnen, twee uit Nederland en één uit België. Een van de Nederlandse transporten bestond louter uit zigeuners. Nieuwe treinen volgden in de dagen, weken en maanden daarop, uit Hongarije, uit Nederland, uit Frankrijk, uit Italië, uit Griekenland, kortom uit alle uithoeken van het grondgebied dat nog binnen de greep van Nazi-Duitsland viel.

In november kon Himmler concluderen dat de vernietiging van de Europese joden vrijwel was uitgevoerd en dat het kamp op 25 november vernietigingskamp af kon zijn. Op diezelfde dag vond er een administratieve wijziging plaats. Auschwitz I en II werden samengevoegd tot één concentratiekamp en Auschwitz III werd herbenoemd tot het concentratiekamp Monowitz. Op 12 januari 1945 brak het Rode Leger uit het Baranow-bruggehoofd aan de Weichsel en naderde met grote snelheid Auschwitz. Op 17 januari vond daarom het laatste appèl in het kamp plaats. In totaal waren er nog bijna 70.000 gevangenen in het kamp aanwezig. Per trein en te voet ging alles wat nog lopen kon bij ijzige koude westwaarts. Op het laatste moment werden door de SS nog enkele massa-executies uitgevoerd en de crematoria opgeblazen. Een kleine groep SS bleef achter om de niet lopende gevangenen te bewaken. Daarom was crematorium IV tot het laatste moment in bedrijf en werd het pas op 27 januari opgeblazen. Toen de Russische eenheden van de 100. en 107. divisie Auschwitz binnentrokken, stonden er nog maar weinig gebouwen overeind. Deze vertelden wel hun eigen schokkende verhaal. In de magazijnen werden 368.820 herenkostuums gevonden, 836.255 damesjassen en zeven ton haar. Slechts 7.000 gevangenen konden in het kamp bevrijd worden, de meesten waren ziek.

De overlevenden van Auschwitz gingen ondertussen verder naar Buchenwald, Sachsenhausen, Gross Rosen en Mauthausen of Dachau. De kampen in het westen werden overvol. Niet alleen kwamen er steeds meer gevangenen uit het oosten in het westen aan, maar schoof de Duitse industrie met het oog op de naderende westelijk-Geallieerde strijdkrachten steeds meer joden af uit angst voor represailles na de oorlog. Er braken ziekten uit, hetgeen wederom het lijden vergrootte. Een deel van de Auschwitz SS-bewaking werd nu ingezet in de westerse kampen, hetgeen de joden ook niet ten goede kwam. Het kwam tot opmerkelijke wreedheden jegens joden in de allerlaatste weken van de oorlog. Bij het concentratiekamp Stutthof aan de Oostzee werden op het strand ruim 3.000 joodse vrouwen gefusilleerd of de zee ingedreven waardoor zij verdronken. Op 27 april 1945, enkele dagen voor het einde van de oorlog, liepen twee schepen met joodse evacuées binnen in de haven van Kiel. Duitse SS en matrozen doodden de tijd door op de joden aan boord te schieten, terwijl Wehrmacht officieren vanuit de tuinen bij hun huizen toekeken en het voorval fotografeerden. In andere steden werden de doden-transporten, waarbij veel Hongaarse joden waren, door de Duitse bevolking met stenen bekogeld. De haat, langdurig en grondig gezaaid door Streicher en Goebbels, leek onuitroeibaar.

De succesvolle Duitse vernietiging van de Hongaarse joden zou de indruk kunnen wekken dat er geen enkele tegenstand tegen deze laatste fase van de Holocaust was geweest. Dat is niet waar. Er was wel degelijk verzet tegen de ondergang van de Hongaarse joden, alleen het was te weinig en te laat. Omstreden is de rol van het Internationale Rode Kruis (International Red Cross - IRC -) in Hongarije. Deze organisatie liet de Hongaarse Holocaust tot juli 1944 ongemoeid. Men greep pas in toen de transporten naar Auschwitz vrijwel waren afgesloten. Deze trage reactie had te maken met het feit dat het IRC stug vasthield aan zijn grondbeginselen, opgesteld bij de conventies van Genève in 1929. Hierin stond vermeld dat het IRC vooral een taak had met betrekking tot krijgsgevangenen in oorlogssituaties, die zij van rechtshulp en voedselpakketten wilden voorzien. De joden daarentegen werden niet als krijgsgevangenen gezien, het gold hier immers de oorlog van een overheid tegen een minderheid, waarover het handvest geen jurisdictie verleende. Tevergeefs pleitten joodse organisaties, zoals het World Jewish Congress bij het IRC ervoor de Hongaarse joden te erkennen als 'civilian internees' hetgeen door het IRC geweigerd werd. Uit een rapport over de activiteiten van het IRC gedurende de oorlog verdedigde de instelling zich met het argument dat het IRC zich niet harder in deze had kunnen opstellen omdat zij ook nog andere dan de joodse belangen moest verdedigen. Desondanks verrichtte het IRC en medewerkers van het IRC goed werk in Hongarije. Zij hielpen mee met de emigratie-politiek waardoor joden van de Holocaust werden gered - ik kom hier nog op terug - en zij speelden een belangrijke rol bij de redding van duizenden kinderen in het getto van Boedapest, dat op het einde van de oorlog voornamelijk met kinderen en bejaarden was bevolkt.

Naast het Rode Kruis protesteerde ook het Vaticaan tegen de moord op de Hongaarse joden. Evenals het IRC kwam ook hier de verontwaardiging van Paus Pius XII veel te laat. Pas op 25 juni 1944 ontving Horthy een brief van de Paus met daarin zijn bezorgdheid over de situatie van de Hongaarse joden. Het protest van de Paus had direct effect. Horthy nam het getto van Boedapest in bescherming. Het is opmerkelijk te zien dat de protesten, als zij kwamen, succesvol waren. Het feit is echter dat de oppositie tegen de Holocaust eerder van (bescheiden) diplomatieke aard was, dan van publieke aard. In plaats van de moordenaars bij naam te noemen en in het voetlicht van de wereldverontwaardiging te plaatsen, vond er voorzichtig overleg achter de schermen plaats. Paus Pius XII werd reeds in juli 1942 door de gezant van de Amerikaanse president Roosevelt, Harold H. Tittmann, persoonlijk gewaarschuwd voor 'morele schade en prestigeverlies' als de paus nog langer zou zwijgen.

De Paus was, evenals het IRC, gedurende de oorlog goed op de hoogte van het lijden der joden. Beide organisaties beschikten over een wijdverbreid inlichtingennet en werden tevens door joodse organisaties, neutrale pers (met name Zwitserse en Zweedse pers) alsmede door de westelijk-Geallieerden van informatie voorzien. Enig verzet kwam er ook van de geestelijkheid in Hongarije zelf. Het waren hier met name kardinaal Seredi, zijn plaatsvervanger vicaris John Drakos en de pauselijke nuntius Angelo Rotta die hierbij het voortouw namen. Ook hier kwam het protest pas op gang toen de deportaties reeds liepen. Op 15 mei, de deportatie in zone I was net van start gegaan, schreef Rotta een brief aan het Hongaarse Ministerie van Buitenlandse Zaken: 'Er worden 100.000 joden gedeporteerd. Iedereen weet wat dit in de praktijk betekent...het is onze plicht te protesteren.' Op 27 mei en 17 juni 1944 volgden er nog protestbrieven van de Bisschop Apor van Györ (Raab) aan Kardinaal Seredi waarin deze vroeg om maatregelen. Seredi gaf de klachten door. Opmerkelijk hierbij was dat de geestelijken zich veel meer inspanden voor de kleine groep christelijke joden die door de ruime 'joden-definitie' gedeporteerd werden, dan voor de joden in het algemeen. Hilberg constateert dan ook dat dit impliciet een accoord met de vernietiging van de andere joden inhield. Typerend voor de houding van de katholieke kerk in Hongarije jegens de joodse gemeenschap in haar land was het protest van katholieke zijde tegen het feit dat christelijke joden ook verplicht waren de David-ster te dragen hetgeen de kerk opvatte als een grove belediging, want de David-ster stond voor een 'afkeer van god'. In totaal werden 20.000 beschermpaspoorten door de pauselijke nuntius aan Hongaarse joden uitgereikt. Het was geen waarborg voor de veiligheid van de joden, maar het remde de terreur tegen hen enigszins af. Hun huizen werden niet zoals gebruikelijk, van een gele ster voorzien maar van een geel kruis.

De Pijlkruizers van Szálasi probeerden op deze anti-semitsische gevoelens binnen de kerk in te spelen. Zo probeerden zij in Veszprem de geestelijken in hun dagelijkse mis een dankbetuiging te laten opnemen waarin gepredikt werd dat de vernietiging van de Hongaarse joden een goddelijk geschenk was. De bisschop van de stad weigerde. Ook hierbij werd het argument gehanteerd dat er ook christelijke joden werden gedeporteerd.

Het aarzelende verzet van het Vaticaan had dus een nare bijsmaak. Daar is in de naoorlogse literatuur nog op ingegaan. Onderzoekers over de rol van het Vaticaan in de oorlog, zoals

Guenther Lewy, vonden menig kerkelijk archief over de oorlogsperiode gesloten. Niemand wilde blijkbaar nog aan deze donkere dagen herinnerd worden. Ook de hulpvaardige rol die het Vaticaan na de oorlog bij het ontsnappen van oorlogsmisdadigers naar met name Zuid-Amerika via de zogenaamde 'kloosterweg' speelde, moge typerend zijn voor de weinig verheffende rol van het Vaticaan in zake de joodse tragedie. Het communisme werd gedurende de jaren dertig en veertig als het grote gevaar gezien en de vele met de Nazi's collaborerende geestelijken uit Oost-Europa brachten hun anti-semitische en anti-communistisch ideeëngoed na 1945 mee naar het westen en versterkten de reeds bestaande denkbeelden.

Hierdoor kon het gebeuren dat de Kroatische professor in de theologie, Krunoslav Draganovic, in de oorlog verantwoordelijk voor de deportatie van tienduizenden joden en Serviërs, na de oorlog onderdak vond in het Vaticaan. Niet alleen het Vaticaan kneep een oogje dicht betreffende diens 'bruine' verleden, ook de westelijk-Geallieerden deden dat. De Duitse onderzoeker Ernst Klee ontdekte na de oorlog dat Draganovic niet alleen voor het Vaticaan werkte maar ook als Oost-Europa-expert en 'betrouwbaar anti-communist' voor het CIC (Army Counterintelligence Corps) van het Amerikaanse leger. Draganovic was een opmerkelijk geval gezien het feit dat hij voor twee kampen tegelijkertijd werkte, maar ook andere grote namen doken op. Walter Rauff - de man van de rijdende gasauto's - en ook Adolf Eichmann, gebruik makend van de deknaam Ricardo Klement, maakten gebruik van de vluchtkansen die het Vaticaan hen bood. Klaus Barbie, de Gestapo-officier van Lyon ('slager van Lyon') werkte evenals Draganovic na de oorlog voor het CIC.

De westelijk-Geallieerden, die door middel van de Amerikaanse gezant in het Vaticaan Paus Pius XII bekritiseerden, lieten zelf dus ook grove steken vallen. Zo werd pas in een zeer laat stadium van het vernietigingsproces Auschwitz door de Geallieerde luchtvloten gebombardeerd. Deze bombardementen dienden overigens niet eens zo zeer de bescherming van de joden, alswel het vermoeden dat de Duitsers in de kampen werkten aan de produktie van synthetische brandstof. Op sinistere wijze kwamen nogmaals, ditmaal vanaf Geallieerden kant, olie en het lot der joden bij elkaar op de strategische agenda. Het Rode Leger voerde zijn eerste aanval op Auschwitz pas uit op 16 januari 1945. Dit kwam bovenal door het feit dat het Rode Leger weinig gebruik maakte van strategische (lange-afstand) bommenwerpers en dus pas actief werd met zijn luchtmacht, toen Auschwitz binnen het frontgebied kwam te liggen na de uitbraak van het Rode Leger uit het Baranow-bruggehoofd. De westelijk-Geallieerden waren iets eerder maar ook veel te laat. Pas vanaf 4 april 1944 werden er fotoverkenningsvluchten boven Auschwitz uitgevoerd, die op 20 augustus, 13 september, 18 december en 26 december 1944 tot bombardementen op Monowitz leidden. Het mag duidelijk zijn dat deze bescheiden en laat ingezette acties geen belemmering voor de vernietiging van de laatste joodse gemeenschap van Europa vormden. Ook was er politiek veel te weinig druk uitgeoefend. Roosevelt had pas in maart 1944 de 'Endlösung' als oorlogsmisdaad bestempeld.

Natuurlijk was er ook van joodse zijde verzet tegen de Hongaarse Holocaust. Deze kwam met name van de zijde van de 'Vaadat Erza v' Hazalah', het 'ondersteunings en reddingscomite'. Dit comité bestond uit een aantal strijdbare zionistische joden, die de Holocaust tot dan toe hadden kunnen ontsnappen door naar Hongarije te vluchten. Nu de Holocaust ook Boedapest bereikt had, moesten zij in actie komen. Voorzitter van het comité was dr. Otto Komoloy. De man die het meest in het voetlicht trad en rechtstreekse krachtmetingen met Adolf Eichmann aanging, was echter de vice-president, de jurist en journalist dr. Rezsö (Rudolf) Kastner. Deze strijdbare joden wilden de Duitsers op drie fronten bestrijden. Allereerst via gewapend verzet, waarvoor zij op hulp van buitenaf waren aangewezen. Op de tweede plaats wilden zij de transporten van de joden naar Auschwitz lam leggen. In de derde plaats wilden zij via directe onderhandelingen met de Duitsers zoveel mogelijk levens redden.

De eerste twee doelen van het comité werden nimmer bereikt. Groot-Brittannië stelde zich moeizaam op ten aanzien van de joodse verzoeken om gewapende hulp. Uiteindelijk werden er drie commando's gedropt, die echter vanuit Londen de opdracht hadden gekregen zich pas in laatste plaats in te zetten voor joodse zaken. De onderneming werd een fiasco gezien het feit dat Veesenmayer, die altijd goed geïnformeerd werd door zijn inlichtingendienst, er in slaagde het drietal in juli 1944 in Boedapest te arresteren. Bombardering van het spoorwegennet leek een meer haalbare zaak. Het comité had ontdekt dat het traject met name tussen de plaatsen Kosice en Oderberg bijzonder kwetsbaar was voor luchtbombardementen. Deze gegevens werden via Zwitserland per radio doorgegeven aan de westelijk-Geallieerden. Er volgde geen enkele respons.

Er zat niets anders op dan resultaten te boeken in directe onderhandeling met de Nazi's. Kastner en zijn rechterhand Joel Brand werden via Wisliceny met Eichmann in contact gebracht. Eichmann, die zichzelf graag presenteerde als de 'tsaar der joden', was wel geïnteresseerd in zaken met Kastner. 'Kastner werd voor mij de sleutel tot de vernietiging van de Hongaarse joden', schreef hij na de oorlog in zijn memoires. De ontmoetingen tussen Kastner en Eichmann behoren tot het bizarste deel van de Europese Holocaust. Kastners verzoek aan Eichmann was een aantal duizenden joden vrij te laten voor een uitreis naar Palestina. Eichmann ging hiermee accoord op voorwaarde dat er grof betaald zou worden (vier miljoen Reichsmark voor 600 joden) en dat Kastner hulp zou bieden bij het in de hand houden van de Joodse Raad. 'Ik was bereid een oogje dicht te drukken', schreef Eichmann na de oorlog, 'in ruil voor een probleemloze uitlevering van de rest van de joodse gemeenschap.'

Maar de onderhandelingen tussen Kastner en Eichmann gingen verder dan dat. Er ontstond, zoals Eichmann beschreef, 'een vertrouwensbasis' tussen beide mannen. Met enig leedvermaak sloeg Eichmann Kastners en Brands verwoede pogingen gade om eventueel vrij te krijgen joden ergens in de wereld onder te brengen. 'Niemand wilde ze hebben', gniffelde Eichmann in zijn memoires en 'Brand moest de halve wereld rond reizen.' Nog opmerkelijker was een ruilhandel die Eichmann hen aanbood. Indien de joden bereid waren Nazi-Duitsland 10.000 vrachtwagens te leveren zouden één miljoen joden de vrije aftocht naar het westen krijgen. Hierbij zou het Joodse Wereldcongres de garantie krijgen dat de vrachtwagens slechts benut zouden worden voor het Oostfront.

Eichmann, die beweerde hiervoor toestemming te hebben van de Reichsführer-SS Heinrich Himmler, wees erop dat de vrachtwagens nodig waren voor motorisering van Waffen-SS divisies. Inderdaad waren er sinds 1944 twee waffen-SS cavalerie-divisies in Hongarije, de 8. SS Kav.D. 'Florian Geyer' en de 22. SS Kav.D. 'Maria Theresia' die rond Boedapest gelegerd waren en deel hadden genomen aan operatie 'Margargethe', 'Panzerfaust' en de gevechten in Oost-Hongarije (Gruppe Plehps). De eenheden stonden onder bevel van twee SS-vrienden van Eichmann, SS-Brigadeführer Rumohr en Zehender. Eenheden van deze divisies bewaakten reeds vrijgekochte joden van Kastner tegen de moordzuchtige plundertochten van de Pijlkruis-bendes in Boedapest.

Het is niet geheel duidelijk in hoeverre deze bizarre onderhandeling serieus te nemen was. Eichmann schrijft in zijn memoires dat hij zich niet meer kan herinneren wie opdracht tot deze deal gegeven heeft. Wel herinnert hij zich dat zowel Heinrich Müller (Amtschef im Reichssicherheitshauptamt RSHA) als Ernst Kaltenbrunner (Chef RSHA) van de onderhandelingen op de hoogte waren. Het hele plan was weinig realistisch. In de eerste plaats beschikten de Nazi's nauwelijks meer over één miljoen joden en daarbij zou de gehele operatie, los nog van allerlei politieke consequenties, logistiek en financieel bijna onmogelijk zijn. Mogelijk werd het verzoek van Eichmann beïnvloed door zijn persoonlijke contact met de Waffen-SS cavalerie-officieren, die zich midden in het oprichtingsproces van hun divisies bevonden, plus de wetenschap dat de oprichting van nieuwe Waffen-SS cavalerie-eenheden (de latere 37. SS-Freiwilligenkavaleriedivision 'Lützow' onder bevel van de zwager van Hitlers maîtresse Eva Braun: SS-Gruppenführer Hermann Fegelein) voor de deur stond. Eichmann was hiervan mede goed op de hoogte door zijn vriendschap met SS-Standartenführer Becher van de 'Florian Geyer' divisie, die persoonlijk door Himmler naar Boedapest was gestuurd om de uitrusting van de Waffen-SS cavalerie-divisies verder uit te bouwen. Eichmann noemde zijn vriend Becher in deze dagen spottend 'de paardenkoopman'.

Ook gebruikte Eichmann het vrachtwagen-incident in zijn memoires als 'bewijs' dat niemand de joden wilde helpen en dat zijn deportaties daarom 'de enige oplossing' voor het door de Nazi's zelf gecreëerde 'joodse probleem' vormden'. Ongeacht de ontbrekende realiteitszin van deze gedachte toonde het incident met de 10.000 vrachtwagens wel aan dat de Nazi's, met de ondergang in zicht, meer tot onderhandelen bereid waren. De joden werden meer en meer het politiek wisselgeld van de SS en aan het einde van de oorlog zou Himmler ze zelfs als gijzelaars gebruiken om zijn eigen veiligheid mee te kopen. In zijn memoires speculeerde Eichmann met de gedachte of Himmler met zijn vrachtwagendeal soms al een voorzetje wilde geven op zijn latere onderhandelingen met graaf Bernadotte.

Hoe het ook zij, Kastner, die door Eichmann vanwege zijn zionistische sympathieën ook als een man van 'bloed en bodem' werd beschouwd, kreeg het wel voor elkaar duizenden Hongaarse joden vrij te krijgen. In totaal zou het, volgens Hilberg, om ongeveer 18.000 joden (Eichmann spreekt van mogelijk 20.000 joden) hebben gehandeld. Het opstellen van de lijst met 'gelukkigen' was een drama op zich. Er waren originele lijsten en reserve lijsten. Hoe grillig en onzeker het lot der joden tot het laatste moment was, mag blijken uit een reisincident te Győr. Een transport dat eigenlijk naar Wenen moest gaan werd door een rangeerfout van de Hongaarse spoorwegen alsnog in gang gezet naar Auschwitz. Een voor Auschwitz bestemde trein reed door naar het westen. In Wenen wachtten de joden het einde van de oorlog af. Nog ongeveer 1.000 van hen stierven door ontberingen en slechte behandeling.

Dr. Kastner betaalde voor deze transporten met wat hij had. De hoeveelheid contant geld zou hierbij relatief gering zijn geweest, maar de SS-bazen namen in dit jaar van schaarste ook genoegen met betalingen in natura, zoals bijvoorbeeld vijftien ton koffie. Hiermee kwam een einde aan de geschiedenis rond Kastner en de ruilhandel. Kastner zelf bleef een omstreden figuur omdat hij door de lijsten van de 'gelukkige 18.000' redder en rechter tegelijk was geweest, hoewel tientallen mensen aan het opstellen van de lijsten hadden bijgedragen.

Na de oorlog ontstond in Israël een fel debat, met processen van smaad over en weer, omtrent de rol van Kastner in de oorlog op het moment dat deze bijna kandidaat van de Knesset werd. Kastner verdedigde zich met hand en tand. 'Ik heb niet met de Nazi's samengewerkt, zij hebben met mij samengewerkt!', meldde hij. Kastner gaf aan dat er destijds geen andere mogelijkheden in Hongarije waren: 'De toestand in Hongarije verschilde in zoverre van die in Polen en Rusland dat de boerenbevolking de joden bijna overal vijandig gezind was en ongeduldig het ogenblik afwachtte waarop zij zich van hun bezittingen meester konden maken. Er bestond geen Hongaarse verzetsbeweging en daarom waren onderhandelingen met de Duitsers de enige aangewezen weg.' Anderen waren kritischer en noemde Kastners samenwerking 'een verbond met de duivel' en Kastner een kleine 'Quisling'. Zelfs Horthy werd vanuit Portugal om commentaar gevraagd. Voor Kastner zelf was de zaak echter spoedig voorbij. Toen hij op 4 maart 1957 het kantoor van een krant in Tel Aviv verliet, scheerde een jeep met hoge snelheid voorbij. Er klonken enkele schoten en één kogel trof Kastner in de borst. Op 15 maart bezweek hij aan zijn verwondingen. In 1958 werd hij postuum door het Israëlische gerechtshof van alle schuld met betrekking tot de Holocaust vrijgesproken. In de jaren tachtig werd er een toneelstuk opgevoerd over de rol van Kastner. Er volgde een zelfde soort opschudding als rond Schindlers List van Steven Spielberg in 1994.
Opmerkelijk was ook het reddingsinitiatief dat door de derde secretaris van de Zweedse ambassade, Raul Wallenberg, werd ondernomen. Wallenberg, pas 32 jaar oud toen hij op 9 juli 1944 in Boedapest arriveerde, kwam uit een gegoede Stockholmse bankiersfamilie met politieke traditie. Wallen-

berg had het gevoel voor diplomatie van zijn voorvaderen geërfd. Hij zou het nodig hebben want zijn taak in Boedapest was zwaar. Wallenberg voelde zich erg betrokken bij de Holocaust die zich in Hongarije afspeelde. Na zijn architectuurstudie in de Verenigde Staten verbleef Wallenberg een vijftal maanden in Haifa, Palestina, alwaar hij in 1936 in aanraking was gekomen met uit Duitsland gevluchte joden. Hij was geschokt door hun verhalen over het groeiende anti-semitisme in het Derde Rijk. In de jaren daarop bleef Wallenberg het proces van de Holocaust met argusogen volgen. Voor zijn werk kwam hij in 1942 en 1943 in Hongarije, waar hij getuige was van de toenemende discriminerende wetgeving van de Hongaren jegens hun minderheden. In 1944 werd hij benaderd door twee medewerkers van de bekende joodse staalfirma Manfred Weiss of hij als Zweed zou willen bemiddelen tussen de joden, de Duitse en Hongaarse anti-semieten. Wallenberg speelde dit door aan de Zweedse diplomatieke dienst die daartoe gewillig zijn staf in Boedapest vergrootte. Wallenberg sloot zich aan bij de Zweedse missie in de stad en daarmee was zijn moedige en fatale missie in Boedapest begonnen.

Wallenbergs missie is om een aantal zaken interessant. Allereerst natuurlijk vanwege het feit dat hij er in slaagde duizenden joden het leven te redden. Op de tweede plaats zag hij ook nog kans om ondanks zijn werkzaamheden gedetailleerde rapporten over het lot der joden naar het buitenland door te spelen. Hierdoor nam de druk op de daders toe. Wallenberg schermde dan ook herhaaldelijk met het dreigement dat de moordenaars berecht zouden worden na de oorlog.

In samenwerking met de leiding van de Joodse Raad, in de persoon van Samu Stern, rabbijn Ehrenpreis en medewerkers van de Zweedse en Zwitserse ambassade, oriënteerde Wallenberg zich zo snel mogelijk op de turbulente situatie in Hongarije. Natuurlijk was ook Wallenberg niet in staat de deportaties naar Auschwitz te voorkomen - ook hij was laat! - maar wel werden er zogenaamde 'noodpaspoorten' uitgereikt aan joden in Boedapest. Hierdoor vielen deze mensen onder Zweedse diplomatieke protectie. Aanvankelijk ging het slechts om 300 tot 400 joden met familie in Zweden. De energieke Wallenberg ging echter door - mede met geld van de Joodse Raad - en breidde dit aantal snel uit tot 4.500 en later zelfs tot ruim 7.000 joden. Op het hoogtepunt van zijn activiteiten bedroeg het aantal medewerkers van Wallenberg volgens een telling van Randolf L. Braham maar liefst 355 man, voornamelijk van joodse origine. Naast de noodpaspoorten werden er 32 'Zweedse' huizen aangekocht, met name in de Pozsonyi-straat, waarin bijna 10.000 joden een goed heenkomen zochten. De gehele operatie van Wallenberg was buitengewoon complex. De mensen moesten, via allerlei diplomatieke drukmiddelen niet alleen beschermd worden tegen moordende Pijlkruizers en grillige politiek, maar ook nog van voedsel worden voorzien. Gezien het feit dat er, met het oog op het naderende Rode Leger schaarste in de stad was, vormde dit een groot probleem. Wallenbergs missie behoort dan ook, samen met de inspanningen van Kastner, tot een van de staaltjes van persoonlijke moed waardoor het onmogelijke werd klaargespeeld. De machinerie van de Holocaust had voor een moment geaarzeld, net genoeg om enige duizenden levens te redden.

Wallenberg was evenals Kastner na de oorlog geen lang leven meer beschoren. De Zweedse diplomaat was na de val van de Hongaarse hoofdstad nog in Boedapest. De nieuwe Russische administratie had weinig zin in neutrale pottenkijkers. Moskou wilde zoals bij iedere veroverde hoofdstad direct een 'grote schoonmaak' houden en was niet gesteld op al te kritische waarnemers. Wallenberg werd uitgenodigd voor een bezoek aan de Russische militaire staf en keerde nimmer meer terug. Een andere reden was het feit dat Wallenberg, zo blijkt uit een CIA-rapport uit 1981, niet alleen voor de Zweedse ambassade werkte, maar ook nog verbonden was aan een min of meer clandestiene Amerikaanse organisatie, 'De Amerikaanse Raad voor Oorlogsvluchtelingen'. Aan het einde van het beleg van Boedapest was de Koude Oorlog al blijkbaar zo goed voelbaar dat de Sovjets besloten dat dit een reden te meer was om de kritische Wallenberg te laten verdwijnen. Wallenberg overleed in de KGB-gevangenis Loebjanka in 1947. De ex-Sovjet-Unie heeft inmiddels schuld bekend en gemeld dat het hier ging om een 'tragische vergissing'.

Wallenbergs mensenreddend initiatief stond niet alleen. Hoewel Wallenberg verreweg de meest bekende mensenredder is, waren ook een aantal anderen heel succesvol maar bleven zij in de naoorlogse literatuur vrijwel onopgemerkt. De Zwitserse humanist en diplomaat Carl Lutz uit Appenzell was waarschijnlijk de meest succesvolle tegenspeler van Eichmann. Via beschermhuizen van de Zwitserse ambassade in en buiten het getto werden maar liefst 46.500 Hongaarse joden gered. Een opmerkelijk initiatief nam ook de Italiaan Giorgio Perlasca, een voormalig fascist die vrijwillig had meegevochten in de Spaanse burgeroorlog. Hij was in die jaren zakenman op de Balkan en trok zich de tragedie in Boedapest zo aan dat hij voor de Spaanse ambassade - hij had Spaans geleerd in de burgeroorlog aan Franco's zijde - joden redde. Alexander Grossman, biograaf van Carl Lutz, schat het aantal via de Spaanse ambassade geredde joden op ongeveer 2.000 mensen. Bij één van zijn acties was Perlasca persoonlijk in strijd gekomen met Eichmann. De Italiaan had twee joodse kinderen uit een deportatierij getrokken en in zijn auto gestopt. Hierop had een SS-officier zich gemeld, het was Adolf Eichmann. 'De kinderen zijn op Spaans territorium', riep Perlasca uit en na een korte ruzie gaf Eichmann hem zijn zin. Toen de Spaanse ambassadeur bij de nadering van het Rode Leger zijn koffers pakte benoemde Perlacsa zichzelf tot 'plaatsvervangend ambassadeur' en zette zijn werkzaamheden, zonder dat Madrid het besefte, voort. Toen Eichmann uit Boedapest ontsnapte, even voor de omsingeling van het Rode Leger, gaf hij de Pijlkruizers bevel het getto plat te branden. Dat dit niet gebeurd is, was mede te danken aan de inspanningen van Wallenberg, Lutz en Perlasca. Een opmerkelijk succes hierbij was dat zij een hoge Duitse officier voor de 'bescherming' van het getto wisten te strikken door hem te wijzen op mogelijke vervolging na de oorlog.
Er bestaat enige onduidelijkheid in de literatuur over de

vraag wie deze Duitse officier nu was. Marton schrijft in haar Wallenberg-biografie over de SS-generaal (August) Schmidthuber en Braham meent dat het ging om de SS-generaal Schmidthuber, commandant van de SS-divisie 'Feldherrnhalle'. Derogy spelt in zijn Wallenberg-biografie de naam van de officier Schmidthubert en Hilberg zwijgt. Gezien de verwijzing naar de 'FHH' divisie gaat het hier naar alle waarschijnlijkheid niet om een SS-generaal, maar om een officier van het leger en niet van de 'FHH'-divisie (hetgeen overigens geen Waffen-SS divisie was!), maar van de restanten van de 13.Pz.D. van het leger die onder bevel stonden van Generalmajor Gerhard Schmidthuber. Schmidthuber was geboren in 1894 te Dresden en voormalig commandant van de 7.Pz.D. Hij was gedecoreerd met een aantal hoge onderscheidingen en sneuvelde bij de uitbraakpoging uit Boedapest in februari 1945. Volgens ooggetuigenverklaringen maakte Schmidthuber, een man van middelbare leeftijd, 'een vermoeide indruk' en was hij niet van plan voor Boedapest te strijden 'alsof het om Berlijn ging'.

De successen en inspanningen van enkelen ten spijt lieten honderdduizenden Hongaarse joden in de Tweede Wereldoorlog het leven. De schattingen lopen uiteen van ruim 180.000 doden (Hilberg) tot 600.000 (Levai).

Wacht am Donau

De val van Horthy op 15 oktober 1944 gaf niet alleen de anti-semitische Pijlkruizers vrij baan maar versterkte ook de Duitse militaire en economische greep op Hongarije. Zuiveringen werden doorgevoerd om het Hongaarse leger, nu onder permanente supervisie van het OKW, aan de leiband te leggen. De schrik zat er goed in aan Duitse militaire zijde. Kort na het Roemeense debâcle kropen de Duitsers in Hongarije door het oog van de naald.
Het had niet veel gescheeld of het Hongaarse leger was voor de Duitse frontinspanningen verloren gegaan. Op 17 oktober was niemand minder dan de hoogste Hongaarse bevelhebber in het veld, Generaloberst Miklos, naar Russische zijde overgelopen en had vanaf daar zijn soldaten van het 1. Hongaarse leger opgedragen met wapens en al de zijde te kiezen van het Rode Leger. Ook generaal Vörös, die Horthy voortdurend over het naderend militair debâcle op de hoogte had gehouden, was naar de Geallieerde zijde overgelopen en ondersteunde het initiatief van Miklos.
Friessner reageerde even woedend als alert. Hij sprak van een enorme 'belediging van Duitsland' en toen hij van de bevelhebber van het 8. leger, general Wöhler, hoorde dat eenheden van de 2. Hongaarse Pz.D. eigenmachtig aan een beweging waren begonnen eiste hij directe arrestatie van de bevelvoerende commandant van het 2. Hongaarse leger. Evenals bij Skorzeny in Boedapest verliep ook hier de Duitse tegenmaatregel succesvol. Nog diezelfde avond werd Generaloberst Verres bij Friessner voorgeleid. Friessner was zwaar teleurgesteld in de houding van de Hongaren. Nog de avond tevoren had Verres hem beloofd dat 'alles bij het oude zou blijven.' Vierentwintig uur later was hij Friessners gevangene. Verres verwees hem naar de boodschap van Horthy: 'Geen enkel land is verplicht zich op het altaar van een bondgenootschap te offeren.'

De Duitsers dachten daar echter anders over. Compromisloze trouw was immers een van de leidende beginselen van het nationaal-socialisme en de Duitsers waren van plan de Hongaren er aan te houden. Nu de interne Hongaars-Duitse crisis voor het moment bezworen was, dienden zich alweer nieuwe problemen aan. Het Rode Leger aan de Theiss maakte zich klaar voor de grote sprong naar het politieke hart van Hongarije: de Donau-metropool Boedapest, waar de restanten van de laatste joodse gemeenschap in het getto hun lot afwachtten en waar Ferenc Szálasi droomde van zijn Groot-Hongarije.

Deze droom werd spoedig verbroken. Het Rode Leger maakte zich in oktober op voor de grote aanval op Boedapest. Het Theissfront was al die tijd een alles behalve stabiel front. In het uiterste zuiden, op de grenslijn met de Heeresgruppe F (Joegoslavië), stond het Rode Leger reeds aan de Donau en het front liep, afwisselend bestaande uit Duitse, Hongaarse en Russische bruggehoofden, via Szolnok-Polgan en Tokaj langs de oevers van de Theiss noordwaarts. De middelste en meest noordelijke sector van het front werden uitsluitend door Duitse eenheden (Armeegruppe Fretter-Pico/6. leger) en de Armeegruppe Wöhler/8. leger) beschermd, terwijl het meest zuidelijke deel tot aan de Heeresgruppe F onder het Hongaarse 2. leger viel, dat bestond uit Duitse en Hongaarse eenheden.

Op 29 oktober opende het Rode Leger rond Kiskunfélegyháza het offensief. Hierdoor vond de aanval, niet bij toeval, plaats in de Hongaarse sector van het front. Het was al snel duidelijk wat het aanvalsplan van het Rode Leger was. De Sovjets wilden vanaf de rivier de Theiss via de industriestad Kecskemét in een rechte lijn doorstoten naar Boedapest. Aanvankelijk won het Rode Leger snel terrein. De Hongaarse eenheden, zwak bewapend en politiek gedesoriënteerd, trokken zich terug. De val van Kecskemét stond voor de deur en de doorbraak naar de Hongaarse hoofdstad leek slechts nog een kwestie van uren. Op 30 oktober greep de Duitse 24. Pz.D. in, gesteund door een aantal kleinere eenheden. Er ontbrandde een zware tankslag zoals eerder bij Debrecen.

Wederom stond de Poesta in vuur en vlam. Maar nu werd het Friessner duidelijk dat het Rode Leger geleerd had van eerdere fouten. Ditmaal werden door het Russische 46. leger niet domweg grote groepen tanks in de strijd geworpen. De eenheden van het II. en IV.Gem.korps zetten hun tanks in in kleine roedels, die gevolgd werden door infanterie en artillerie. Hierdoor was het voor Friessner onmogelijk de snelle eenheden eerst te laten doorstoten en vervolgens 'af te knijpen' zoals hij eerder had gedaan. De allereerste paniek was nu bedwongen maar de enorme krachtmeting die rond Kecskemét plaatsvond, kon onmogelijk in het Duitse voordeel aflopen. Friessner greep de telefoon en belde naar de Duitse militaire afgezant in Boedapest, General Von Greiffenberg en gelastte hem direct alle wegen in het zuidoosten van Boedapest af te sluiten om een mogelijke doorbraak van het Rode Leger tot staan te brengen. De situatie werd nog bedreigender toen de Duitsers in de gaten kregen dat de aanval even voor Kecskemét weliswaar in snelheid was teruggevallen maar dat het Rode Leger met sterke eenheden om de stad begon uit te waaieren en als water naar het 'laagste punt' in de Duitse verdediging liep. Op 1 november bereikten eenheden van het Rode Leger Kuszentmiklós en drongen de volgende dag door tot Bugyi. Op 4 november waren eenheden van het Russische 7. Garde leger door stellingen van de Hongaarse 20. divisie heen gebroken en hadden Cegléd bereikt. Vanuit het noorden en het zuiden dreigde Boedapest nu te worden ingesloten. Toen op diezelfde 4e november door een ongeluk aan een gasleiding de Margarethebrug in Boedapest met tientallen mensen erop in de lucht vloog, was de chaos compleet. Allerlei geruchten deden de ronde. Het Rode Leger zou reeds tot in Boedapest zijn doorgedrongen en de Duitse pioniers bliezen de historische bruggen van de stad als voorzorgsmaatregel op. De bevolking sloeg aan het hamsteren. De joden in het getto hielden de adem in. Misschien kwam de redding op tijd...

Friessner wierp nu zijn beste eenheden in de front van Kecskemét, zoals de 23. en 24.P.D., de Pz.gren.D. 'Feldherrnhalle' ('FHH') en de 1. Pz.D. van het LVII.Pz.korps en het III.Pz.Korps onder bevel van Hermann Breith ('Gruppe Breith'). Dit mocht echter niet meer baten. Op 7 november was de Heeresgruppe Süd van Friessner over de hele lengte van het front ten zuiden van Boedapest tot de Donau terug gedrongen. Slechts Boedapest, dat nu een groot bruggehoofd op de oostoever vormde, was nog in Duitse handen. De eenheden van Fretter-Pico en Wöhler vielen ten noorden van Boedapest, door het Matra-gebergte, terug naar het noordwesten.

Voor het Rode Leger was het terugdringen van de Duitse troepen tot de Donau en in het Matra-gebergte slechts de eerste twee fasen van hun offensief. Op 27 november doorbraken de eenheden van het 3. Oekraïnse front ten zuiden van Baja de eenheden van het Hongaarse 2. leger. Dit bracht grote paniek teweeg in het Duitse kamp. Niet alleen dreigde Boedapest hierdoor vanuit het zuiden te worden aangevallen, maar dreigden ook de olievelden van Nagykanizsa ten zuiden van het Balatonmeer in handen van het Rode Leger te vallen. Pas op 4 december viel het front tussen de zuidrand van het Balatonmeer en de rivier de Drau (Drava) stil voor de stellingen van het 2. Pz.leger. Deze eenheid, onder bevel van General der Artillerie Maximilian de Angelis, had de taak opgelegd gekregen de olievelden te beschermen. In aansluiting met het Ob.Südost (ten zuiden van de Drau) hield hij het front in de zogenaamde 'Margarethe-Stellung', een reeks zwak uitgebouwde stellingen die ook langs het Balaton- en het Velenceimeer liepen, de volgende maanden stabiel. Dit kon mede door het feit dat de strijd zich bovenal op Boedapest concentreerde en de Duitsers militaire initiatieven zouden gaan ontplooien, die grote Russische eenheden aan zich zouden binden.

Ook in de operaties tussen 27 november en 4 december 1944 was het Rode Leger bovenal in Boedapest, een prestigieus doel, geïnteresseerd. Het lukte het Duitse 6. leger aan de noordrand van het Balatonmeer aanvankelijk de eenheden van het 4. Russische Gardeleger op te vangen. Deze tijdwinst was slechts van korte duur. Het Rode Leger voerde meer eenheden van het Russische 4. Garde leger op de westoever van de Donau aan en stootte ten noorden van het Balatonmeer in noordwestelijke richting het Gerecse en Pilisgebergte in. Eenheden van het III.Pz.korps, LVII.korps en

LXXII. korps probeerden tevergeefs de doorbraak van vijf Sovjet-legerkorpsen tegen te houden. Vanuit het gebied van het 2. Pz.Leger, waar het relatief rustig was, werd met spoed nog de 4. Kav.Brigade aangevoerd, maar dat kon niet verhinderen dat het Rode Leger eind december 1944 via Bicske en het industriegebied rond Tatabánya en Felsögala tot aan de Donau, even ten oosten van Komorn (Komáron/Komárno), doorstootte. Het hoofdkwartier van de Armeegruppe Fretter-Pico werd verplaatst naar Tata. Boedapest zelf stond gedurende deze dagen onder permanente druk van het Russische IV.G.Gem.korps dat de eenheden van de 8. SS Kav.D. 'Florian Geyer' tot in de buitenwijken van de Hongaarse hoofdstad terugdreef. Vooralsnog werd echter het bruggehoofd op de oostoever gehandhaafd. Intussen trok het 6. G.Pz.leger en de legergroep 'Plijew' van het Rode Leger ten noorden van Boedapest tussen Waitzen en Pásztó door het Matragebergte heen en drong het 8. leger van Otto Wöhler tot achter de rivier Gran (Hron). Hierdoor was Boedapest de facto op Kerstnacht 1944 ingesloten door de eenheden van het Rode Leger.

Op dit dramatische moment kwam de politiek weer aan het woord. Het Führerhoofdkwartier had met groeiende zorg de ontwikkelingen in Hongarije gadegeslagen. Heinz Guderian, de leider van het OKH, bemoeide zich in toenemende mate met de bevelvoering van Hans Friessner. Guderian begreep niet waarom Friessner er niet inslaagde met zijn 'armada aan tanks' de Sovjets te stoppen. Deze kritiek van Guderian was niet gerechtvaardigd. Op elk gebied, de krachtsverhouding was globaal 3 : 1 in Sovjet-voordeel, was het Rode Leger beter uitgerust en de Heeresgruppe Süd was uitermate slecht voorzien van infanterie. Hierdoor leed Friessner aan hetzelfde euvel waaraan de Sovjets bij Debrecen hadden geleden. Alleen met tanks, zonder follow-up van de infanterie, liet het gevecht zich niet winnen.
De breuk met de top liet niet lang meer op zich wachten. Eind december kreeg Friessner zonder omhaal de order Fretter-Pico met onmiddelijke ingang van zijn commando te ontheffen. 'Ze zochten een zondebok', schreef Friessner na

de oorlog. Maar ook Friessners hoofd zou rollen. In de nacht van 22 op 23 december belde General Wenck, 'Chef des Führungsstabes van het OKH' naar de Heeresgruppe Süd met de mededeling dat Friessner met onmiddelijke ingang vervangen zou worden door de bevelhebber van het 8. leger, General der Infanterie Otto Wöhler. Friessner eiste een verklaring en belde Wenck en Guderian. Nergens kreeg hij een bevredigend antwoord. 'Het is een spontane beslissing van de Führer', meende Wenck te weten. 'Der Führer dankt', kwam er uiteindelijk uit Hitlers hoofdkwartier door. Friessner pakte zijn koffers en droeg het bevel op 24 december, de dag dat Boedapest werd ingesloten door het Rode Leger, over aan Otto Wöhler.

Hitlers beslissingen aangaande het Hongaarse front had alles te maken met zijn algemene strategische en politieke opvattingen hoe het in de oorlog verder moest. De laatste dagen had Hitler zich intensief met het Hongaarse front bemoeid. Hij had er persoonlijk op toegezien dat eenheden van de Waffen-SS, de Duitse Wehrmacht (IX.SS Geb.korps) en een aantal Hongaarse divisies in Boedapest stand zouden houden ongeacht het feit dat zij hierdoor zouden worden ingesloten. Boedapest was tot 'Festung' uitgeroepen en moest huis voor huis, straat voor straat tot het bittere einde verdedigd worden. Dit 'Festung-Befehl' stamde uit 8 maart 1944 toen Hitler in zijn Führerbefehl nummer 11 omschreef wat hij onder een 'Festen Platz' verstond: 'U moet verhinderen dat de vijand deze operatief belangrijke stad in bezit neemt. U moet u laten insluiten en daardoor zoveel mogelijk vijandige eenheden binden. Daardoor moet u ruimte scheppen voor succesvolle tegenoperaties.' Ook over de taak van de commandant van een dergelijke 'Festung' liet Hitler zich zeer duidelijk uit: 'De commandant moet een goed geselecteerde man zijn, een harde soldaat in de rang van generaal. Hij zet zijn soldaten-eer met deze opgave op het spel en moet zijn taak tot het bittere einde volhouden.'

De vraag dringt zich op wat het 'operatief belang' van Boedapest was en hoe de 'succesvolle tegenoperaties' tot stand moesten komen. Hitler zag de Hongaarse operaties in het grote geheel van de eindstrijd van het Derde Rijk, waarbij hij tot het laatste moment in een wonder bleef geloven. Met zijn grote voorbeeld, Frederik de Grote, hoopte hij, net als destijds in de Zevenjarige Oorlog, op een plotselinge ommekeer op het slagveld. De eerste aanzet daartoe zag Hitler door middel van een offensief in het Westen, de eindstrijd zou echter in het Oosten worden gestreden, op Hongaarse bodem! De aanval in het Westen kreeg de codenaam 'Wacht am Rhein' en ging als het Ardennenoffensief de geschiedenis in. De late herfst van 1944 was een historie-rijke periode. Na de aanslag van 20 juli 1944 leek Hitler meer dan ooit overtuigd dat de voorzienigheid hem had uitverkoren zijn missie tot het laatst toe door te voeren. Hij hield zich meer dan ooit vast aan zijn oude inzichten waardoor zijn offensieve operaties alsmede zijn onverzettelijke houding jegens de joden tot het laatste moment doorgang vonden.

Duitsland stond er in de herfst van 1944 slecht voor. Op 22 juni 1944 was het Rode Leger begonnen aan een grote operatie tegenover het Duitse centrale front waardoor de Nazi's tot Warschau aan de Weichsel werden teruggeworpen en de Heeresgruppe Mitte verpletterd werd. Niet minder dan 25 Duitse divisies gingen hierbij verloren. In het noorden waren de Duitsers tot Oost-Pruisen teruggeworpen. In het Koerland waren meer dan dertig divisies van de overige eenheden afgesloten en konden slechts nog over het water bevoorraad worden. In het zuiden waren, zoals wij reeds zagen, Bulgarije en Roemenië verloren gegaan voor Berlijn en was Hongarije slechts via direct Duits ingrijpen behouden gebleven. Om de opmars van het Rode Leger te stoppen had Hitler Boedapest tot 'Festung' uitgeroepen. Finland staakte de vijandelijkheden tegen de Sovjet-Unie op 4 september 1944.

De tegenslagen aan het front lieten hun sporen na bij de troepen. Tussen 1 juni 1944 en 1 november 1944 waren de Duitse strijdkrachten aan het Oostfront van 2.620.000 manschappen uitgedund tot 1.840.000 manschappen. Er was een tekort aan 40.000 officieren. Daartegenover stonden 5.290.000 soldaten van het Rode Leger. Door de Duitse inspanningen in het Koerland (32 divisies) en in Hongarije (17 divisies) waren er voor de Duitsers maar opvallend weinig divisies beschikbaar voor het primaire front van Oost-Pruisen tot de Karpaten. In totaal beschikten de Duitsers hier slechts over 82 grote eenheden, waarvan zestien divisies Panzerdivisionen of Panzergrenadierdivisionen waren. Het Rode Leger bracht 225 infanteriedivisies op de been, 22 Pz.korpsen, twintig kleinere Pz.-eenheden en drie Kav.korpsen. Naast deze perikelen waren ook nog Duitslands problemen aan het Zuidfront (Joegoslavië) en in Italië waar bij elkaar nog eens 30 divisies gebonden werden. Zorgwekkend was ook de situatie aan het Westfront waar het front van de Scheldemonding via Zuid-Nederland langs de Westwall tot aan de Zwitserse grens zich sinds september 1944 enigszins gestabiliseerd had. De westelijk-Geallieerden stonden aan de vooravond van de invasie van Nazi-Duitsland zelf.

Nu Duitsland de historische kans gemist had om D-day in een Dieppe te veranderen wilde Hitler via een grote militaire operatie tijd winnen in het westen. Middels een grootscheepse aanval vanuit de Ardennen, een herhaling van het beproefde concept uit de meidagen van 1940, wilde hij de westelijk-Geallieerden zware verliezen toe te brengen en afsnijden van het achterland waardoor 'een jaar speelruimte' zou worden gewonnen. De aanval, uitgevoerd door de beste eenheden van leger en Waffen-SS onder bevel van veldmaarschalk Gert von Rundstedt, moest over de Maas doordringen en de belangrijke havenstad Antwerpen, die op 4 september 1944 door de Geallieerden veroverd was, terug veroveren voor het Duitse leger. Zonder deze belangrijke aanvoerhaven zou de aanval op het Duitse Rijk door de westelijk-Geallieerden jammerlijk spaak lopen en een invasie in Nazi-Duitsland zou voorlopig van de baan zijn. Hitler hoopte hierdoor niet alleen militaire tijdwinst te boeken maar tevens zijn tegenstanders politiek te ondermijnen. Door hen de snelle eindstrijd te ontnemen en een lange strijd in het vooruitzicht te stellen hoopte hij meer onderhandelingsruimte te verkrijgen. De tijdwinst in het westen zou benut moeten worden om de strijd in het oosten in Duits voordeel te beslissen.

Het zwaartepunt van het offensief in het oosten zag Hitler in Hongarije. Hitler wilde, door behoud van Boedapest en beperkte inleidende offensieven, de westelijke Donau-oever op het Rode Leger heroveren en West-Hongarije na het Ardennenoffensief als springplank voor een offensief naar het oosten gebruiken. Hitlers doel hierbij was tweeledig. Door deze offensieve acties wilde hij de laatste natuurlijke oliereserves van het Derde Rijk, de velden bij Nagykanizsa in Hongarije, preventief beschermen en de Roemeense velden van Ploesti heroveren. 'Mijn generaals weten niets van economie', zei Hitler altijd en hij meende met deze meesterzet de oorlog alsnog in Duits voordeel te kunnen beslissen. Bij een eventueel succes aan dit voor de Sovjets secundaire front - dat door Moskou dus iets minder goed was uitgerust dan het hoofdfront aan de Weichsel (zie tabel 3) - dacht Hitler aan een vervolgoperatie meer noordelijk. De eenheden in het Koerland, ook relatief gezien sterker dan de Duitse eenheden aan de Weichsel, zouden vanuit noordelijke richting een soort tangoperatie in de rug van de Sovjet-strijdkrachten kunnen uitvoeren en hierdoor het Rode Leger, in samenwerking met de Hongaarse operaties, ernstig in de problemen brengen. Wie deze plannen vandaag de dag, vijftig jaar na dato bekijkt, heeft moeite ze serieus te nemen. De oorlog was immers, wij herinneren ons de eerder geciteerde uitspraak van Speer, 'reeds produktie-technisch verloren'. Voor Hitler, die niet rationeel dacht, lag dat echter anders. Hij vervolgde zijn reeds lang geleden ingeslagen koers met ijzeren discipline. Hoe vastbesloten hij was de oorlog via zijn eigen principes te winnen moge blijken uit het feit dat zowel het Ardennenoffensief (december 1944) alswel het grote Hongaarse offensief (maart 1945) doorgang vonden, ondanks alle druk op andere fronten en de enorme logistieke problemen die de operaties met zich meebrachten. Na het falen van het Ardennenoffensief werd het 6. SS Pz.leger, het neusje van de zalm van de Waffen-SS, per spoor via Wenen naar Hongarije getransporteerd. Het was de waanzin ten top, maar wel een waanzin waarin Hitler tot het bittere einde geloofde. Hitler voerde zijn Hongaarse plannen uit ten koste van de veiligheid van het Duitse grondgebied dat, achter een wankel

Weichselfront en later het nog zwakkere Oderfront, gevaarlijk op het spel werd gezet. Alle waarschuwingen van Heinz Guderian ten spijt, die op grond van rapporten van de Abteilung Fremde Heere Ost van Generalmajor Gehlen had geconcludeerd dat het Oostfront 'een kaartenhuis' was.

Olie had altijd al een belangrijke rol gespeeld in Hitlers militair-strategisch denken. Olie en grondstoffen in het algemeen waren een belangrijke reden geweest voor Hitlers 'meest gewilde' oorlog: die tegen de Sovjet-Unie. Hitler had lering getrokken uit de lessen van de Eerste Wereldoorlog. De honger- en economische blokkade van 1917 had aangetoond dat Duitsland bij handhaving van de status-quo op lange termijn tot de ondergang gedoemd zou zijn. Evenals wapenbroeder Japan moest Duistland een autarkie worden en dat kon slechts door de verovering van 'Lebensraum'.

Deze Lebensraum werd door twee elementen gedragen. Het nieuw veroverd terrein zou 'völkisch' (racistisch) nieuw worden ingericht en Nazi-Duitsland van de noodzakelijke economische grondstoffen en macht moeten voorzien. Olie speelde hierbij een zeer belangrijke rol. 'Olie staat voor Hitler met hoofdletters geschreven', meende Guderian in 1945. Hij had hierin gelijk. Gedurende de gehele oost-campagne bepaalde de brandstofvoorziening van het Derde Rijk in hoge mate de militaire operaties en het politieke handelen van Nazi-Duisland. Zo had Hitler in 1941 geaarzeld Roemenië en Hongarije in de oorlog tegen de Sovjet-Unie te betrekken omdat hij bang was dat hij de olie-schatten van de Oekraïne met hen zou moeten delen. Boekdelen sprak ook de Duitse militaire missie in Roemenië aan de vooravond van de oostveldtocht, die geheel in het teken stond van bescherming van de Roemeens olievelden voor Duitsland. Om diezelfde reden had Hitler ook Von Manstein naar de Krim gestuurd en het 11. leger een zelfde kostbare belegering van Sebastopol laten uitvoeren. Meer dan eens rechtvaardigde hij deze onderneming door erop te wijzen dat de Russen vanaf de Krim de olievelden bij Ploesti zouden kunnen bombarderen. De zomerveldtocht van 1942 en 1943 stond geheel en al in het teken van de olie. Hitler hoopte bij Stalingrad aan de Wolga de Russische olietransporten over de rivier plat te leggen en door zijn opmars in de Kaukasus de olievelden van Baku te veroveren. Hitlers bezorgdheid over de hoeveelheid Duitse grondstoffen was niet alleen op historische gronden gebaseerd. De Duitse strategische reserves aan olie waren schrikbarend klein. Toen Duitsland in september 1939 de Tweede Wereldoorlog inging, bedroegen de strategische brandstofreserves slechts brandstof voor een conflict van vijf maanden! Dit had verschillende 'voorspellers' aan de vooravond van de oorlog de uitlatingen ontlokt dat Duitsland door gebrek aan brandstof de oorlog nooit zou kunnen winnen. Daar zat zeker iets waars in. Op het moment dat Boedapest omsingeld werd, was de Duitse brandstofsituatie catastrofaal. De velden van Roemenië waren verloren gegaan en de synthetische olie-industrie was succesvol gebombardeerd. Wat Hitler restte, waren de Hongaarse velden. De produktie van deze velden was zo klein dat de verhouding tussen de brandstofvoorraden van Duitsland en de Geallieerden 1: 100 bedroeg. Op geen enkel militair-strategisch terrein was Hitlers achterstand zo gigantisch.

Vanuit Hitlers oogpunt was er ook enige logica in zijn gedachten. Zonder brandstof zouden de Duitse tanks als vanzelf tot stilstand komen en was de oorlog verloren. Dit was voor Hitler geen optie want de oorlog moest tot het bittere einde worden doorgestreden. Op 28 december, vier dagen na het insluiten van Boedapest, had Hitler ten overstaan van zijn belangrijkste officieren duidelijk gemaakt dat Duitsland geen andere keus had dan door te strijden. 'Het voortbestaan van het Duitse Rijk staat op het spel.' Het Duitse militaire apparaat, economie en bevolking hadden zich hier op ingesteld.
De eindfase liet dan ook een opmerkelijke activiteit aan Duitse zijde zien. De Duitse bevolking werd wederom uitgekamd om iedereen vrij te maken voor de eindstrijd. 'Reichsminister für Volksaufklärung und Propaganda', zoals dr. Joseph Goebbels' titel officieel luidde, probeerde het Duitse volk op zijn eigen meeslepende wijze moed in te spreken.

Ruim 11 miljoen vrouwen deden dienst in de wapenindustrie. Door uitkamming van het bedrijfsleven, sluiting van universiteiten en scholen, opheffen van kranten en lamleggen van het civiele rechtsapparaat werden tienduizenden mannen vrijgemaakt voor het leger. Op 18 oktober volgde de 'Erlass' met betrekking tot de oprichting van de 'Volkssturm', waardoor iedere man van 16 tot 60 jaar werd opgeroepen voor militaire dienst. Dit, gekoppeld aan de hoop op nieuwe 'Wunderwaffen' - Londen en Antwerpen lagen onder vuur van de V (Vergeltungs)-raketten - moesten de ommekeer bewerkstelligen.

Zo ook de nieuwe divisies van het leger, de Volksgrenadierdivisionen en de nieuwe eenheden van de Waffen-SS die het levenslicht zagen. Na de 20 juli-aanslag kwam het wederom tot een nog belangrijker rol voor Himmlers gewapende Waffen-SS. Op 13 september beval Hitler de opstelling van het eerste SS-leger, het 6. SS Pz.leger onder bevel van een officier die Goebbels 'de Blücher van het nationaal-socialisme' noemde: Jospeh (Sepp) Dietrich. In totaal groeide de Waffen-SS tot bijna een miljoen soldaten uit, verdeeld over negen SS-legerkorpsen en circa 38 divisies en grote eenheden. Zij zouden, zowel bij de 'Wacht am Rhein', als later in het grote Hongaarse-offensief, 'Frühlingserwachen' genaamd, het voortouw nemen.

Opmerkelijk was ook de wijze waarop de Duitse oorlogsindustrie in 1944 onder de bezielende leiding van Albert Speer een laatste produktie-stuiptrek maakte. Speer bleek de juiste man op de juiste plaats. Met grote voortvarendheid begon hij de Duitse wapenindustrie te rationaliseren, versneld te repareren en te verspreiden waardoor hij een wonderbaarlijke stijging van de wapenproduktie bewerkstelligde. Hierdoor overtrof de Duitse wapenproduktie van 1944 die van het voorafgaande jaar, hetgeen gezien de enorme druk van de westelijk-Geallieerde luchtbombardementen een grote prestatie was.

Speers successen waren bovenal mogelijk door het feit dat hij op meedogenloze wijze gebruik maakte van niet-Duitse dwangarbeiders die in de loop van de oorlog massaal naar Duitsland gebracht waren voor de oorlogsproduktie. In

1940, het tweede jaar van de oorlog, had het aantal buitenlandse arbeiders 'slechts' 1,2 miljoen mensen bedragen. In 1944 was dit tot maar liefst 7,5 miljoen dwangarbeiders opgelopen. Onder hen waren veel joden die de Duitsers op het einde van de oorlog liever niet meer verspilden maar inzetten voor de wapenproduktie. 'Tot mijn schaamte moet ik bekennen dat ik slechts geïnteresseerd was in de economische waarde van deze mensen', bekende Speer na de oorlog. Tienduizenden Hongaarse joden werden onder andere ingezet bij de ondergrondse vliegtuigproduktie binnen het zogenaamde Dorsch-plan. Dit was een megalomaan produktieplan dat voorzag in de bouw van enorme ondergrondse fabrieken. Göring was enthousiast over dit idee en wilde zoveel mogelijk van deze fabrieken bouwen. Speer, die het gehele plan te duur en te massaal vond, slaagde er in het aantal fabrieken beperkt te houden.

In april 1944 bereikte Duitsland, ondanks de aanhoudende westelijk-Geallieerde luchtaanvallen, een nieuw record betreffende de bouw van jachtvliegtuigen. Aan de produktie van deze toestellen was absolute prioriteit gegeven gezien het feit dat de Festung Europa van een veilig dak moest worden voorzien waarvoor de aangeslagen Luftwaffe van Hitlers vertrouweling uit het eerste uur, Hermann Göring, zou moeten gaan zorgen. Maar liefst meer dan 2.000 jachtvliegtuigen verlieten in april 1944 de lopende band. In mei werd dit record gebroken. De produktie was inmiddels tot 2.212 toestellen opgelopen hetgeen culmineerde in het absolute Duitse produktierecord van 3.375 vliegtuigen in de maand september 1944.

Dit resultaat, mede mogelijk door het Hongaarse aluminium, was opmerkelijk te noemen als men bedenkt dat Speer niet alleen tegen de Geallieerde luchtbombardementen moest vechten, maar zich ook nog moest wapenen tegen de grijpgrage vingers van concurrerende Duitse organisaties. Zoals overal in het Derde Rijk waren er ook op economisch terrein weer veel machtsoverlappingen. Speer had niet slechts concurrentie van de vier-jarenplannen van Göring, het 'Arbeiterfront' van Robert Ley, maar bovenal van het zich alsmaar uitdijende imperium van de Reichsführer-SS

Heinrich Himmler. Speer schreef hierover na de oorlog zijn frustraties op in 'Der Sklavenstaat'.

Niet alleen de Duitsers produceerden voor de 'Endsieg'. Ook van de Hongaren werd een offer verwacht. 'Duitsland steelt 80% van onze economische produktie', had Horthy in 1944 tegen de Duitsers geklaagd. Inderdaad was de Hongaarse economie volop opgenomen in het Duitse oorlogsproduktieprogramma. Direct na het Klessheim-complot was Speers rechterhand Saur bij Hitler geweest waar hij het bevel had gekregen de Hongaarse economie optimaal voor Duitsland te benutten. Direct daarop was het 'Statistisches Reichsamt' aan het rekenen geslagen om te zien wat Duitslands laatste bondgenoot allemaal in huis had. Hongarije was een rijke buit voor de Duitsers. Voor de oorlogsindustrie was vooral van belang de Hongaarse staalproduktie, die plaatsvond in de bedrijven Riema (400.00 ton), Mavag (200.000 ton) en M. Weiss (130.000 ton). Een bijkomend 'geluk' voor de Duitsers was dat het laatste concern joods bezit was en dus eenvoudigweg geconfisceerd kon worden. SS-Hauptsturmführer Kurt Becher ('de paardenhandelaar') voerde de onderhandelingen met de joodse eigenaren die in ruil voor overdracht van de fabriek aan de SS vrije aftocht kregen naar het neutrale Portugal. Van belang was ook de Hongaarse aluminium-produktie die met name in Boedapest, Pecs, Kassa en Nagybanjom plaatsvond en van belang was voor de Duitse vliegtuigindustrie.

Natuurlijk hadden al deze inspanningen slechts nut als de nieuw geproduceerde vliegtuigen en tanks ook van brandstof konden worden voorzien. Daarvoor had Hitler de Hongaarse velden nodig. De velden van Nagykanizsa moesten uitkomst brengen. In 1944 produceerde Hongarije meer dan 600.000 ton olie op jaarbasis en met Duitse hulp poogde men deze produktie verder op te schroeven. Dit was slechts een schijntje vergeleken met de Ploesti-velden maar in praktijk leverden zij, samen met de kleine Oostenrijkse olievelden bij Zisterdorf, 80% van alle olie die Duitsland in maart 1945 nog produceerde. Gezien dit feit werd de olie, die voorheen zoals wij zagen reeds Hitlers warme belangstelling genoot, langzamerhand een obsessie, hetgeen leidde tot clowneske militaire besluiten die geheel en al geleid werden door 'de economische inzichten' van de Führer. In praktijk waren de Hongaarse velden, laat staan de Oostenrijkse, geen grote militaire inspanningen waard. De produktie van de Hongaarse velden was amper voldoende om de Heeresgruppe Süd te laten bewegen. Daarbij bleek het ook nog eens moeilijk de olie in Hongarije zelf, dus vlak aan het front, te raffineren. In totaal kende Hongarije twaalf raffinaderijen die in totaal een (over-)capaciteit van 1.142.100 ton hadden. In praktijk was echter een deel van deze raffinaderijen door de opmars van het Rode Leger verloren gegaan terwijl anderen, zoals de raffinaderijen in Boedapest. De raffinaderijen van Petfürdö, Almasfüzito en Csepel (Shell) waren door bomaanvallen beschadigd. De grootste raffinaderij, de Hovéd-(Hongaarse leger)raffinaderij Szöny bij Komorn (300.000 ton) was pas laat in de oorlog in gebruik genomen. Vanwege deze problemen arriveerde Albert Speer nog in februari 1945 in Hongarije om de aanleg van pijpleidingen naar Duitsland te helpen organiseren, gezien het feit dat daar nog raffinagecapaciteit beschikbaar was. 'Ik zag de tanks van de Waffen-SS verzamelen voor de laatste slag', schreef hij in zijn memoires. Hij repte verder met geen woord meer over de olie. Speer geloofde niet langer in Hitlers dagdromen en zou spoedig diens bevelen naast zich neerleggen en vervangen worden door Saur.

In Boedapest waren de dagdromen echter harde realiteit voor de 70.000 ingesloten soldaten van het IX.SS Geb.korps. Voor hen begonnen de Kerstdagen 1944 met de omsingeling van de Hongaarse hoofdstad. Op het allerlaatste moment was Adolf Eichmann in zijn zwarte Mercedes uit de stad ontsnapt. Hij liet een uitgemergeld getto met kinderen en bejaarden achter, geterroriseerd door moordende Pijlkuizers, alsmede een zwak garnizoen. Zij moesten standhouden in de 'Wellenbrecher' Boedapest die op ontzet hoopte door het IV.SS Pz.korps dat hiervoor speciaal van het toch al zwakke Weichselfront naar Hongarije zou worden gebracht. Het vrijvechten van de Hongaarse hoofdstad en de gehele westoever van de Donau zou de inleiding vormen tot het grote Duitse offensief dat, na het Ardennenoffensief, in Hongarije zou gaan plaatsvinden: Operatie 'Frühlingserwachen', het Ardennenoffensief van het oosten. Een waarachtige Wacht am Donau.

Boedapest wordt geofferd

Op 16 december 1944 hield de wereld de adem in. Tegen ieders verwachting in opende het Duitse leger in de Ardennen bij verrassing een groot tegenoffensief. Na een korte inleidende artilleriebeschieting traden eenheden van het 6. SS Pz.leger en het 5. Pz.leger aan voor hun opmars naar de Maas en Antwerpen. Twintig Duitse divisies doorbraken 110 kilometer frontlijn en liepen de voorhoeden van een viertal Geallieerde divisies tussen Monschau en Echternach onder de voet. De eerste resultaten leken op de kaart spectaculair, maar al spoedig liep het tempo van de Duitse aanval terug om tenslotte totaal te verzanden. De terreingesteldheid was belabberd, munitie- en brandstofvoorraden waren verre van toereikend en alleen het buitmaken van Geallieerde depots kon een voortgang van het offensief waarborgen. Daarbij waren de Duitse eenheden, ook de troepen van de Waffen-SS, aan slijtage onderhevig door de niet aflatende gevechten aan alle fronten. De luchtbeheersing lag volledig bij de Geallieerden, alleen de slechte weersgesteldheid hield de Geallieerde luchtmacht enige tijd aan de grond.

Anders dan Hitler verwachtte, verdedigden de Amerikaanse eenheden zich verbeten tot het bittere einde. De Geallieerden wonnen tijd en dat werkte in hun voordeel. Dit alles was reden voor Heinz Guderian om Hitler op 24 december in de Alderhorst bij Ziegenberg in Hessen op te zoeken en te pleiten voor een stopzetting van het Ardennenoffensief. Guderian was van aanvang af al bijzonder kritisch geweest over Hitlers groteske plannen in het westen. Zijns inziens moest het zwaartepunt van de Duitse militaire inspanningen aan het Oostfront liggen en in het bijzonder geconcentreerd worden op het Weichselfront, waar een dreigende stilte voor de storm hing die Duitsland rechtstreeks bedreigde.

Hitler raakte geïrriteerd toen Guderian hem er op wees dat de Sovjets voor Warschau 'een overmacht van 1:15 aan manschappen' hadden opgebouwd. Hij veegde Guderians bewering als 'leugen' van de kaart en hamerde op voortzetting van het moeizaam verlopende Ardennenoffensief. Om

het offensief alsnog vlot te trekken startten op 1 januari, dezelfde dag dat in Hongarije de operaties 'Konrad' (bevrijding Boedapest) begonnen, een tweetal nieuwe militaire initiatieven. In de Elzas startte operatie 'Nordwind', een ondersteunende aanval waarvan de spil de 10.SS Pz.D. 'Frundsberg' was. Tegelijkertijd vond er een opmerkelijk luchtoffensief plaats, operatie 'Bodenplatte'.
'Nordwind' ontwikkelde zich vergelijkbaar met het Ardennenoffensief. Aanvankelijk wist de aanval in de Elzas enige vooruitgang te boeken maar al spoedig strandde de aanval op de hardnekkige Geallieerde verdediging. Operatie 'Bodenplatte' onder bevel van Generalmajor Peltz werd de meest omstreden Duitse jachtvliegtuig-aanval uit de Tweede Wereldoorlog. Het was een typische alles of niets aanval waarbij Hitler, via een verrassingsaanval met honderden jachtvliegtuigen, de westelijk-Geallieerde luchtmachtbases wilde aanvallen en de Geallieerde luchtmacht op de grond wilde vernietigen. Het tijdstip was goed gekozen: de vroege morgen van 1 januari. Veel militairen lagen nog te slapen of hadden een kater van de jaarwisseling de avond daarvoor. De Duitse jagers maakten met 'Bodenplatte' hun rentree aan het Westfront. Meer dan 400 Geallieerde vliegtuigen, mogelijk meer, werden grootdeels op de grond vernietigd. Een zwaar verlies hoewel gemakkelijk vervangbaar voor de Geallieerden. De Duitsers leden zelf meer dan 300 verliezen, waaronder 59 Verbandsführer. Een klap die voor de Duitsers veel moeilijker op was te vangen. De Duitse verliezen waren mede zo hoog omdat vanwege de strenge geheimhouding de Duitse luchtafweerbatterijen, FLAK, niet op de hoogte waren van de aanval en op de eigen toestellen schoten. 'Bodenplatte' betekende de doodsteek voor de reeds zwaar gehavende Luftwaffe.

Begin januari, toen duidelijk werd dat ook 'Nordwind' en 'Bodenplatte' er niet in waren geslaagd het Ardennenoffensief vlot te trekken, besloot Hitler het 6. SS Pz.leger vrij te maken voor het Oostfront. In praktijk betekende dit het bankroet voor het Ardennenoffensief. De divisies van het leger bleven alleen achter en hadden de ondankbare taak de

SS-Brigade-führer Jochen Rumohr, commandant van de 8.SS Kav.D. 'Florian Geyer', bij zijn soldaten in de loopgraven voor Boedapest. Boedapest werd verdedigd door het IX.SS Geb.korps, dat onder andere over twee cavaleriedivisies van de Waffen-SS beschikte.

Een Duitse soldaat van de Waffen-SS, uitgerust met een 'Panzerfaust' staat op wacht in een straat in Boedapest.
De bevolking van Boedapest probeerde de groeiende dreiging rond de stad zoveel mogelijk te negeren maar kon niet ontsnappen aan een bloedig beleg.

Een Russische T-34 tank is doorgedrongen tot in het hart van de 'Festung' Boedapest. De stad is een brandend ruïne.
Boedapest capituleerde na zware strijd op 13 februari 1945.

verliesrijke eindfase van het offensief alleen door te maken. Guderian kon tevreden zijn, de divisies waren op weg naar het Oostfront. Vanaf het moment dat hij echter hoorde dat Hitler ze nu in Hongarije wilde inzetten, was hij de wanhoop nabij! Ondanks het feit dat het Ardennenoffensief niet de tijdwinst had opgeleverd die Hitler voor ogen had gehad hield hij vast aan zijn Hongaarse plan. In de militaire conferenties begin januari 1945 hamerde Hitler keer op keer op het belang van de Hongaarse olievelden. De bescherming ervan moest er toe bijdragen dat de Duitse Wehrmacht niet 'vanzelf tot staan zou komen.' 'Eerst olie en dan het centrale front', zei Hitler op 22 januari. Tegenover Jodl verklaarde Hitler dat de Hongaarse olievelden van 'ausschlaggebende Bedeutung' waren, hetgeen hij tegenover het hoofd van de marine, admiraal Dönitz, nogmaals herhaalde.

In Hongarije waren de militaire operaties inmiddels in volle gang. Op 1 januari, tegelijk met 'Bodenplatte' en 'Nordwind', waren de operaties 'Konrad' gestart en de strijd om het belegerde Boedapest was reeds in volle gang. Dit alles vormde slechts de prelude tot 'Frühlingserwachen'. We zullen de militaire operaties apart verder behandelen.

Dat Boedapest verdedigd moest worden was voor Hitler een vaststaand feit. Reeds in november 1944 was op uitdrukkelijk bevel van Hitler de Hongaarse hoofdstad onder supervisie van het OKH geplaatst. 'Als Boedapest valt', meende Hitler in die dagen, 'dan zal een succes in het westen gehalveerd zijn!' Hiermee verwees Hitler naar het Ardennenoffensief. Friessner had een hard hoofd in de verdediging van Boedapest. Dit werd mede veroorzaakt door het feit dat hij weinig vertrouwen had in de Hongaarse militairen, die ongeveer de helft van het garnizoen moesten leveren. Bij de laatste poging nieuwe Hongaarse militairen onder de wapenen te brengen waren van de 1.862 opgeroepen Hongaren slechts 29 man verschenen.
Aanvankelijk werd SS-Obergruppenführer Winkelmann be-

noemd tot Kampfkommandant van Boedapest. Vijf dagen later werd het lot echter in handen gelegd van SS-Obergruppenführer Pfeffer Wildenbruch. Friessner had het opperbevel van de Heeresgruppe overgedragen aan Otto Wöhler. Wöhler was een rustige, sigaar rokende officier, die door zijn voormalige werkzaamheden bij het 8. leger de situatie binnen de Heeresgruppe Süd goed kende. Fretter-Pico werd vervangen door General der Panzertruppe Hermann Balck. Balck, een vakman, stond bekend om zijn eigenzinnige houding en het feit dat hij geen blad voor de mond nam. Balck schreef na de oorlog dat de Reichsführer-SS, die hij overigens slechts éénmaal ontmoette, 'geen vriend van hem was. Ik was te grof tegen zijn SS-divisies.' Ook met Von Rundstedt, die de oude Pruisische mentaliteit in het leger vertegenwoordigde, was Balck in botsing gekomen. Hij vond de oude man te veel vast zitten in zijn 'Eerste Wereldoorlog ervaringen'. Zijn benoeming tot commandant van het 6. leger ('Armeegruppe Balck') op 23 december 1944 op het OKH te Zossen gaf hem dan ook de kans te starten met een schone lei, hoewel deze ook hier niet lang 'schoon' zou blijven. Direct na aankomst en eerste kennismaking met het front via zijn Chef des Generalstabes Heinz Gaedcke, belde Balck op naar zijn goede vriend Wenck: 'Die Lage ist verteufelt!'

Hiervan waren Karl von Pfeffer Wildenbruch en het garnizoen van Boedapest reeds op de hoogte. Hen wachtte een belangrijke militaire taak. Als 'Eckpfeiler' en 'Festung' moest de stad vijandelijke eenheden aan zich binden. Dit zou de olieraffinaderijen ten westen van de Donau, onder andere die bij Komorn, alsmede de olievelden ten zuiden van Nagykanizsa, helpen beschermen. Hierdoor kon tijd worden gewonnen, die noodzakelijk was om Hitlers grootse militaire plannen te helpen realiseren. Als 'Wellenbrecher' zou een verdedigd Boedapest de Sovjet-opmars aan beide kanten van de Donau (op zowel Slowaaks als Hongaars gebied) kunnen afremmen. Het front aan de rivier Gran was niet al te sterk en zou reeds spoedig in januari 1945 bezwijken onder Sovjet-druk.
Natuurlijk was het behoud van Boedapest ook een punt van

politiek prestige. Boedapest vormde historisch gezien de poort naar Wenen en was het politieke hart van Hongarije. De stad was en is nog altijd wonderlijk mooi, met het hoog gelegen Boeda dat uitkijkt over Pest. De stad was beroemd om zijn genezende waterbronnen. Al in de Habsburgse jaren was het goed toeven op het prachtige Margarethen-eiland en bewonderden reizigers de schoonheid van het parlementsgebouw in Pest, ontworpen door Emerich Steindl, dat na de Westminster in Londen het grootste parlementsgebouw ter wereld was. Statig verbonden de historische bruggen, zoals de Széchenyi-Kettenbrücke, de oost- en west-oever met elkaar. Ook was het behoud van Boedapest een signaal naar neutrale mogendheden dat Duitsland nog steeds militair tot tegenstand in staat was. Dit alles deed Hitler besluiten Boedapest tot een 'Festung' uit te roepen.

Toch was, zoals zou blijken gedurende de operaties 'Konrad', de benoeming van Boedapest tot 'Festung' bovenal militair gemotiveerd. Hitler was van aanvang af bereid de stad en zeker ook het garnizoen te offeren als hij daardoor militair meer armslag kreeg in Hongarije. Het terugnemen van het 6. SS Pz.leger uit het Ardennenoffensief had Hitler mede verklaard met het argument dat hij dan 'in ieder geval nog ergens initiatief kon ontplooien'. Het spreekt vanzelf dat hij hierbij in Hongarije op goede resultaten hoopte.

Boedapest werd omsingeld op Kerstnacht 1944 door een twintigtal divisies van zeven legerkorpsen van het Russische 2. en 3. Oekraïnse front. In de stad bevonden zich op dat moment ongeveer 70.000 Duitse en Hongaarse militairen en naar schatting zo'n 800.000 burgers. Zoals wij zagen, had Karl von Pfeffer Wildenbruch de twijfelachtige eer het garnizoen van Boedapest aan te voeren in de uitzichtloze strijd. De commandant van 'Festung' Boedapest was een zwaar beproefd man. Zijn twee zonen waren gesneuveld aan het Oostfront en de divisie van de Waffen-SS die hij korte tijd commandeerde, de 'Polizei' divisie, had vreselijke verliezen in de oorlog geleden. Wildenbruchs militaire capaciteiten werden door de kritische Balck niet hoog aangeslagen. 'Op zijn best omschreven werd Boedapest geleid door een politicus', schreef hij na de oorlog. Hierbij duidde Balck op het feit dat Wildenbruch eerder om zijn 'SS-Treue' benoemd was dan om zijn strategisch inzicht. De manschappen van Wildenbruch, ongeveer 33.000 Duitsers en 37.000 Hongaren (Sovjet-bronnen noemen foutief aanzienlijk grotere aantallen), vormden samen het IX.SS Geb.(Gebirgs) korps. Een misleidende naam, gezien het feit dat Wildenbruch in werkelijkheid niet over bergtroepen beschikte. De benaming was typerend voor het 'eenheden-sentiment' van de Duitsers. Waar de Russen geneigd waren steeds vaker nieuwe eenheden op te richten, hielden Duitsers vanuit emotioneel-historische redenen vast aan oude benamingen. Nu was Boedapest ook niet het meest geëigende object geweest voor bergtroepen. Met zijn vlakke Pest en hoge Boeda moesten de Duitsers het bovenal van de stadsguerilla hebben. Het zal dan ook menigeen verbazen dat Wildenbruch beschikte over o.a. twee cavalleriedivisies van de Waffen-SS, te weten de 8.SS Kav.D. 'Florian Geyer' en de 22.SS Kav.D. 'Maria Theresia'. De eenheden, onder bevel van SS-Brigadeführer Rumohr en SS-Brigadeführer Zehender waren zustereenheden van elkaar. Stampersoneel van deze troepen had vaak in beide eenheden gediend. Het feit dat deze troepen, met paarden en al, in Boedapest waren terechtgekomen tekende de desperate militaire situatie aan Duitse zijde. Er waren eenvoudigweg geen andere eenheden voor handen en daardoor bepaalde het noodlot dat het gros van Heinrich Himmlers bereden eenheden in de straten van Boedapest hun eind zouden vinden.

Naast de cavaleriedivisies beschikte Wildenbruch ook nog over de restanten van de eens zo trotse 13.Pz.D. van Generalmajor Schmidthuber en restanten van een Pz.Gren.D., de eenheid 'Feldherrnhalle' (genoemd naar de Feldherrnhalle in München waar Hitlers putsch van 1923 uit elkaar geschoten werd) onder bevel van Oberstleutnant Wolff. Daarnaast beschikte het IX.SS Geb.korps slechts over zeer kleine splintereenheden, die aangeduid werden met Kampfgruppe of Alarmbataljon. Zo was er de Kampfgruppe Kündiger met restanten van de 271.V.G.D., het SS-Pol.Rgt.6 (Kampfgruppe Dörner) alsmede enkele Alarm-bataljons en een SD-

Kampfgruppe. Het gros van de Hongaarse eenheden, onderdeel van het I. Hongaarse legerkorps (Generalmajor Ivan von Kinshind Hindy), bestond uit infanterie van de 10. en 12. I.D. Onder bevel van Oberst Vertessy waren er ook gemotoriseerde eenheden van de Hongaarse 1. Pz.D. en de 1.Kav.D. in de stad. Daarnaast beschikte het garnizoen over een reeks kleinere eenheden zoals de Sturmart.Gruppe Billnitzer (Generalmajor Ernö Billnitzer), het Flak-Rgt.12 Budapest (Oberst Janza), het Sturmbataljon van de universiteit (Hauptmann Sipeki-Balazs), het Leibgarde-bataljon van de burcht in Boeda en Pijlkruizers- en Gendarmerie (General Kalandy)-eenheden.

Niet een van deze eenheden was op het moment van omsingeling eind 1944 op volledige sterkte. Het aantal zware wapens in de stad was gering. Er zijn weinig documenten van de Heeresgruppe Süd, het overkoepelende legeronderdeel waar het IX.SS Geb.korps deel van uitmaakte, die inzicht geven in de juiste sterkte van Wildenbruchs troepen. Naar schatting beschikte het korps in ieder geval over een aantal 'Hetzers' (tankjagers, waarschijnlijk van de cavalerie-eenheden van de Waffen-SS, bovenal 'Florian Geyer') en gemotoriseerde artillerie ('Hummels'). Fotomateriaal uit Russische archieven van na de bevrijding van de stad, tonen ook de restanten van enkele Panther-tanks en achtwiel-pantservoertuigen die toe te schrijven zijn aan de 13.Pz.D. en de 'FHH'-divisie. Hier kunnen mogelijk nog een aantal Hongaarse pantservoertuigen aan worden toegevoegd. Het totaal aantal gepantserde voertuigen van het IX. SS Geb.korps zou rond de 70 voertuigen hebben bedragen. Het effectief opereren van deze eenheden werd bemoeilijkt door munitie- en brandstofgebrek. Daarbij vormden pantservoertuigen in straatgevechten een kwetsbaar doel.

Van minstens zo'n groot belang was dan ook de artillerie waarover Wildenbruch beschikte. Dit beperkte zich met name tot luchtafweer (Flak). Vooral de 3,7 cm Flak en de 2 cm. Flak, gesitueerd rond de burcht in Boeda, opereerden succesvol tegen Russische duikbommenwerpers en konden ook effectief ingrijpen in grondgevechten. De zware Flak, de gevreesde Duitse 8,8 cm kanonnen, waren gebundeld in de

Kampfgruppe 'Portugall' en gevestigd op en rond de Adlerberg (Sas-hegy), eveneens in Boeda.

Van aanvang af werd in de slag om Boedapest verbitterd gevochten. Het Rode Leger ergerde zich aan het feit nog in zo'n laat stadium van de oorlog een dergelijk kostbare strijd te moeten uitvechten. Dit was waarschijnlijk ook de reden dat het Rode Leger een poging waagde de strijd door middel van onderhandelingen te voorkomen. De poging liep op niets uit. De twee op 29 december 1944 gezonden onderhandelaars, een zekere Steinmetz en I.A. Osztapenko, kwamen bij hun bemiddelingspoging om het leven. Tass beweerde dat zij door de Duitsers vermoord werden. De 'Wehrmachtberichten' meldden dat de beiden onderhandelaars in werkelijkheid Duitse krijgsgevangenen waren, die gedwongen waren geweest deze missie uit te voeren. Eenmaal aangekomen in Duitse linies kozen zij direct partij voor de Duitsers en liepen over.

Na de oorlog wist de historicus Peter Gosztony te melden dat Steinmetz onderweg naar Boedapest op een landmijn was gereden en hierbij om het leven was gekomen. Op de terugweg, na mislukte onderhandelingen met de commandant van de 8.SS D. Rumohr, was Osztapenko door een Hongaarse batterij - per vergissing? - onder vuur genomen en samen met een begeleider gesneuveld. Een Hongaarse bron legt de schuld echter bij een artillerie-batterij van de divisie 'FHH'(Hummels) hetgeen van Duitse zijde weer werd ontkend. Een zekere Walter Rothe, Oberwachmeister a.D. en Beobachtungsoffizier van de 2./s.Sf.Pz.Art.Rgt. 'Feldherrnhalle', verklaarde onder ede in 1986 dat de onderhandelaars als gevolg van een Sovjet-mortier-beschieting om het leven waren gekomen. Deze visie werd bevestigd door Hauptmann a.D. Erich Klein, eveneens een voormalig soldaat in de 'FHH'-divisie. 'Ik heb dit reeds in Sovjet-gevangenschap in 1948 aan twee NKVD-officieren verteld', meldde Klein in 1986. 'Hun reactie was grimmig maar de beschuldiging dat wij de parlementariërs gedood zouden hebben, heeft zich niet meer herhaald.' Zeker was in ieder geval dat na de vastgelopen onderhandelingen het beleg van de stad op gang kwam. Boedapest stond voor een vreselijke beproeving.

De strijd om Boedapest was een ongelijke strijd. De Duitse verdedigers hadden van aanvang af geen kans. Dit wist Wildenbruch ook, maar hij klampte zich vast aan Hitlers toezegging die direct op 24 december 1944 na de omsingeling was gedaan. Hitler had Wildenbruch verzekerd dat hij op steun kon rekenen van ontzettingskrachten. Hiermee doelde Hitler op eenheden van het IV.SS Pz.korps die voor dat doel vanuit het front voor Warschau naar Hongarije verlegd zouden worden. Voor het IX.SS Geb.korps betekende dat dus, dat men het tot het ontzet van Boedapest zou moeten uithouden.

Amper drie dagen later volgde reeds de eerste crisis. Het Rode Leger rukte zowel in het oostelijk deel (Pest) als het westelijk deel van de stad (Boeda) met grote snelheid op. Het Rode Leger wierp sterke eenheden in de strijd, ruimschoots voorzien van tanks en pantservoertuigen, artillerie en luchtsteun. De buitenste verdedigingsring werd doorbroken en van beide kanten werd de Donau, die de prachtige stad doorsneed, snel genaderd. Het leek alsof het lot van het Duitse garnizoen in Boedapest in de eerste dagen van januari 1945 was bezegeld toen de druk op Boeda ineens afnam. Dit had niet alleen te maken met het feit dat de Duitse verdedigers, bovenal troepen van 'Florian Geyer' zich hier verschanst hadden op het steile burcht-gedeelte. De vertraging van de Sovjet-opmars hing direct samen met de onstuimige start van de operaties 'Konrad' in het Gerecse- en Pilisgebergte ten westen van Boedapest. Op 1 januari waren hier, zonder artillerie voorbereiding en geheel onverwacht voor het Rode Leger, de eenheden van het IV.SS Pz.korps als onderdeel van het Duitse 6. leger (Hermann Balck) hun ontzettingspoging van Boedapest begonnen. Het Russische 4. leger moest direct terrein prijsgeven aan de ervaren manschappen van de Waffen-SS tankdivisies alsmede ondersteunende eenheden van het Duitse leger. Om te voorkomen dat het Russische front in het berggebied zou bezwijken moest het Rode Leger een aantal van zijn divisies, die betrokken

Het prachtige Boedapest is zwaar gehavend als na vijftig dagen strijd de kanonnen uiteindelijk zwijgen. De historische bruggen zijn door de Duitsers opgeblazen.

Overgave van het IX.SS Geb.korps in Boedapest. De commandant van het Duitse garnizoen, Karl von Pfeffer Wildenbruch, verlaat voor de laatste maal zijn hoofdkwartier. Russische militairen begeleiden hem in krijgsgevangenschap. Het garnizoen van 70.000 soldaten is voor een groot deel omgekomen. Amper 700 soldaten weten de Duitse linies ten westen van de stad te bereiken. Wildenbruch overleefde zijn gevangenschap en keerde na de oorlog terug naar Duitsland.

waren bij het beleg van Boeda, terugnemen en verleggen naar het 4.G leger. Op 1 januari 1945 werden de Duitse verdedigers van Boeda nog geconfronteerd met negen Russische divisies. Op 5 januari was dit aantal reeds tot vier teruggevallen. Wildenbruchs troepen kregen weer even lucht.

In het vlakke Pest daarentegen ging de strijd onverminderd voort. Heinz Guderian waarschuwde voor een spoedige val van het oostelijk bruggehoofd. Hij bepleitte dan ook een 'rigoröser Auskammung' van het garnizoen, opdat iedere man die een geweer kon dragen ook daadwerkelijk aan het front zou worden ingezet. Voor Wildenbruch werd het echter steeds moeilijker de gaten in het front te stoppen. De straatgevechten waren buitengewoon bloedig. Op 6 januari waren de verliezen van het IX.SS Geb.korps reeds tot 5.621 manschappen opgelopen.

Ook de voorraden slonken snel door het grote munitieverbruik. Dit baarde Hitler en zijn generaals grote zorgen. Een spoedige val van Boedapest zou Hitlers plannen voor een voorjaarsoffensief ernstig in gevaar brengen. Boedapest bleef noodzakelijk als bindingselement voor grote hoeveelheden Russische troepen. Daarbij hoopte Hitler door middel van de operaties 'Konrad' Boedapest voor Duitsland te behouden.

De positie van Boedapest als 'Wellenbrecher' van het front was inmiddels duidelijk geworden. Eenheden van het Rode Leger waren de Gran-rivier overgestoken en in het Slowaakse achterland doorgestoten. Het Rode Leger vormde op deze manier een dreiging in de flank van het SS-pantserkorps in het Gerecse- en Pilis-gebergte en bedreigde tevens de raffinaderijen van Komorn. Een haastige inzet van een Wehrmacht pantserdivisie voorkwam een instorting van het Granfront. Desalniettemin was het belangrijker dan ooit dat het IX.SS Geb.korps in Boedapest stand zou houden.

Hitler zocht dan ook naar mogelijkheden om het IX.SS Geb.korps te versterken. De eenheden die 'Konrad' uitvoerden, konden op lichte versterking rekenen alsmede op ondersteuning van meer zuidelijk gelegen korpsen rond Zámo-

ly. Daarentegen wilde Hitler ook iets doen voor de troepen in de stad. Via een luchtbrug probeerde men de voorraden van het IX.SS Geb.korps enigszins op peil te houden. Voor de 'Luftwaffe', met name de transportonderdelen met zijn Junker-52 toestellen (en een enkele He-111), betekende dit wederom een zware beproeving. Net als bij Stalingrad moesten zij sterke luchtafweer trotseren om de vlucht naar Boedapest te kunnen maken.
Aanvankelijk konden er toestellen landen op de paardenrenbaan in Pest. Maar toen ook die door het Rode Leger veroverd was, moesten de voorraden worden gedropt op de steeds kleinere stadskern waarin de Duitsers werden samengedrongen. Aanvankelijk werden tot zo'n 100 vliegtuigen per dag ingezet om de Kessel te bevoorraden. Spoedig slonk dit aantal vluchten. Slechts hele kleine vliegtuigjes konden toen nog landen in de stad. Hiervoor werden brede straten gebruikt, alsmede een klein grasveldje in Boeda. Via bewaard gebleven 'Lagebesprechungen' uit het Führerhoofdkwartier weten wij dat Hitler zich hier persoonlijk mee bemoeide. Hij besefte dat de bevoorrading - en het brengen van post van het thuisfront - onontbeerlijke elementen waren voor het moreel van het IX.SS Geb.korps. Ook Pfeffer-Wildenbruch begreep dat. Iedere piloot die de tocht heelhuids doorstond, werd direct naar zijn hoofdkwartier gebracht. Daarna moest de piloot een bezoek brengen aan de kazematten vol gewonden, als levend bewijs dat de buitenwereld het garnizoen nog niet vergeten was.
Hitler overwoog ter bevoorrading van Boedapest de inzet van watervliegtuigen en zweefvliegtuigen alsmede van helikopters, waarover Duitsland (in experimenteel stadium) beschikte. Zeker is dat in ieder geval zweefvliegtuigen en 'Fieseler Storch'-vliegtuigjes de landing in de 'Festung' Boedapest waagden. Deze eenheden behoorden tot de Luftflotte 4 (K.G.4 en de Staffel z.b.V.'Reich') onder bevel van Generalleutnant Conrad. Zij landden op een stukje grond bij de Vár-hegy (Vermözö-weide) dat Hitler zelf voor hen had uitgekozen. De Russische artillerie had dit natuurlijk al spoedig in de gaten en ploegde het landje om. De Duitsers gaven het stuk grond al snel de naam 'Blutwiese'

gezien het feit dat het overdekt was met de restanten van kapot geschoten Duitse vliegtuigen. In totaal werden 73 Duitse zweefvliegtuigen (type DFS 230) boven Boedapest gedropt. Slechts 41 machines bereikten hun bestemming. Elf toestellen werden door Russische Flak neergehaald. Eenentwintig toestellen maakten een noodlanding of keerden terug. Volgens een overzicht uit maart 1945 van het OKL raakten 49 piloten boven Boedapest vermist. Tevens werd er een poging gedaan Boedapest per schip te bevoorraden. Een schip met 4.000 ton munitie werd uitgezonden maar stuitte op grote moeilijkheden. De noordoever van de Donau was in Sovjet-handen en op het laatste traject waren beide oevers door het Rode Leger bezet. Slechts een deel van de voorraden bereikte via kleine zendingen de stad.

Deze voorraden konden de strijd in Boedapest slechts rekken. De hoop bleef gevestigd op de soldaten en resultaten van 'Konrad', ten westen van de stad. De manschappen in de Kessel hielden via de radio contact met de manschappen in aantocht. Alle hoop was gericht op een spoedig ontzet want de bevolking van Boedapest, zo luidde een melding van het IX.SS Geb.korps aan hogerhand, 'begon een vijandige houding ten aanzien van de Duitse eenheden aan te nemen.' Daarbij drukte het grote aantal gewonden, op 7 januari opgelopen tot 4.000 man, zwaar op de 'Festung'. Maar een ontzet was niet in zicht. De aanval 'Konrad' was vastgelopen rond de wegenknooppunten Bicske en Zsámbék. Daarop had het Duitse opperbevel, na de verovering van de stad Gran meer noordelijk aan de Donau, besloten het accent van de aanval in die richting te verleggen. Delen van 'Wiking' waren daarop doorgestoten tot Pilisszentkereszt. Maar inmiddels was het reeds 11 januari en Hitlers geduld met Boedapest en de nieuwe 'Konrad'-operatie ('Konrad'-II) leek op te raken. Een verzoek van Oberstleutnant Janza van Flak-Rgt. 12 Boedapest in een gecombineerde aanval van 'Konrad'-II en een grootscheepse parachutisten-aanval bij Budaörs te bevrijden, werd als te gecompliceerd van de hand gewezen. Het dagboek van de Heeresgruppe Süd vermeldde dat Hitler 'geen nieuwe

krachten meer wilde invliegen, nu de situatie met betrekking tot Boedapest zo onzeker was geworden.'
Hitler had meer vertrouwen in een militaire operatie verder zuidelijk, tussen het Velenceimeer en het Balatonmeer en was bang dat de operaties in het Gerecse- en Pilisgebergte een 'onderneming zonder einde' zouden worden.

In feite betekende dit voor het IX.SS Geb.korps het doodvonnis. Het eerste debâcle tekende zich af in Pest. Het vlakke deel van de stad was minder goed te verdedigen dan Boeda en het Rode Leger had hier, als gevolg van de 'Konrad'-operaties meer eenheden ter beschikking dan in het westelijk deel van de stad. Op 13 januari waren de restanten van het oostelijk deel van het garnizoen tegen de Donau aangedreven. Vanaf 15 januari vond de oversteek naar Boeda plaats. De Horthybrug werd die dag opgeblazen. Op 17 januari ging de Franz Josephbrug de lucht in, gevolgd door de Kettingbrug en de Elisabethbrug op 18 januari. Als laatste redden de restanten van de aangeslagen 'Gruppe Schmidthuber' (13.Pz.D.) zich op de Boeda-oever.

Wildenbruchs garnizoen was teruggevallen tot slechts 34.000 soldaten die tezamen met 300.000 burgers opeen gepakt zaten in de laatste vierkante kilometers Kessel. In de kazematten onder de Var-hegy lagen 11.000 gewonden onder erbarmelijke omstandigheden.

Het moreel was tanende onder de gevechtsdruk, munitie- en voedselgebrek en de uitzichtloze militair-strategische situatie. Daarbij leden de uitgehongerde manschappen onder de kou. Januari is de koudste maand van het jaar in Hongarije. Eind januari daalde de temperatuur voor korte tijd tot 20 graden celsius onder nul. Soldaten liepen over naar het Rode Leger. Van het Wach-bataljon Boedapest liepen 140 man in een keer over naar de Russen, met wapens en al. De Heeresgruppe Süd commandant, Otto Wöhler, deed wat hij kon om het moreel met pep-talk te verbeteren. 'Wir haben euch nicht vergessen', liet hij weten. Op 27 januari volgde een 'Tagesbefehl' van Hitler waarin hij het garnizoen prees om zijn heldhaftige weerstand. Per parachute werden een aantal hoge onderscheidingen gedropt voor Duitse officieren. Ook Wildenbruch werd bedacht met het fel begeerde 'Ritterkreuz'. Zo ook een aantal andere officieren in Boedapest, zoals SS-Hauptsturmführer Gustav Wendrinsky (SS-1./Pz.Jg.Abt.8), SS-Obersturmführer Franz Liebisch (Schwadronführer 8.SS 'Florian Geyer'), Usdau Lindenau (Chef des Stabes IX.SS Geb.korps), Major Hans von Schack (commandant SS-Kav.Rgt.16 'Florian Geyer'), SS-Hauptsturmführer Joachim Boosfeld (4.Schwadron SS-Kav.Rgt.16) en SS-Untersturmführer Hermann Maringgele (2.Schwadron SS-Kav.Rgt.15). De Hongaren volgden het Duitse voorbeeld. De Hongaarse commandant van het I.legerkorps, Hindy, werd bevorderd tot Generaloberst.

Het was geen toeval dat Hitlers 'Tagesbefehl' het garnizoen op 27 januari bereikte. Op diezelfde dag was de derde ontzettingspoging van Boedapest, operatie 'Konrad'-III, definitief afgelast. Na aanvankelijk Blitzkrieg-achtig resultaat in het vlakke land ten zuiden van het Gerecse- en Pilisgebergte had het IV.SS Pz.leger zich vastgelopen aan het riviertje de Váli en was het geconfronteerd met sterke Russische tankaanvallen rond het gehucht Pettend. De Chef des Stabes van het IV.SS Pz.korps, Manfried Schönfelder, schreef na de oorlog dat het Rode Leger hier 'het initiatief naar zich toetrok' en blijkbaar trok Hitler dezelfde conclusie toen hij 'Konrad'-III definitief afgelastte en het IV.SS Pz.korps beval tot de verdediging over te gaan.

De situatie in de 'Kessel' Boedapest werd nu snel onhoudbaar. Munitie raakte op en voedselvoorraden werden schaars. De gewonden moesten leven van slechts 15 gram peulvruchten en een halve boterham per dag. Op 5 februari viel de Adler-berg in handen van het Rode Leger. De 8,8 cm Flak van SS-Obersturmbannführer Kurt Portugall, de 3,7 en 2 cm Flak van SS-Obersturmführer Hans Heinrich Klaus en SS-Hauptsturmführer Friedel Gregner moesten zich terugtrekken op het universiteitsterrein en de burcht.

Op 11 februari kreeg Oberstleutnant Janza de opdracht de uitbraak van het garnizoen uit Boedapest voor te bereiden. Tevens riep Wildenbruch de andere officieren bij zich. Hij

vertelde hen dat de uitbraak van de troepen voor de deur
stond. Kort daarop werd ook het Führerhoofdkwartier op de
hoogte gesteld. Per radio deelde Wildenbruch mee dat stand
houden in de stad slechts tot twee zaken kon leiden: onvoorwaardelijke capitulatie of een 'wehrloses Abslachten'. 'Beide
lehne ich ab.'
Janza stond voor een onmogelijke taak. Reeds zijn parachutistenplan van 11 januari was ingegeven door het feit dat een
uitbraak van het garnizoen, richting het westen, door de
smalle bergdalen op een fiasco moest uitlopen. Uiteindelijk
werd gekozen voor een tweeledige uitbraak. De grootste
groep zou uitbreken in noordwestelijk richting. Een kleinere
groep zou, via een huis bij de Blutwiese, door de ondergrondse afwateringskanalen proberen de stad te verlaten.
Toen het sein tot de uitbraak gegeven werd, hadden zich,
naar schatting van Kurt Portugall, circa 18.000 soldaten verzameld. Maar liefst 6.000 van hen bestonden uit gewonden
die nog konden lopen. Dit was alles wat er van het IX.SS
Geb.korps was overgebleven. De uitbraak begon desastreus.
Direct bij aanvang opende het Rode Leger met artillerie een
vernietigend vuur op de verzamelde kolonne uitgemergelde
soldaten. Zoals gedurende het gehele beleg was het Rode
Leger goed op de hoogte van de Duitse plannen. Gedurende
de gehele veldtocht in het oosten waren de Russen de Duitsers te slim af geweest als het aankwam op spionage. Deze
'traditie' had zich ook bij de strijd om Boedapest voortgezet.
De uitbraakpoging in Boedapest leek op het begin van de beslissende zomer-slag bij Koersk in 1943. Ook toen was het
Rode Leger perfect op de hoogte van de Duitse plannen en
frustreerde de operatie van aanvang af met goed gericht artillerievuur nog voor de Duitsers in actie waren gekomen.
De bovengrondse groep werd massaal afgeslacht. Slechts
een groep van circa 600 tot 700 soldaten, onder bevel van
Oberleutnant Schöning, de commandant van het
Pz.Gren.Rgt. 66 en Oberleutnant Wolff, de commandant
van de 'FHH' divisie, wisten bij Budakesci door de linies van
het Rode Leger te dringen. Na een spitsroedenlopen, waarbij
Schöning nog zwaar gewond raakte, slaagde de eenheid erin
de Duitse linies te bereiken. Veel soldaten werden met zware

bevriezingsverschijnselen naar de veldhospitalen overgebracht, zoals Harry Phönix, commandant van de II./Art.Rgt. 8 'Florian Geyer'. Anderen, zoals SS-Hauptsturmführer Albert Klett, Chef 6.Schwadron SS-Kav.Rgt.16 'Florian Geyer', sneuvelden met de eigen linies in zicht. Ernst Schweitzer, een soldaat van de 13.Pz.D., was zo bevroren dat hij de Duitse linies letterlijk op knieën en ellebogen bereikte. In een vrachtwagen werd hij vervolgens naar achteren getransporteerd en geraakte daarbij in eigen vuur toen Hongaren per vergissing de vrachtwagen voor een Sovjet-voertuig aanzagen. Anderen die er in geslaagd waren uit te breken leden zo onder hun bevriezingsverschijnselen dat zij, gezien het feit dat zij niet meer lopen konden, zelfmoord pleegden. Dit lot onderging onder andere Oberstleutnant Kucklick (Pz.Rgt.13). Ondergronds werd de uitbraak ook een fiasco. Toen de troepen weer bovengronds kwamen, werden zij al snel ontdekt. Om 11.30 uur, 12 februari, was ook deze eenheid van het garnizoen, voornamelijk bestaande uit soldaten van de 'FHH' en de Nachrichten-Abt.8 'Florian Geyer' (SS-Sturmbannführer Rietger), vernietigd. In totaal bereikten circa 785 manschappen de Duitse linies, ongeveer 1% van het totale garnizoen.

De 'Festung' Boedapest bood op 12 februari 1945 een angstaanjagend beeld. Op de Vár-hegy en de Gellért-hegy lagen duizenden gesneuvelden Duitse en Hongaarse soldaten. Voor de Mathias Kronungskirche stonden duizenden krijgsgevangenen te wachten op hun verdere lot. De straten waren bezaaid met uniformstukken. Veel soldaten probeerden als civilist in de stad onder te duiken.

Onder de gevangenen bevond zich ook Karl von Pfeffer Wildenbruch. Er bestaat een foto van zijn arrestatie. Te midden van zijn Russische overweldigers komt Wildenbruch zijn hoofdkwartier uit gelopen. Hij is een gebroken man. De Russen brachten hem in krijgsgevangenschap. Pas in 1955 keerde hij vanuit Woikowo terug in Duitsland. Lange tijd in gevangenschap geraakten ook Generalmajor Ernö Billnitzer

van de Sturmartilleriegruppe Budapest en de rechterhand van Hindy, de Oberst i.G. Sándor Horváth. Maar zij mochten zich nog gelukkig prijzen. De meeste andere officieren hadden de slag niet overleefd. De beide commandanten van de Waffen-SS cavalerie divisies, Rumohr en Zehender, werden dood gevonden. Waarschijnlijk hadden zij zelfmoord gepleegd. Schmidthuber van de 13.Pz.D. was gesneuveld, evenals Helmut Dörner, die viel bij de Bolnay-academie. Bij de Wienerstrasse was de Ia van de 13.Pz.D. gesneuveld, Oberstleutnant Von Ekkesparre. Ook Major Pabst (Pz.A.A. 13) liet het leven. De commandant van het Hongaarse I.legerkorps, Hindy, werd gevangengenomen en op 29 augustus 1945 in Boedapest terechtgesteld.
Anderen bleven tot de dag van vandaag vermist, zoals de commandant van de SS A.A.8 'Florian Geyer' SS-Sturmbannführer Walter Drexler.

'Op de dag van de zege is niemand vermoeid', zegt een oud Arabisch spreekwoord. Na de val van Boedapest, waarbij de datum van 13 februari 1945 wordt aangehouden, trok de Russische furie door de stad. Duitse lijken werden tientallen malen vermorzeld onder de banden van Russische tanks en vrachtwagens. De lichamen liet men dagen lang op straat liggen als een teken van woede om de lange slopende strijd. Hongaarse en Duitse gevangenen moesten de Russische gevallenen begraven. Razzia's werden door de stad uitgevoerd, gepaard gaande met verkrachtingen en plunderingen. Pijlkruizers werden geëxecuteerd. Ter 'zuivering' van de stad werd eenvoudigweg iedereen met een Duitse achternaam - men maakte gewoon gebruik van het telefoonboek - gearresteerd. Niet minder dan 30.000 mensen werden als gevolg van deze actie gedeporteerd.
Een deel van de gewonden werd afgeslacht. Een aantal kazematten onder de burcht, waar veel gewonden lagen die niet meer konden lopen, werd met benzine gevuld en aangestoken. De jammerkreten van de ongelukkigen werden overstemd door de bulderende artillerieschoten die een nieuwe overwinning van het Rode Leger verkondigden. Anderen waren gelukkiger. Otto Dülberg van de 8.SS 'Florian Geyer',

herinnerde zich dat Sovjet-soldaten op de morgen van 13 februari 1945 in een lazeret-kelder afdaalden. Op de vele gewonden, van wie er tien per dag stierven, was slechts één verpleger, die zelf aan zijn hoofd gewond was. De Sovjets gedroegen zich correct maar lieten de gewonden qua proviandering aan hun lot over. Na tien dagen van totale ondervoeding werd het nood-hospitaal verlegd naar een ziekenhuis bij het zuidstation van de stad. Het gebouw was zwaar beschadigd, er zaten geen ruiten en deuren meer in het pand. Het waren onbeschrijfelijke toestanden.

Rookpluimen trokken omhoog vanuit de zwaar beschadigde burcht, de oude residentie van Horthy, waar Veesenmayer en Rahn koortsachtig op de Hongaarse rijksregent hadden ingesproken. Hoe lang geleden leek dat alweer en hoe zinloos. Van de burcht af naar beneden kijkend toonde Pest het beeld van de oorlog. De bruggen lagen verwoest in het water van de Donau. Water dat na de joodse pogroms, wederom rood kleurde van het bloed. Het water kwam van westwaarts, van Wenen. Een volgende doel op de kaart van het Russische opperbevel, de Stavka.

Prelude 'Konrad'

Boedapest was één troefkaart die de Duitse militaire plannen in het begin moest dragen. De andere was het vrijvechten van de westelijke Donau-oever door middel van een Duits tegenoffensief, waarbij beoogd werd ook Boedapest te behouden. Daartoe was speciaal het IV.SS Pz.korps vanuit het Poolse front naar Hongarije getransporteerd. Het IV.SS Pz.korps was zelf verrast door het plotselinge omgroeperingsbesluit. Op 24 december 1944 ging de telefoon op het divisiehoofdkwartier van de 5.SS Pz.D. 'Wiking'. 'Wiking' lag in die tijd, samen met de 3.SS Pz.D. 'Totenkopf', in de 'Abwehrstelling' in wat men noemde de 'nassen Dreieck' ten oosten van Modlin toen de 01 SS-Hauptsturmführer Günter Jahnke te verstaan werd gegeven dat het IV.SS Pz.korps direct per spoor naar Hongarije moest. Het IV.SS Pz.korps onder bevel van SS-Obergruppenführer Herbert Otto Gille reageerde verbaasd op dit bevel. Voor zowel de Geallieerden als het merendeel van de Duitse soldaten en Duitse generaals was het centrale front (Heeresgruppe A en Mitte), dat het dichtst bij de vaderlandse bodem lag, de eerste prioriteit, maar natuurlijk werd er over bevelen van hogerhand niet gediscussieerd. Hitler zette zijn Hongaarse offensief in gang en zijn soldaten volgden hem. Logica of geen logica.

De volgende dag werden de Kampfgruppe Dorr (SS-Panzergrenadierregiment 9 'Germania' onder bevel van SS-Obersturmbannführer Hans Dorr), de verkenningsafdeling en het bataljon 'Norge' van de divisie 'Wiking' op de trein gezet, terwijl andere delen van de divisie zich verzamelden. Het was Gille direct duidelijk dat het om een belangrijke opdracht ging. Het IV.SS Pz.korps moest alles meenemen, ook de voorraden munitie en brandstof, die in die tijd zeer schaars waren. De soldaten waren opgelucht. 'We waren blij dat we weg mochten uit de 'Festung Modlin', noteerde Jahnke na de oorlog, 'iedereen vreesde een toekomstige omsingeling en het was onwaarschijnlijk dat wij daar ooit weer uit zouden komen.' Het station van Modlin lag onder Sovjet-

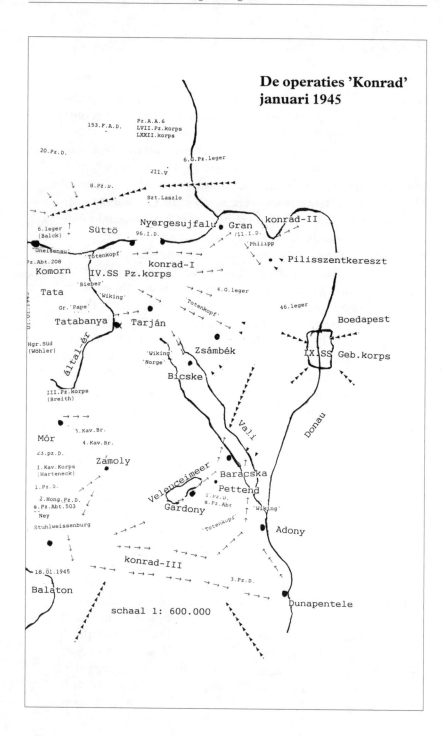

artillerievuur toen de treinen vertrokken. Het IV.SS Pz.korps was voor de laatste maal op Poolse bodem geweest.

In praktijk ruilde het IV.SS Pz.korps de ene 'Festung' (Modlin) in voor de andere 'Festung' (Boedapest), ditmaal echter niet als belegerden maar - zo hoopte men althans - als toekomstige bevrijders. Het IV.SS Pz.korps bestond uit twee van de beste Waffen-SS divisies. 'Overal waar ik kwam', klaagde de Sovjet-maarschalk Zjoekov na de oorlog, 'stuitte ik op de divisie 'Totenkopf'. Deze 3. SS Pz.D., onder bevel van SS-Brigadeführer Helmuth Becker, had zowel in het westen als in het oosten in de brandhaarden van het front gestaan en was lange tijd geleid geweest door de eerste commandant van het KZ Dachau, Theodor Eicke. 'Wiking', onder bevel van SS-Oberführer Karl Ullrich, was het troetelkind van de bekende SS-generaal Felix Steiner en vormde ook een elite divisie, zij het dat deze eenheid behalve uit Duitsers en Volks-Duitsers ook uit 'Germaanse vrijwilligers' bestond, zoals: Noren, Denen, Nederlanders en Belgen. Zij werden gelokt onder het motto van de kruistocht tegen het bolsjewisme. Beide divisies waren meerdere malen tot op het bot vernietigd in de bloedige gevechten van het Oostfront, maar telkens weer met nieuwe rekruten aangevuld. Het totaal aantal verliezen van de divisie 'Totenkopf' in de periode van 22 juni 1941 tot en met 31 december 1944, de vooravond van 'Konrad', bedroeg het astronomische aantal van 53.794 manschappen. Geen enkele andere divisie binnen de Heeresgruppe Süd had een dergelijk bloedig verleden. Ook 'Wiking' was een ervaren divisie, met 11.098 man verliezen in dezelfde periode (zie tabel 1).

Toen de divisiestaf van 'Wiking' in de vroege ochtend van 1 januari 1945 te Hongarije arriveerde, wist men nog niet dat het korps nog diezelfde avond tot de aanval moest overgaan. De eerste dag van het nieuwe jaar moest voor Duitsland het begin van de militaire ommekeer brengen. Aan het Westfront had Hitler voor die dag de start van 'Nordwind', de aanval in de Elzas en het luchtoffensief 'Bodenplatte' bevolen. In Hongarije moest de prelude van 'Frühlingserwachen' onder de code 'Konrad' van start gaan.

Van aanvang af werd dit militaire initiatief geteisterd door twee problemen: tijdgebrek en tweeslachtigheid. Tijdgebrek werd veroorzaakt door het feit dat het Rode Leger de gevechtshandelingen dicteerde. De Duitsers waren in Boedapest in de verdediging gedrongen en het Rode Leger had de overige troepen van de Heeresgruppe Süd tot in de Margarethe-Stellung (tussen het Balatonmeer (596 km2) en het Velenceimeer (26 km2) en in het oude Gerecse- en Pilis-gebergte (bergen met toppen tot 700/800 meter boven de zeespiegel) teruggedrongen. Het garnizoen in Boedapest stond onder dermate grote druk dat de Duitsers snel moesten reageren, wilden zij het garnizoen en de stad voor Duitsland redden. De operaties 'Konrad' waren hierdoor een haastige militaire operatie.

De tweeslachtigheid kwam voort uit het feit dat er aanvankelijk twee plannen waren om de doelen te bereiken. De operaties 'Konrad', bedoeld als de prelude voor 'Frühlingserwachen', hadden zich niet enkel tot doel gesteld Boedapest te behouden maar tevens de westoever van de Donau te zuiveren van het Rode Leger. Dit was, mede gezien de tijdsdruk met het oog op Boedapest, een prestigieus plan. Voor een dergelijk grote manoeuvre leende zich bovenal het Hongaarse laagland tussen de twee meren, kortweg plan 'Paula' genaamd. De kortste weg naar Boedapest liep echter door het Gerecse- en Pilisgebergte: plan 'Konrad'. Hitler koos, na zijn gebruikelijke aarzelen, voor 'Konrad'. Het berggebied was weliswaar niet erg geëigend voor een militair-gemotoriseerd optreden maar dat waren de Ardennen in 1940 ook niet geweest. Bij Sedan waren de Duitse tanks destijds verrassend doorgebroken. Hitler hoopte in Hongarije op eenzelfde resultaat.

Drie hoge Duitse officieren speelden een belangrijke rol bij de operatie 'Konrad'. Allereerst was er natuurlijk de commandant van de Heeresgruppe Süd, Otto Wöhler, de voormalige commandant van het 8. leger.
Wöhler had de zware taak Hitlers hoog gespannen verwachtingen waar te maken. Hij was dan ook behoorlijk zenuwachtig. In meerdere divisiegeschiedenissen is na te lezen dat de

Generaal Balck, volgens sommigen één der beste generaals van de Tweede Wereldoorlog. Balck voerde het bevel over het 6.leger en raakte in conflict met zijn belangrijkste korpscommandant, Herbert Otto Gille.

Otto Wöhler, commandant van de Heeresgruppe Süd.
Wöhler verving Friessner en had de moeilijke taak Hitlers prestigieuze Hongaarse plannen uit te voeren. Daarbij werd hij geplaagd door slechte verhoudingen tussen zijn belangrijkste officieren, die deels van het leger en deels van de Waffen-SS afkomstig waren.

Herbert Otto Gille, commandant van het IV.SS Pz. korps. Een zeer ijdele en bijzonder dappere officier die een tweetal uitstekende Waffen-SS divisies onder zijn bevel had staan: de 3.SS Pz.D. 'Totenkopf' en de 5.SS Pz.D. 'Wiking'.

Heinz Gaedcke, de rechterhand van Herman Balck.
Balck en Gaedcke hadden een 'vader en zoon relatie' en Gaedcke steunde Balck door dik en dun in zijn confrontatie met de Waffen-SS.

commandanten van de binnen de Heeresgruppe opererende divisies een 'ijzige' ontvangst van Wöhler kregen aan de vooravond van de aanval. Wöhler had reden tot bezorgdheid en ontevredenheid. Hij moest een snelle geïmproviseerde operatie starten in bergachtig gebied. De belangrijkste eenheid van Wöhler voor de aanval richting Boedapest was het 6. leger van Hermann Balck. De belangrijkste troepenmacht van Balck vormde het IV.SS Pz.korps van de SS-generaal Herbert Otto Gille.

Het was een ongelukkige combinatie. Balck en Gille waren als water en vuur. Balck stamde uit een oud-militair geslacht. Gille behoorde tot de nouveau-riche van het Derde Rijk, een man die carrière had gemaakt binnen het SS-imperium van Heinrich Himmler. Beiden waren dapper, eigenzinnig en ijdel. Balck beschouwde zichzelf als een militair genie - wat hij overigens volgens sommige Duitse militaire deskundigen ook was - en hij twijfelde aan het vakmanschap van Gille. Gille was misschien niet traditioneel geschoold, maar stond bij zijn manschappen in hoog aanzien. Een officier van de Bundeswehr noemde Gille na de oorlog 'een van de beste Duitse generaals.'

Gezien de grote druk en persoonlijke inmenging van Hitler (OKW) en Guderian (OKH) op de militaire voortgang in Hongarije nam de spanning in de Heeresgruppe snel toe. Wöhler wist wat zijn voorganger Friessner was overkomen en zijn optreden kenmerkte zich dan ook door gehoorzaamheid naar boven en druk uitoefenen naar beneden. In praktijk kwam deze druk op de schouders van Balck te liggen, die op zijn beurt weer Gille ter verantwoording riep. Dit leidde tot conflicten.

Balck stond bekend om zijn moeizame omgang met SS-officieren en dit werd nog versterkt door de houding van zijn Chef des Stabes Heinz Gaedcke. 'Toen Gaedcke hoorde dat Gille naar Hongarije kwam, verbleekte hij', schreef Balck over zijn eerste dagen bij het 6. leger in zijn memoires. Gaedcke kende Gille nog van januari 1944, de omsingelingsslag (Kessel) van Tscherkassy aan de Dnjepr. Hij had Gille daar leren kennen als een 'moeilijke en ongehoorzame' man. Meer schrijft Balck niet over de achtergrond van dit conflict.

In een brief verklaarde Gaedcke in 1989 dat de oorzaak lag in het feit dat Gille bij Tscherkassy geweigerd had de ongeveer 1.000 chauffeurs van de divisie 'Wiking' vrij te maken voor het front en de uitbraak uit de Kessel, hetgeen noodzakelijk was gezien het feit dat de voertuigen van 'Wiking' niet te redden waren en vernietigd moesten worden. Gille had dit bevel zo lang naast zich neergelegd dat het bijna tot een 'Kriegsgericht' gekomen was. De Waffen-SS, via de 01. Günter Jahnke ('Wiking'), vertelde na de oorlog een geheel ander verhaal. Gaedcke zou bij de uitbraak het bevel over de achterhoede op zich hebben genomen en later, zonder zijn troepen, te paard bij de rivierovergang zijn verschenen. Daarop was een ruzie ontstaan tussen de Waffen-SS officieren en Gaedcke.

De waarheid is door niemand meer te achterhalen. Wat belangrijker is, is het feit dat deze achtergrond de samenwerking bemoeilijkte. Balck nam de waarschuwing van Gaedcke voor Gille zeer serieus. Balck en Gaedcke stonden elkaar zeer na. Beiden hadden gediend bij de 1.Kav.D. en Gaedcke kenmerkte hun samenwerking als een 'vader-zoon relatie'. 'Toen ik Gille ontmoette, zag ik mijn angsten bevestigd', schreef Balck na de oorlog. 'Gille was waarschijnlijk zeer dapper, maar ook egocentrisch en zonder strategisch inzicht.' In feite lag de oorzaak van de problemen tussen Balck en Gille eerder in hun overeenkomsten dan in hun verschillen. Zij waren beiden uit hetzelfde (eigenwijze) hout gesneden en dat deed de vonken opspatten. Een terechte reden tot irritatie van de kant van de Wehrmacht was wel het feit dat de Waffen-SS over eigen verbindingen beschikte en hierdoor, naast de orders van de Heeresgruppe, ook nog bevelen van hogerhand (Himmler) ontving hetgeen de bevelsstructuur er niet overzichtelijker opmaakte. Verder was er sprake van een typische eenheden concurrentie zoals elk leger die kent, zoals in het Amerikaanse leger tussen landmacht en mariniers. Door de politieke beladenheid van de eindstrijd van het Derde Rijk en de ideologische saus waarmee de Waffen-SS overgoten was, werd dit nog verscherpt.

Wöhler moest proberen met dit tweetal tot een vruchtbare samenwerking te komen. Een voordeel was dat het wel twee 'draufgängerische' officieren waren. Dat was voor een geïmproviseerde operatie als 'Konrad' niet slecht. 'We waren niet zonder hoop', schreef Gaedcke na de oorlog. 'In het verleden vielen we ook altijd vanuit een numeriek zwakkere positie aan, maar waren er door betere leiding goede resultaten geboekt. Daarbij', zo herinnerde Gaedcke zich in zijn naoorlogse correspondentie, 'beschikten we over uitstekende eenheden, zoals de 96. I.D..' Het spreekt vanzelf dat Gaedcke zweeg over het Waffen-SS Pz.korps, dat de spil van het offensief vormde.

De operatie startte haastig. Rond het által-ér-kanaal verzamelden zij zich, aan de voet van het Gerecse- en Pilisgebergte. Op 1 januari, 18.00 uur, startte het offensief zonder enige artillerie-voorbereiding. Terwijl een aantal 'Gneisenau' (alarm)-bataljons en de Heeres-Pz.Abt.208 (uitgerust met onder andere Pz.Jg.IV 'Zwischenlösung') het oliegebied Komorn beschermden, rolden ten oosten van hen Panthertanks (en enkele tanks van het type 'Tiger' bij 'Totenkopf'), voorzien van wintercamouflage, richting Boedapest.

Het Rode Leger werd verrast en direct op het verkeerde been gezet. Tegenover de Duitse aanvallers, twee Waffen-SS pantserdivisies ('Wiking' en 'Totenkopf'), de Gruppe Pape (enkele Wehrmacht tank-regimenten onder bevel van een oud-officier van de 'FHH'-divisie, Günther Pape) alsmede enkele kleinere Kampfgruppen ('Kgr.Bieber'-271 V.G.D, en twee bataljons Hongaarse Waffen-SS) stond slechts één verzwakt Russisch legerkorps: het 31. korps. Deze eenheid van het Rode Leger beschikte slechts over drie verzwakte infanterie divisies, alsmede een tankbrigade met 27 T-34 tanks. De Russische eenheid moest een frontbreedte van 48 kilometer verdedigen en was dan ook kansloos tegen het plotselinge offensief van het Duitse 6. leger. Als extra verrassing stak in de flank van het Rode Leger, vanuit Slowakije, de ervaren 96. I.D. onder bevel van Oberst Hermann Harrendorf de Donau over. Eenheden van de 4.G.D. van het Rode Leger werden verrast door deze nachtelijke onderneming over de Donau vol drijfijs. Het front tussen Süttö en Nyergesújfalu werd opgerold en de manschappen hielden stand tegen aan-

Hermann Harrendorf, commandant van de 96.I.D. Deze eenheid stak tijdens 'Konrad'-I bij verrassing in de flank van het Rode Leger de Donau over.

Gille, met zijn bekende houten wandelstok, wordt begroet door Karl Ullrich, divisiecommandant van de 5. SS Pz.D. 'Wiking'.
Op de achtergrond links is de 01. Günter Jahnke te zien, wiens dagboek over de Hongaarse operatie een dankbare bron vormt.

Gustav Harteneck, commandant van het I.Kav.korps.

Manfried Schönfelder, de rechterhand van Gille. Hij schreef na de oorlog een uitgebreid verslag waarin hij zijn frustraties over de Hongaarse operaties op papier zette.

Herman Breith, commandant van het III.Pz.korps in Hongarije. Het III.Pz.korps had voornamelijk een ondersteunende functie.

vallen van 'Jupp Stalin'-tanks en Sovjet-Pak tot de eerste tanks van het Pz.Rgt.'Totenkopf', onder bevel van SS-Sturmbannführer Berlin, de manschappen bereikten. Pas toen kon er een slok genomen worden uit de ruime wijnvoorraden in de kelders van de Hongaarse Donaudorpjes. De wijnen hadden een hoog alcoholpercentage en stonden bekend om hun koppig karakter. Dat was ook te horen. Uit de wijnheuvels rond de plaatsjes hoorde men het drinkgelag van de Sovjets. Het gehele begin van de Hongaarse operatie kenmerkte zich overigens door drankmisbruik. De aanval volgde immers op oudjaarsavond en veel soldaten hadden een kater. Ten zuiden van 'Totenkopf' brak het Pz.Rgt.5 'Wiking' van SS-Obersturmbannführer Fritz Darges door de Russische linies heen. De tanks werden op de voet gevolgd door het SS-Pz.Gren.Rgt.9 'Germania' van SS-Obersturmbannführer Hans Dorr. Op de zuidflank werd 'Wiking', in het industriegebied van Felsögala en Alsögala, ondersteund door de Gruppe 'Pape'. Ook hier werd hetzelfde resultaat bereikt als in het gebied van de 96.I.D. en de divisie 'Totenkopf'. Het Rode Leger was niet in staat de aanval te stoppen, ondanks het feit dat er nog steeds delen van het IV.SS Pz.korps per spoor binnendruppelden en de aanvalsmacht niet op volle sterkte was. Maar Wöhler had geen tijd te verliezen en spoorde zijn manschappen aan.

De dagen daarop verloor het offensief langzaam aan élan. Hier waren meerdere oorzaken voor. Het terrein, een berggebied vol bruinkoollagen, bleek moeilijk begaanbaar voor de gemotoriseerde divisies. Tanks moesten meer dan eens door artillerietractoren over de heuvels getrokken worden. Op veel wegen lagen mijnen zodat de Duitse eenheden van de normale routes moesten afwijken. De smalle bergwegen leenden zich daarbij goed voor Russisch verzet. Met name Pak (anti-tank) stellingen maakten het het IV.SS Pz.korps bijzonder moeilijk. Daarbij had nu ook het Rode Leger in de gaten dat de Duitse troepen een offensief richting Boedapest uitvoerden. In toenemende mate werden Russische eenheden vrijgemaakt voor de nieuwe gevechten in het Gerecseen Pilisgebergte. Het ging hierbij, zoals wij reeds zagen, om eenheden die tegen het garnizoen in Boeda waren ingezet, en om troepen die meer zuidelijk aan het front rond Zámoly en Mór werden vrijgemaakt. Een belangrijke rol hierbij speelde het Russische 18. pantserkorps dat vanuit zuidelijke richting in het Gerecse-Pilisgebergte tot inzet kwam. Dit alles had tot gevolg dat reeds snel na de start van 'Konrad' het tempo van de opmars begon terug te vallen. Wöhler en Balck waren hier bijzonder ontevreden over. Op hoge poten meldden zij zich bij het hoofdkwartier van de divisie 'Wiking' waar zich Herbert Gille en Karl Ullrich bevonden. 'Ik heb de indruk dat de officieren en onderofficeren niet meer de kwaliteit hebben als in het begin van de oorlog', liet Wöhler noteren in het KTB.Heeresgruppe Süd. Eenmaal ter plekke werd de toon wat milder. 'De officieren kwamen boos binnen, maar toen zij de terreinomstandigheden zagen waaronder 'Wiking' moest opereren waren zij vol lof', schreef de 01. van 'Wiking', Günter Jahnke, in zijn dagboek.

Terwijl de spanningen binnen het Duitse kamp opliepen, verzandde de aanval rond 5 januari volledig rond de wegenknooppunten Zsámbék en Bickse. Tot ergernis aan Duitse zijde werd ook het front aan de rivier Gran steeds onrustiger. Hierdoor was het vrijwel onmogelijk om extra krachten van dit frontdeel, waarmee Wöhler in gedachte speelde, vrij te maken voor 'Konrad'. De 8.Pz.D., de 211 V.G.D. en de Hongaarse Szt.Laszlo divisie waren toch wel het minste wat nodig was om het front ten noorden van de Donau te beschermen. Slechts de 3.Pz.D. werd vrijgemaakt en Wöhler wist dat hij hiermee een risico nam.

Deze pantserdivisie werd toegevoegd aan de korpsen ten zuiden van het IV.SS Pz.korps. Wöhler, die de hete adem van Hitler in de nek voelde, wilde namelijk proberen het offensief van de Waffen-SS weer vlot te trekken, door de haperende aanval van de Gruppe Pape bij het industriegebied van Felsögala weer vaart te geven. Vanuit de omgeving van Zámoly moest het III.Pz.korps (Breith) en het I.Kav.korps (Von Harteneck) deze ondersteuningsaanval uitvoeren.

Op 6 januari leek het tij zich ten gunste van de Duitsers te keren. Er werden twee succesjes geboekt. Het eerste was een

nogal onverwacht succes. De vanuit Nederland aangevoerde 711.D., eigenlijk een 'bodenständige'-eenheid die nauwelijks geschikt was voor offensieve taken, was toegevoegd aan het IV.SS Pz.korps en doorbrak een laatste poreus deel van het Russische front. Dit was een opmerkelijk resultaat. Op het eerste oog had niemand een succes van deze eenheid verwacht. In Frankrijk vernietigd en in Nederland opgefrist, was deze schamele troepenmacht ineens aan het Oostfront beland, midden in Hitlers prestigieuze Hongaarse plannen. De divisie was een bij elkaar geraapt rommeltje, waarvan de soldaten verschillende uniformen droegen. Nieuwe rekruten, die rechtstreeks van de Kriegsmarine waren aangevoerd, hadden zelfs nog geen tijd gehad hun blauwe uniformen om te ruilen voor het uniform van de Wehrmacht. Veel soldaten leden aan buikloop omdat zij hun noodrantsoen, een paar kilo Nederlandse speculaas, gedurende het treintransport naar Hongarije achter elkaar hadden opgegeten. Velen hadden het als een galgenmaal beschouwd. Turend in de donkere nacht hadden zij de lichtflitsen van V-raketten gezien waaruit zij concludeerden dat zij zouden worden ingezet in het Ardennenoffensief. De Wacht am Rhein werd echter de Wacht am Donau en de eindbestemming Oostfront was voor velen een reden maar gelijk de gehele schnapps- en voedselvoorraad soldaat te maken. 'De eenheid stond onder leiding van een streng kijkende officier met monocle', herinnerde een Hongaar zich na de oorlog. Hij zal Generalleutnant Josef Reichert bedoeld hebben, die met zijn bij elkaar gescharrelde eenheid in Hitlers grootse Hongaarse plannen gestort was. Enkele eenheden van de 711.I.D. beschikten over Nederlandse fietsen waardoor zij, glibberend over de met ijs en sneeuw bedekte wegen, sneller voorwaarts kwamen dan de lopende troepen. Hierdoor viel de 20.000 inwoners tellende Donau-stad Gran (Esztergom) vrijwel zonder verzet in Duitse handen.
Dit was een belangrijke gebeurtenis, gezien het feit dat het Duitse opperbevel hierdoor meer nadruk ging leggen op de operaties aan de uiterste noord-flank van 'Konrad'. Bijna tegelijkertijd zette 'Wiking', en met name het Pz.Rgt.5 van Darges en het toegevoegde bataljon 'Norge' (Noorse vrijwil-

ligers) onder bevel van Fritz Vogt een zeer onstuimige aanval in en bereikte een tweede succes. Rücksichtslos joeg Darges zijn tanks oostwaarts, overviel een Russische colonne die vrijwel geheel werd vernietigd en bereikte, de rest van 'Wiking' ver vooruit, het oude slot Hegykastély, bouwjaar 1833-1840. Om de aanval op gang te houden werden de Waffen-SS soldaten vanuit de lucht bevoorraad. Op de kaart mocht dit lijken op een doorbraak. In praktijk was dit bij 'Wiking' niet het geval. Het succes bij Hegykastély keerde zich spoedig tegen de Duitsers. De aanval was weinig doordacht en in typische SS-stijl, waar Balck zo'n hekel aan had. Dapper maar onvoorzichtig waren de SS-soldaten nu overgeleverd aan concentrische Russische aanvallen, waar met het uur meer tanks aan deel namen. Het oude slot werd door het Rode Leger in korte tijd in een ruïne veranderd. De SS-commandanten, dronken en radeloos, hoopten op ontzet van buitenaf. De soldaten, waaronder zo'n vijftigtal Noorse vrijwilligers, gingen de Russische tanks met Panzerfausten te lijf. Later in de oorlog werden de belevenissen bij het Hongaarse slot breed uitgemeten in het SS-blad 'Schwarze Korps'. Een nieuwe heldenmythe was ontstaan. De werkelijkheid was echter dat de SS na een vreselijke belegering moest uitbreken naar het westen. De reden van Darges onvoorzichtige aanval werd door sommige van zijn tijdgenoten gezien in het feit dat Hitler hem, als voormalige adjudant in het Führer-hoofdkwartier, voor straf had teruggezonden naar het Oostfront. Op een dag had Hitler een insekt in het hoofdkwartier ontdekt en, geteisterd als hij werd door een ziekelijke angst voor bacteriën, microben en insekten, had hij in een vlaag van woede zijn oordeel over Darges uitgesproken. Darges leek vast besloten te sneuvelen of het Ritterkreuz te bemachtigen. De verovering van Bicske in een onstuimige aanval leek hiertoe de snelste gelegenheid. Bickse bleef echter in Russische handen. Het Ritterkreuz kwam echter wel. De vernietiging van de Russische colonne, met twaalf vrachtwagens, zes artilleriestukken alsmede veel door paarden getrokken voertuigen, volstond. Het Ritterkreuz was in deze dagen aan inflatie onderhevig.

De operatie rond Hegykastély was overigens wel helemaal in

Karl Ullrich, commandant van de 5.SS Pz.D. 'Wiking'.
Na de oorlog was hij ervan overtuigd dat Boedapest bevrijd had kunnen worden. De foto toont Ullrich als regimentscommandant bij de divisie 'Totenkopf'.

*Hans Dorr, commandant van het Rgt. 'Germania'.
Dorr stond bekend als 'onverwoestbaar' omdat hij zo vaak gewond was geraakt
maar nimmer een fatale treffer had opgelopen. Zelf zag hij het iets nuchterder; 'ik
ben gewoon te moe om dekking te zoeken.' In Hongarije raakte hij voor de zestiende maal gewond, ditmaal fataal.*

Günther Pape, commandant van de Gruppe Pape, ondersteunde operatie 'Konrad-I' door middel van een aanval op het industriegebied rond Alsógala. Na de oorlog maakte hij carrière in de Bundeswehr.

De Russische opponenten van de Duitse aanvallers. Maarschalk Malinowski en maarschalk Tolbouchin. Zij spraken van de hardste gevechten sinds Stalingrad.

de stijl van Frizt Vogt. 'Hoe slechter de man, hoe beter de soldaat', heeft Napoleon eens gezegd. Het lijkt van toepassing op Vogt. Vogt was gevreesd om zijn roekeloosheid. Hij rukte zijn medesoldaten de Panzerfaust uit de hand om zelf op pad te gaan. In de burgermaatschappij was zijn grootste hobby autoraces en hij zat achter de vrouwen van zijn meerderen aan. Na de oorlog werd Hegykastély zelfs afgebroken, uit angst dat het een Nazi-bedevaartsoord zou worden.

Naast het succesje bij Gran en de Pyrrusoverwinning bij Hegykastély kreeg de Heeresgruppe Süd op 6 januari ook nog twee ernstige tegenslagen te incasseren, die beide een gevaar betekenden voor de Duitse oliebelangen. Wegens de alle aandacht opeisende activiteiten in het Gerecse- en Pilisgebergte en de ondersteunende offensieven van het III.Pz.korps en het I.Kav.korps had Wöhler weinig aandacht voor de situatie bij het 2.Pz.leger. Deze eenheid, onder bevel van General der Artillerie Maximillian de Angelis, was verantwoordelijk voor het meest zuidelijke frontdeel in Hongarije, grofweg lopend van het Balatonmeer tot de rivier de Drau (Drava). Dit betekende dat de olievelden van Nagykanizsa onder bescherming van De Angelis vielen. Nu maakte deze zich zorgen over een Russische frontuitstulping rond Mestagnyoe-Marczali en daarom vroeg hij Wöhler om versterking zodat deze frontboog via een beperkt offensief kon worden ingedrukt. Wöhler, die zijn handen vol had met het offensief dat de olievelden preventief zou moeten beschermen, kon onmogelijk aan deze oproep gehoor gegeven. Hij verwees naar de ontwikkelingen bij Hermann Balcks 6. leger. De Russen gaven hem nog een tweede argument in handen. Op diezelfde dag openden het Russische 6.G.Pz.leger (generaal Kravschenko) en het 7.G.leger (generaal Schumilov) het lang verwachte offensief aan de Gran.
Wöhler moest boeten voor het feit dat hij het front van het LVII. Pz.korps van General Kirchner, een oude vriend van Balck, verzwakt had door de 3. Pz.D. naar het gebied ten zuiden van de Donau te halen. De Russische troepen doorbraken de linies van Szt.Laszlo-divisie, opgebouwd uit Hongaarse parachutisten, de 211V.G.D. en de 8. Pz.D. In

sneltrein vaart rukten zij op, ondanks zware verliezen - er werden op één dag meer dan 23 Russische tanks afgeschoten - richting Komorn. Paniek op het Führer-hoofdkwartier en bij de Heeresgruppe Süd was het gevolg. Komorn was een belangrijk wegenknooppunt voor het (spoor)wegennet. Daarbij lag bij Komorn de enige vaste grote brug naar Slowakije. En bovenal, in Komorn lagen belangrijke raffinaderijen, die gezien Hitlers olie-obsessie, van groot strategisch belang werden geacht.
De Heeresgruppe schraapte alle eenheden die beschikbaar waren bij elkaar om het bruggehoofd Komorn te versterken. Uit de Pz.Jg.Abt.13, een deel van de 13.Pz.D. dat niet in Boedapest was ingesloten, versterkt door het Heeresmaschinengewehr-bataillon 'Sachsen', de Heeres-Flak-Abt.286 en de Heeres Pz.Abt.208 (twaalf tanks) werd een provisorische verdediging opgebouwd. Eenheden van de 8.Pz.D. (bovenal het Pz.Gren.Rgt.98 van Oberstleutnant Von Knoop), de 211.V.G.D. (Generalleutnant Johann Heinrich Eckhardt) en 'Szt.Laszlo' voerden reeds plaatselijke tegenaanvallen uit. Hierbij deden de Duitse troepen een vreemde ontdekking. Bij nadere bestudering van de vele afgeschoten Sovjet-tanks (veelal van het Amerikaanse type Sherman!) constateerde men dat deze tot barstens toe waren vol gepakt met oorlogsbuit. Gesneuvelden Russische soldaten hadden drie en meer horloges om de pols. De veroverde stellingen van het Rode Leger waren uitgerust met echte bedden die men blijkbaar op de plaatselijke bevolking had buitgemaakt.
Dankzij de snelle aanvoer van de 20. Pz.D., onder bevel van Oberst Von Oppeln-Bronikowski vanuit het gebied van de Heeresgruppe A, kon de aanval vlak voor Komorn worden afgeslagen. Rond de lijn Kobolkut - Libad - Kam- Darmotky - Kemend stabiliseerde het front. Komorn kwam onder bevel te staan van de Generalmajor z.b.V. Herhudt von Roden. Met alarmbataljons werd de verdediging versterkt. 'Er viel een pak van mijn hart', schreef Balck na de oorlog in zijn memoires nadat de 20. Pz.D. succesvol was ingezet. De opluchting van Balck was begrijpelijk, gezien het feit dat de Heeresgruppe zelfs even overwogen had het III.Pz.korps van Breith in sneltreinvaart naar het bedreigde Gran-front te di-

rigeren. Dit had een ernstige verzwakking van 'Konrad' betekend. De Russische aanval werd tot staan gebracht. Het grootste gevaar was inderdaad geweken, maar het Russische bruggehoofd was een feit. 'Konrad' werd in de noordflank bedreigd. De tijd begon te dringen. Ontevredenheid was er over de reactiesnelheid waarmee de 8. Pz.D. op de aanval gereageerd had. 'De commandant heeft gefaald', concludeerde Gaedcke en de uit Dresden afkomstige Ritterkreuzträger Generalmajor Fröhlich werd door Von Roden vervangen.

Op 7 januari werd het duidelijk dat 'Konrad' in de huidige opzet niet langer uitvoerbaar was. De ondersteuningsaanvallen van het III.Pz.Korps en I.Kav.korps waren in volle hevigheid losgebarsten zonder dat het Russische 4.G.leger van ophouden wist. 'Het zijn de zwaarste gevechten sinds Stalingrad', meldde de Russische Stavka. Desondanks hielden de Russen stand. Vanuit zuidelijke richting en vanuit Boedapest werden almaar nieuwe versterkingen aangevoerd. Het Rode Leger had omnibussen uit Boedapest verzameld om eenheden sneller aan het front te kunnen brengen.

Dit had ook zijn weerslag op de gevechten in het gebergte rond Zsámbék en Bicske, waar hevige infanterie en tankaanvallen plaatsvonden. Daarbij trokken de Russen zorgwekkende hoeveelheden artillerie samen. De verliezen van het IV.SS Pz.korps waren opgelopen tot 525 gesneuvelden, 2.605 gewonden en bijna 400 vermisten. De enige resultaten die nog geboekt werden, vonden plaats op de uiterste noordflank bij de 711.I.D. Deze eenheid was de weg Gran - Pilisszentlélek-Pillisszentkereszt - Pomáz - Boedapest afgezakt en wist enige terreinwinst te boeken. Wöhler beval de 96.I.D., die vast lag in gevechten rond Dorog en Sárisáp, vrij te maken voor een ondersteuningsaanval in het gebied van de 711.I.D. Dat dit niet voldoende zou zijn was duidelijk, want ook de 711.I.D. stuitte met het uur op meer weerstand. Er waren sterkere eenheden nodig: pantsertroepen. Wöhler beval de divisie 'Wiking' zich met onmiddellijke ingang richting de noordvleugel te verplaatsen. 'Konrad'-II, de noordelijke variant op 'Konrad' (I), was geboren.

'Konrad'-II leed van aanvang af aan dezelfde kwalen als

'Konrad'-I: tijdsdruk en tweeslachtigheid. De troepen van het IX.SS Geb.korps smachtten naar de komst van de soldaten van het IV.SS Pz.korps en de Russen versterkten vanuit zuidelijke richting ook langzamerhand de uiterste noordflank. Anderzijds drong het alternatief van de zuidoplossing, plan 'Paula', zich door de tegenslagen meer en meer op. De 711.I.D. wist op eigen houtje de opmars voort te zetten tot Pillissentlelek. Toen moest men wachten op het SS-Pz.Gren.Rgt.9 'Westland' van de 'Wiking' divisie. Het eerste contact met de soldaten van 'Wiking', zo herinnerde soldaat Horst Lange zich - hij was na een korte pilootopleiding bij de infanterie beland - vond plaats toen soldaten van de 711.I.D. zich vechtend terugtrokken op Pilisszentlélek. Hier verzamelden de eenheden van 'Westland' zich, terwijl zij onder mortiervuur lagen. Deze eenheid stond onder bevel van SS-Obersturmbannführer Franz Hack en trad spoedig aan op de zelfde weg naar Boedapest als de 711.I.D. Ten noorden van deze eenheid, over de oeverweg (Gran- Nagymaros- Dömös- Pócsmegyer -Boedapest), trad nog een kleine gevechtsgroep aan. 'Gruppe Philipp' (vijf tanks, zes SPW, II./'FHH' en de I.Art.Rgt.3) onder bevel van Oberstleutnant Ernst Philipp. De eenheid van Philipp vormde de meest noordelijke flank van Konrad-II. Na de oorlog toonde Philipp zich verbaasd dat zijn doldwaze aanval met de minitroepenmacht überhaupt het dagboek van de Heeresgruppe gehaald had. Hij nam het verre doel Boedapest nimmer serieus, hetgeen gezien de enorme omweg die hij moest afleggen ook begrijpelijk was. Georg Maier, de 1. Generalstabsoffizier van het 6. Pz.leger, die na de oorlog een groot boek over de militaire operaties in Hongarije schreef, typeerde de inzet van Philipp als een 'Himmelfahrtskommando'.

Reëler was Boedapest voor de soldaten van 'Wiking' die graag de SS-kameraden in Boedapest de hand wilden reiken. Via Pilisszentlelek rukten de SS-pantsergrenadiers op naar het oosten. De wegen waren koud en glad, maar de Russische tegenstand viel mee. Hitlers geduld raakte daarentegen op. 'Völlig zwecklos' klaagde hij op 10 januari over de operatie in het gebergte. Slechts een 'Wunder' zou, zijns inziens, de operatie 'Konrad' nog tot een succes kunnen maken. In-

derdaad was een zuiveringsoperatie van de westoever van de Donau verder weg dan ooit. Zelfs een behoud van Boedapest behoorde niet langer tot de mogelijkheden. Het enige dat er nog in zat, was de bevrijding van het garnizoen. De soldaten van 'Wiking', die niet op de hoogte waren van Hitlers grotere strategische plannen, ging het hier ook om. Zij herinnerden zich de vreselijke dagen in Tscherkassy en de Kessel van Kowel.
Balck en zijn rechterhand Heinz Gaedcke probeerden met een soort tussenoplossing te komen. Ze vroegen het Führerhoofdkwartier of het IX.SS Geb.korps geen uitbraakpoging in westelijke richting kon doen, zodat het IV.SS Pz.korps (Rgt. 'Westland' onder bevel van Hack) en het IX.SS Geb.korps elkaar halverwege konden treffen. Een 'Vorauskampfgruppe' van Von Wildenbruch zou dan richting Pomáz moeten doorstoten. Guderian, die deze melding binnen kreeg, was sceptisch. Hij wist dat Hitler, als een besluit eenmaal genomen was, moeilijk op andere gedachten te brengen was. Even later kwam de melding terug. Het IX.SS Geb.korps moest blijven waar het was. Balck kreeg tot 11 januari de tijd om een doorbraak te forceren.
De druk op Gille om resultaten te boeken nam toe. De Reichsführer-SS meldde zich telefonisch bij zijn SS-generaal. 'Drijf de zaak naar voren!', liet de Reichsführer-SS weten. Himmler had er alle baat bij. In Boedapest bevonden zich twee van zijn cavalerie-divisies. Om 20.10 uur was het geduld van Hitler op. De definitieve melding kwam binnen. De Führer beval het stopzetten van de aanval en het opstarten van de zuidoplossing (Paula-omgedoopt in 'Konrad'-III). 'Der Führer fürchte, es werde im Gebirge ein Abringen ohne Ergebnis werden', noteerde het KTB. Heeresgruppe Süd.
Enkele uren later, 23.40 uur, meldde Gille de inname van Pillisszentkereszt. De soldaten van 'Wiking' waren opgewonden. Over de radio hadden zij contact met de soldaten van 'Florian Geyer' en 'Maria Theresia'. Er werd soep gekookt. De veldhospitalen maakten plaats vrij voor mogelijke gewonden uit de Kessel. De melding dat Hitler de aanval had stopgezet, kwam als een klap in het gezicht. Stopzetten van de

aanval, vlak voor het doel, na al die verliezen? Het had iets onwerkelijks. Schönfelder en later Gille namen contact op met hogerhand. Op verzoek van Gille belde Wöhler met het Führerhoofdkwartier. Hij deed dit zeer voorzichtig, angstig als hij was Hitler voor het hoofd te stoten. 'Ik wil het bevel niet negeren, slechts het laatste nieuws doorgeven', staat in het dagboek te lezen. Om 00.30 uur meldde Oberstleutnant i.G. Hermani dat Hitler bij zijn besluit bleef. Om 00.35 uur probeerde Gille een laatste vertwijfelde poging. Hij belde met de Reichsfüher-SS. Deze lag echter, ook in deze dagen, meestal vroeg op bed. SS-Obersturmbannführer Werner Grothmann, slechts 29 jaar oud, durfde Himmler niet meer te storen. Hiermee was 'Konrad'-II definitief van de baan.

'Iedereen schudt zijn hoofd', noteerde 01 Jahnke in zijn dagboek. De SS-Grenadiers van 'Wiking' draaiden, op 21 kilometer afstand, weg van Boedapest. Tot Stalingrad was het destijds 48 kilometer. Hier was het slechts minder dan de helft. Door de radio klonken de vertwijfelde hulpkreten uit Boedapest! De soldaten van 'Wiking' reden naar het luchtkuuroord Dobogekö. Vanaf daar kom men de kerktorens van Boedapest zien liggen. Veel tijd om stil te staan bij dit drama was er overigens niet. Nieuwe bevelen kwamen binnen, omgroeperingen vonden plaats. Een aantal dagen later deed zich in dit zelfde kuuroord een klein drama voor. Zwaar vermoeide soldaten van de 711.I.D. , zo herinnert zich soldaat Horst Lange, hadden zich na verwarde bosgevechten even te ruste gelegd in het kuuroord toen ineens de boodschap doorkwam dat het Rode Leger was doorgebroken. Iedereen haastte zich naar buiten. Eén soldaat had zijn laarzen uitgetrokken en kreeg deze niet meer aan. Zonder zijn laarzen was de man in de sneeuw ten dode opgeschreven. Er bleef niets anders over dan de soldaat achter te laten.

Hitler offerde het garnizoen van Boedapest op het moment dat hij begreep dat de stad sowieso onhoudbaar was. Nu had het garnizoen, dat zich liever dood zou vechten dan overgeven aan het Rode Leger, nog altijd een militaire functie. Er zouden Russische troepen door gebonden blijven waardoor 'Konrad'-III volgens het 'Paula'-idee meer armslag zou houden.

Ook bij 'Konrad'-III werden de prestigieuze plannen ter zuivering van de gehele westoever van de Donau - en dus ook het behoud van Boedapest - nog niet los gelaten. Doel van 'Konrad'-III was vanuit het gebied ten noorden van het Balatonmeer met het IV.SS Pz.korps als 'Schwerpunktgruppe' een zwaai richting Boedapest te maken. Na een succesvolle afhandeling van deze onderneming - zuivering Hongarije ten noorden van het Balatonmeer tot de Donau - zou operatie 'Süd' (in feite een verkapte vorm van 'Frühlingserwachen') van start gaan. Samen met het 2.Pz.leger (operatie 'Eisbrecher') en het Ob.Südost vanuit Joegoslavië, zou vervolgens tot het oprollen van de Sovjet-eenheden in het zuiden worden overgegaan.

Maar zover was het nog lang niet. De terreingesteldheid was misschien wel in het voordeel van de Duitsers, maar het Rode Leger was meer op de hoede dan gedurende 'Konrad'-I. Daarbij zou het ontbreken van luchtoverwicht aan Duitse kant bij de strijd in het vlakke zuiden, wel eens van doorslaggevende betekenis kunnen zijn. Tot slot waren de krachten van het IV.SS Pz.korps afgenomen. Het aantal tanks per divisie schommelde tussen de twintig en de veertig. Spoedig zou dit aantal nog dramatisch verder dalen. Hoeveel Russische tanks er ook vernietigd waren, de schattingen liepen in de vele honderden, het Rode Leger beschikte nog altijd over grote reserves.

Gille beschikte voor de operatie over zijn beide SS-pantserdivisies, alsmede de 3.Pz.Div. en een reeks kleinere eenheden zoals de sPz.Abt.509, de Heeres Sturmart. Brigade 303, V.A.K. 403, Volkswerfer Brigade 17, Sturmgeschütz-Abt. 1335 en Sturmpz.Abt. 219. Op de noordflank werd de 1.Pz.D. ingezet. Ten noorden zou deze troepenmacht gesteund worden door het I.Kav.korps, dat in praktijk het front in het Gerecse- en Pilisgebergte overnam, ten zuiden door het III.Pz.korps. Daarop sloot het 2.Pz.leger aan.

'Konrad'-III begon behoorlijk succesvol voor de Duitsers. 'Het leek wel 1940', schreef een soldaat van de 3.Pz.D. na de oorlog. Op de noordflank kwam 'Totenkopf' uit de startblokken. Vanuit de omgeving van Berhida rukte de eenheid

De operaties 'Konrad'-I en 'Konrad'-II vonden plaats in het Gerecse- en Pilisgebergte. Het berg- en bosgebied was geen eenvoudig terrein voor de pantserdivisies van de Waffen-SS.
De weinige wegen werden door het Rode Leger succesvol afgesloten met landmijnen en anti-tankgeschut.

Operatie 'Konrad'-I.
Een Hongaars dorp is heroverd door het IV.SS Pz.korps. Hongaarse burgers keren terug naar hun huizen.
Deze ommekeer in de krijgskampen zou slechts tijdelijk zijn. In maart, na de start van de Weense operatie van het Rode Leger, zou het Gerecse- en Pilisgebergte wederom in handen van de Sovjets vallen.

Optimisme aan Duitse kant.
Soldaten spelen muziek bij hun opmars. Voor het eerst sinds lange tijd ging de strijd weer oostwaarts.
Ondanks de opvallende terreinwinst waren de gevechten bloedig en kon men het garnizoen van Boedapest op het laatste nippertje niet bevrijden.

langs de oevers van het Velenceimeer op en bereikte na een viertal dagen Gárdony en de rivier de Váli. Ook 'Wiking', die de operatie startte vanuit de omgeving van Csajag, maakte goede vorderingen. Gedeeltelijk in samenwerking met zo'n dertig Königstigers van de sPz.Abt.509 onder bevel van Major Burmeister en de Sturmartillerie Brigade 303 onder bevel van Major Kokott bereikten ook zij de Donau en de Váli in enkele dagen tijd. Een verlies voor de divisie was de dood van de commandant van Rgt.'Germania' SS-Obersturmbannführer Hans Dorr. Door een toevalstreffer sloeg er een Russische granaat precies in op het regimentshoofdkwartier van het Rgt.'Germania' bij Sárosd waarbij Dorr, een zeer ervaren officier, voor de zestiende maal in de oorlog gewond raakte. Ditmaal was het een fatale verwonding. In het ziekenhuis teWenen overleed hij.

Dorr had de naam 'onverwoestbaar' te zijn omdat hij zo vaak geluk had in levensgevaarlijke situaties. Dorr zelf deed er altijd nogal nuchter over: 'Ik ben gewoonweg te moe om dekking te zoeken.' Op de dag dat de Von Stauffenberg aanslag had plaatsgevonden, had Dorrs foto nog de voorpagina van de Völkische Beobachter gesierd. Zijn optreden bij Tscherkassy werd breed uitgemeten en de door de Führer verleende onderscheiding werd benadrukt. 'Dorr raakte negenmaal gewond', vermeldde het artikel.Verwonding nummer zestien was de laatste.

De 3.Pz.D. van Generalleutnant Philipps deelde in het succes. Op 21 januari veroverde de divisie Adony aan de Donau. Verschrikte Russische troepen vluchtten in bootjes naar de overkant. De tanks van de Duitse pantserdivisie namen hen genadeloos onder schot.

Na de aanvangsdagen was het krijgsgeluk voor de Duitsers echter voorbij. De Váli werd wat Bicske en Zsámbék voor 'Konrad'-I waren. De Sovjet-strijdkrachten hadden versterkingen aangevoerd en weerden zich uit alle macht. Ook de zuidflank van de 3.Pz.D., snel versterkt met de Gruppe Pape en een Hongaarse infanterie-divisie, werd meer en meer bedreigd door een overmachtige Russische tegenstander. Desondanks was het kantje boord geweest. De Russische maarschalk Tolbouchin had Stalin zelfs toestemming gevraagd de west-oever van de Donau te ontruimen. Stalin had echter voet bij stuk gehouden. Hierbij werd wel praktisch het Russische 18.Pz.korps geofferd dat - evenals eerder bij Zsámbék en Bicske - recht tegen de Duitse aanvalsrichting was ingezet. De Sovjet-verliezen waren dan ook schrikbarend. Maar liefst 193 tanks, 229 artilleriestukken, 257 Pak en 1.175 krijgsgevangenen had het Rode Leger tussen 18 en 21 januari verloren. Maar het front hield stand en de aanval verzandde.

In het Duitse hoofdkwartier waren de eerste tekenen van paniek te bespeuren. In noordoostelijk richting kon de aanval niet verder gaan. Stilstaan was ook niet mogelijk, gezien de toenemende druk op de zuidflank. 'We moeten er ergens doorheen breken', seinde Gille naar Balck. Een lichtpuntje was dat het ondersteunende III.Pz.Korps het offensief rond het wegenknooppunt Stuhlweissenburg (Székesfehérvár) opende. De operatie werd een samenwerking tussen verschillende eenheden. Het gros van de pantsergrenadiers van de 1.Pz.D., onder strakke leiding van General Thunert, zou samen met de Hongaarse Waffen-SS- Kampfgruppe Ney een frontale aanval openen terwijl gepantserde delen, Gruppe Philipp, ten zuiden langs de stad, richting Dinnyes aan het Balatonmeer, zouden optrekken. De aanval van de 1.Pz.D. werd ondersteund door delen van het IV.SS Pz.korps met het bataljon 'Norge' en een aantal Pz.VI. (Tiger), alsmede de 23.Pz.D. op de noordflank, een cavalerie gevechtsgroep (Gruppe Holste) en delen van de 24.Pz.D. (I./Pz.Rgt.24 Rittmeister Weidemann) bij de gepantserde delen. Met name deze laatste eenheid was een versterking voor de aanvalsmacht van Thunert. De I./Pz.Rgt.24 beschikte over ongeveer 45 tanks van het type Panther, die met infrarood-zicht waren uitgerust. De eenheid I./24 diende gedurende de Hongaarse campagne steeds bij verschillende eenheden, zoals de 1.Pz.D. en 'Totenkopf' (januari), 23.Pz.D. (februari), 3.Pz.D. en 6.Pz.D. (maart) en het IV.SS Pz.korps. (april).
Op 22 januari startte de aanval op Stuhlweissenburg. Stuhl-

weissenburg, een stad met ruim 45.000 inwoners, was een van oudsher belangrijk wegenknooppunt. De stad was meer dan duizend jaar oud en heftig omstreden geweest in de tijd der Hunnen, die destijds bij hun militaire operaties ernstig geplaagd werden door modderoverlast, iets wat wij bij 'Frühlingserwachen' nog zullen terugzien. De aanval werd een succes. Als snel slaagden eenheden er in bij de westrand van de stad door de Russische stellingen heen te dringen. Korte tijd later was de gehele stad in Duitse handen. Hierbij schoot de 1.Pz.D. zijn 1.500e tank in de oorlog af. Veertig tanks van het Rode Leger werden buitgemaakt. Een welkome aanvulling was ook dat zich onder de buit veel Opelblitz, Hanomags en Russische vrachtwagens ('Studebaker') bevonden, zodat het vrachtwagenbestand van de 1.Pz.D. weer vrijwel 100% was. Schaduwzijde van dit succes was wel dat een groot aantal tanks - vaak tijdelijk- was uitgevallen door de gevechtsactiviteiten. Toen Philipp in samenwerking met de I./24 Dinnyes bereikte waren slechts nog zes tanks operationeel.

De verliezen van de Kampfgruppe Ney waren zo groot dat de eenheid dringend versterkingen nodig had. De eenheid vormde zogenaamde 'Sondertruppe der Reichsführer-SS'. Aanvankelijk waren de manschappen bedoeld als een soort lijfwacht voor Szálasi, maar de soldaten prefereerden de SS boven dienst onder de Pijlkruisleider. Wöhler zat een beetje met deze troepen in zijn maag en wilde ze zo snel mogelijk indelen bij de Waffen-SS om 'politieke problemen te voorkomen.' Commandant van de eenheid was SS-Obersturmbannführer dr.jur. Karl Ney von Pilis, de voormalige chef van de 'Gemeenschap voor Hongaarse Oostfront-strijders'. De Ia. was SS-Hauptsturmführer J. Graf von Karoly. Vanaf maart 1945 omvatte de eenheid drie bataljons, alsmede een FEB.

Rond Baracska spitste de strijd zich toe. Bij Szabolcs-Nagyteteny had de Waffen-SS een klein bruggehoofd over de Váli gevormd. Een massale Sovjet-tank tegenaanval bij het gehucht Pettend rekende definitief af met de gedachte dat een aanval richting Boedapest nog zin zou hebben. Naar schatting circa 200 tanks van het Russische 23.Pz.korps rolden over het vlakke land de Duitsers tegemoet. Een combinatie van eenheden, een viertal Königstigers (sPz.Abt.509), een paar Sturmgeschützen (Sturmart.Brigade 303), eenheden van de 1.Pz.D. en bataljon 'Norge' sloegen de aanval af, waarbij vooral de Königstigers zeer succesvol waren en bij Pettend tussen de 40 en 45 Sovjet-tanks (T-34's en Sherman) vernietigden. 'We hebben de aanval afgeslagen', liet Fritz Vogt, de commandant van bataljon 'Norge', naar 'Wiking' seinen. 'Vogt zelf heeft vier tanks met de Panzerfaust afgeschoten!' 'Bravo Norge!, Bravo Norge!', seinde Karl Ullrich terug. 'We komen met tanks om jullie te helpen!' 'Dat moet genoeg zijn voor het 'Eichenlaub', merkte Vogt op. Vogt was gek op overdrijven. Het afweersucces werd na de oorlog door verschillende van de bovenstaande eenheden geclaimd, alsmede door een Flak-afdeling van 'Totenkopf'.

Deze nieuwe dramatische gevechten en het feit dat de Russen, zoals de soldaten van de 1.Pz.D., opmerkten 'geen enkele angst voor tanks hadden', droeg er toe bij dat het Duitse opperbevel een alternatieve oplossing moest vinden. Gaedcke sprak van een 'gewetensvraag' of het zo nog wel verder kon. Een nieuwe wat merkwaardige oplossing, diende zich aan. Men kon de Schwerpunktgruppe van Gille naar noordwestelijke richting, in plaats van noordoostelijk, laten indraaien zodat in samenwerking met het I.Kav.korps de Sovjet-troepen tussen Zsámbék en Tatabánya vernietigd konden worden. Op deze manier zou een kleine Russische Kessel in het oude frontgebied ten westen van Boedapest ontstaan. Het plan liep op niets uit. De Russen bleken zich in het gebied ten noorden van het Velenceimeer buitengewoon vakkundig te hebben ingegraven. 'We moeten ze stuk voor stuk uitbreken', klaagde men in het dagboek van de Heeresgruppe Süd.

Dit was gemakkelijker gezegd dan gedaan. Het IV.SS Pz.korps, reeds vermoeid voor het begin van Konrad-III, verloor ongeveer 300 man per dag. De Heeresgruppe begreep dat een indraaien naar het zwaar verdedigde noordwesten misschien ook niet het juiste plan was. Heel even werd zelfs operatie 'Süd' overwogen. Gewoon alles omdraaien en naar het zuiden marcheren, eventueel in samenwerking met operatie 'Eisbrecher' van het 2.Pz.leger. 'De stootrichtingen wisselen met de dag', klaagde Manfried Schönfelder en ongelijk kunnen we hem daar niet in geven. De spanningen tussen Balck en de Waffen-SS namen weer toe, zoals bij elke crisissituatie. Het Rode Leger maakte echter een einde aan elke discussie. Nieuwe, zware tankaanvallen van Achmanovs 23 Pz.korps, lieten de Duitsers geen andere keus meer dan in het defensief te gaan. De Duitsers verlieten de ruïne van het slot Ada-Major bij Pettend, waar 'Norge', wederom als bij Hegykastély, zijn beste krachten had gegeven. Ook Ada-Major werd na de oorlog afgebroken.

'Wiking' had nog veertien tanks, 'Totenkopf' negen! De verliezen (doden, gewonden en vermisten) van de beide Waffen-SS pantserdivisies waren opgelopen tot 4.350 manschappen voor de divisie 'Totenkopf' en 3.079 manschappen voor 'Wiking'. Samen hadden de Waffen-SS divisies 51 officieren op het slagveld van 'Konrad' verloren, 157 officieren waren gewond geraakt. Hierbij kwamen nog de verliezen van de andere eenheden in het Gerecse- en Pilisgebergte, zoals die van de 96.I.D. (2.107 manschappen), 711.I.D. (1.174 manschappen) en de 6.Pz.D. (785 manschappen). Ook de ondersteunende eenheden binnen het Korps Breith en Harteneck waren aangeslagen. Beide Kav.Brigades hadden meer dan duizend man verloren. Aanzienlijk waren ook de verliezen voor de eenheden die aan het Gran-front hadden gevochten. De 211.V.G.D verloor meer dan 1.500 manschappen. In totaal had de Heeresgruppe Süd tegen de 35.000 man aan doden, gewonden en vermisten te betreuren in januari 1945 (zie tabel 1).

De troepen waren 'abgekämpft'. Er gingen geruchten dat iemand van het leger de soldaten van de Waffen-SS verraden had. 'De Ic van het 6. leger was overgelopen naar het Rode Leger'. Na de oorlog bevestigden officieren van 'Wiking' deze lezing. Het verraad zat hem in het feit dat niemand hen had gewaarschuwd voor de plotselinge aanval van het Sovjet Pz.korps. 'Het was niet mogelijk dat zo'n grote eenheid onopgemerkt bleef en ons bij verrassing kon aanvallen', meende de O1 van 'Wiking', Günter Jahnke, in 1990. Het waren echter niet meer dan geruchten. De Ic, Oberstleutnant Wüstenberg, was bij een verkenningsvlucht boven het front neergeschoten. Hij was speciaal op deze missie gestuurd door Heinz Gaedcke. 'Ik heb dit bevel mijn hele latere leven betreurd', schreef deze na de oorlog. Wüstenberg was de zoveelste gesneuvelde in het Hongaarse drama. Typerend voor het teveel aan zelfvertrouwen was de opmerking van Jahnke dat de aanwezigheid van het Sovjet 23.Pz.korps niet verborgen kon blijven voor de Duitse inlichtingendienst. Studies naar de Duitse militaire inlichtingendienst tonen aan dat dit onderdeel zeker niet de sterkste kant van het Duitse leger was. Ook in Hongarije werd er regelmatig geblunderd. Tijdens 'Frühlingserwachen' zag de Duitse militaire inlichtingendienst zelfs een compleet tankleger over het hoofd, zodat het falen van deze dienst met betrekking tot Achmanovs Pz.korps, een veel kleinere eenheid dat een Pz.leger, niet onwaarschijnlijk is.

Van 27 januari tot 3 februari vielen de Duitse troepen langzaam terug op de uitgangslinies. 'De radio-boodschappen uit Boedapest worden steeds pessimistischer', schreef Günter Jahnke. 'Wir haben keine Schuld!'

Door deze ongelukkige inleiding van Hitlers militaire plannen voor Hongarije, waren de spanningen in het Duitse kamp om te snijden. Door de falende operaties 'Konrad' werd in feite het garnizoen van 70.000 Duitse en Hongaarse militairen naar de slachtbank gevoerd. Na afloop van de drie Duitse 'Konrad'-offensieven was de situatie militair eerder verslechterd dan verbeterd, vergeleken met nieuwsjaardag 1945.

De tragedie in de Ardennen en nu dus ook in Hongarije stond niet alleen. Ondanks alle waarschuwingen van Guderian was door het Führerhoofdkwartier het Weichselfront lange tijd verwaarloosd. Op 12 januari 1945 betaalden de Heeresgruppe A en de Heeresgruppe Mitte hiervoor de prijs. Op die dag barstte een enorm offensief los van het Rode Leger dat de Sovjetstrijdkrachten tot aan de Oder op 100 kilometer voor Berlijn zou brengen.

De bevelvoerende officieren van de Heeresgruppe Mitte en A hadden reeds op 26 november 1944, in de zogenaamde

'Weisung für die Vorbereitung der Abwehrschlacht zwischen Beskiden und Warschau', gewaarschuwd voor de concentrische aanvallen die het Rode Leger vanuit de Weichselbruggehoofden voorbereidde. Om tot een succesvolle afweer van dit grote offensief te komen (de Sovjets beschikten over meer dan 120 infanteriedivisies en 5.650 tanks) benadrukte de 'Weisung' de noodzaak van een mobiele Duitse reserve in het achterland, die twee tot drie dagen na de start van het offensief van het Rode Leger de samengebalde pantserstrijdkrachten van de Sovjets zou kunnen terugslaan. Alleen op die wijze was het Weichselfront te redden.
De verplaatsing van het ervaren IV.SS Pz.korps was daarom een ernstige aantasting van het toch al zwakke centrale front. Daarbij had Hitler ook nog verboden de Duitse reserves in het achterland te plaatsen zodat ze op het moment van het offensief te weinig operationele speelruimte hadden. Ondanks het feit dat de Duitse inlichtingendienst één dag voor het offensief met zekerheid wist dat de Sovjets zouden komen, stortte het front als een kaartenhuis in elkaar. Het Rode Leger liep Oberschlesien en Oost-Pruisen onder de voet.

Toen Guderian Hitler op 16 januari in de gebombardeerde Reichskanzlei in Berlijn wederom ontmoette, hoopte hij dat de ramp aan de Weichsel Hitler definitief zou overtuigen dat de Heeresgruppe A en Mitte hoognodig versterkt moesten worden. Het liep echter anders. 'Zodra ik binnenkwam', noteerde Guderian in zijn memoires, 'vroeg ik Jodl naar de nieuwste beslissingen en hoe het Oderfront beschermd zou gaan worden.' Jodl vertelde Guderian droevig nieuws. Hitler had de stopzetting van het Ardennenoffensief bevolen en opdracht gegeven het 6. SS Pz.leger naar Hongarije over te brengen. 'Toen ik dit hoorde, verloor ik mijn zelfbeheersing', bekende Guderian. 'Ik sprak tegen Jodl in niet mis te verstane taal, maar deze haalde slechts zijn schouders op.' Op de militaire conferentie sneed Guderian, die een van de weinige officieren was die Hitler de waarheid durfde te vertellen, het onderwerp opnieuw aan. 'Het werd een debat van enkele dagen', herinnerde Guderian zich, 'maar Hitler was niet van zijn 'zieke plan' af te brengen. 'Frühlingserwachen' zou doorgang vinden, ondanks het feit dat Guderian, schermend met de cijfers van de 'Abteilung Fremde Heere Ost', herhaaldelijk benadrukte dat het Oostfront een 'kaartenhuis' was.

Een Sturmgeschütz, vol gepakt met soldaten, zet koers richting de ingesloten kameraden in Boedapest. De operaties 'Konrad' vonden plaats in de maand januari, de koudste maand in Hongarije. Het Sturmgeschütz is in wintercamouflage geverfd en ook de soldaten hebben hun uniform aan de winterse condities aangepast.

De Duitse pantser-eenheden werden gevolgd door infanterie.
De kwaliteit van de Duitse infanterie-eenheden in Hongarije verschilde sterk. De 96.I.D. was een zeer ervaren eenheid. De 711I.D. was een rommelig allegaartje, bestaande uit soldaten van de luchtmacht en de marine, die naar het Oostfront waren gestuurd.

Slechts in de aanvangsdagen had de strijd een Blitzkriegachtig karakter. Eenheden van de Waffen-SS rijdend door een zojuist heroverd dorp. Aanvankelijk heerste er een zeker optimisme aan Duitse zijde. Heinz Gaedcke formuleerde het als volgt: 'In het verleden hebben wij vaker aangevallen terwijl we in de minderheid waren: Telkens hadden wij succes.'

Soldaten van de Waffen-SS in gevecht in het Pilis-gebergte.
De operaties 'Konrad' werden gedragen door de divisies 'Totenkopf' en 'Wiking'.
Reeds voor de operaties 'Konrad' bedroegen de verliezen van 'Totenkopf' aan gesneuvelden, gewonden en vermisten het astronomische aantal van 53.794 manschappen. 'Wiking' verloor in diezelfde periode 11.098 manschapen.

Een Sturmgeschütz van 'Totenkopf' rijdt midden januari door een brandend Hongaars dorp. Operatie 'Konrad'-III strandde uiteindelijk aan de rivier de Vali.
De twee Waffen-SS divisies van het IV.SS Pz. korps verloren in de maand januari 1945 ruim 7.000 manschappen.

'Konrad'-III.
Op het meer vlakke terrein tussen het Balatonmeer en het Velenceimeer konden de eenheden van het IV.SS Pz.korps beter uit de voeten. Eenheden van 'Wiking' verzamelen zich voor de aanval.

'Overal waar ik kwam, stuitte ik op de 'Totenkopf'-divisie', klaagde de Russische maarschalk Zjoekov na de oorlog.
Ook in Hongarije was de 'Totenkopf'-divisie één van de belangrijkste eenheden aan Duitse kant. Pantsergrenadiers rijden mee op een tank.

Hellmut Becker, commandant van de 'Totenkopf'-divisie in Hongarije. Hij werd na de oorlog bij herstelwerkzaamheden in Stalingrad van sabotage beschuldigd en geëxecuteerd.

*Josef Reichert commandeerde de 711.I.D.
Deze eenheid was een zwakke divisie die echter het krijgsgeluk aan haar kant had. Min of meer bij toeval veroverde de eenheid de stad Gran. Nadien bleef de divisie actief in het Pilisgebergte.*

Tabel 1:

Verliezen van de eenheden van de Heeresgruppe Süd gedurende het grootste deel van de oorlog (22.06.1941 - 31.12.1944), vergeleken met de verliezen, geleden gedurende de operaties 'Konrad' (01.01.1945 - 31.01.1945).

a: verliezen 22.06.1941 - 31.12.1944
b: verliezen 01.01.1945 - 31.01.1945

gesneuveld/gewond/vermist

onderdeel	officieren	onderoff/manschap	totaal
1. Geb.D.			
a	-	-	
b	3/13	108/343/13	480
1.Pz.D.			
a	306/725/38	6586/19845/1990	29408
b	5/39/1	?/987/123	?
3.Pz.D.			
a	?	?	?
b	9/38/1	142/365/122	677
3.Kav.Br			
a	25/75/16	244/1163/267	1790
b	4/14/-	196/1065/37	1311
3.SS 'T'			
a	453/1058/24	11616/?/2291	53794
b	24/94/4	789/3206/233	4350

onderdeel	officieren	onderoff/manschap	totaal
4.Kav.Br			
a	29/88/7	783/3296/918	5121
b	8/17/-	183/854/27	1089
5.SS 'W'			
a	98/252/50	2276/8659/1763	11098
b	27/63/2	612/2236/139	3079
6.Pz.D			
a	61/167/16	1095/5684/1496	8519
b	3/10/-	127/599/46	785
8.SS 'FG'			
a	110/222/19	3063/9831/1098	14343
b	9/28/4	685/2938/240	3904
8. Pz.D.			
a	236/704/37	4382/17428/2609	25396
b	3/9/9	112/573/73	779
13.Pz.D.			
a	11/51/7	405/1869/333	2676
b	?/?/?	283/1641/560	2484
13.SS 'H'			
a	-	-	-
b	-/1/-	15/75/2	93
22.SS 'MT'			
a	15/53/2	400/1658/371	2499
b	18/27/10	273/910/193	1431
23.Pz.D			
a	331/1037/31	6329/24289/3392	35400
b	7/33/-	190/946/135	1311

onderdeel	officieren	onderoff/manschap	totaal
24.Pz.D.			
a	59/200/6	1668/7244/283	9460
b	-/-/-	70/305/17	392
46.I.D.			
a	224/798/43	7118/26932/2875	37990
b	1/6/-	47/320/33	407
71.I.D.			
a	-/-/-	-/-/-	
b	-/2/-	20/101/5	128
76.I.D.			
a	73/250/47	1608/6290/1939	10207
b	5/30/2	194/845/48	1124
96.I.D.			
a	159/543/28	5271/18943/1822	26766
b	9/54/-	302/1486/276	2107
101.Jg.D.			
a	223/588/49	5908/20711/2522	30001
b	-/4/-	19/134/7	164
118.Jg.D.			
a	-/-/-	-/-/-	
b	1/10/-	72/242/34	359
153.F.A.D.			
a	-/1/-	80/267/289	637
b	-/3/-	159/697/48	907
211V.G.D.			
a	134/356/39	3133/11655/3970	19287
b	4/33/5	250/1074/191	1557

onderdeel	officieren	onderoff/manschap	totaal
271. V.G.D.			
a	25/48/14	271/1142/1545	3045
b	-/-/-	17/96/10	123
357.I.D.			
a	58/257/26	1887/7039/1178	10455
b	-/6/-	41/161/25	233
711.I.D.			
a	?	?	?
b	5/14/1	223/701/230	1174
Pz.D.'FHH'			
a	18/75/10	536/2247/519	3405
b	-/-/-	153/804/205	1162
44.'HuDM'			
a	?	?	?
b	2/5/-	35/134/15	191

(Bron: Anlage KTB. Heeresgruppe Süd: Oberkommando der Heeresgruppe Süd. Amt. II a: 22 Zahlenmässige Verlustmeldung für die Zeit vom 22.6.41 bis 31. Januari 1945. H. Qu. den 18. Februar 1945. BA.MA.Freiburg)

Tabel 2:

Krachtsverhoudingen Oostfront januari 1945:

	Duitsland	Sovjet-Unie
Manschappen	2.100.000	6.000.000
Artillerie/mortieren	5.700	91.400
Tanks/gem. art.	3.700	11.000
Vliegtuigen	?	14.500

Opgemerkt moet worden dat bij deze tabel ook nog de eenheden van bondgenoten komen, die aan beide kanten in het veld stonden. Aan Duitse kant ging het hierbij om circa 200.000 soldaten (vooral Hongaren) zonder noemenswaardig zwaar materiaal. Aan Sovjet-zijde kwamen er nog 326.500 manschappen bij (vooral Roemenen, Bulgaren en Polen) waarvan er zo'n 150.000 operationeel waren. Deze beschikten over 200 tanks, 5.200 artilleriestukken en mortieren. Een ander belangrijk feit was, dat de Stavka buiten deze operationele eenheden nog eens 577.000 man in reserve hield, 7.100 kanonnen en mortieren alsmede 2.200 tanks en 275 vliegtuigen.

Bron: Center for LandWarfare US ARMY War College.

Tabel 3:

Krachtsverhouding Duitsland - Sovjet-Unie per frontsector in januari 1945

frontsector	Sovjet-Unie	Duitsland	verhouding
1) Weichsel			
a) manschappen	2.203.700	520.000	4.2 x 1
b) tanks	6.464	800	8.0 x 1
2) Oostpruisen			
a) manschappen	1.669.100	550.000	3.0 x 1
b) tanks	3.859	700	5.5 x 1
3) Koerland			
a) manschappen	500.000	280.000	1.8 x 1
4) Karpaten			
a) manschappen	600.000	200.000	3.0 x 1
5) Hongarije			
a) manschappen	900.000	440.000	2.0 x 1

Bron: *Center for LandWarfare US-ARMY War College.*

Frühlingserwachen: Hitlers voorjaarsoffensief

'Wij moeten als Frederik de Grote zijn en ons daar ook naar gedragen', noteerde propaganda minister dr. Joseph Goebbels op 28 februari 1945 in zijn persoonlijk dagboek. Goebbels putte deze dagen zijn hoop uit historische voorbeelden waarbij op het laatste moment een ommekeer op het slagveld optrad ten gunste van de verliezende partij. Goebbels had hier alle reden toe. Het Rode Leger veroverde en brandschatte het Duitse Rijk ten oosten van de Oder en de westelijk-Geallieerden drongen op aan de Rijn, klaar om naar het hart van Duitsland door te stoten. Ook Hitler leek zich meer en meer aan het verleden vast te klampen. Hij had Goebbels opdracht gegeven dezer dagen veel te publiceren, niet alleen over Frederik de Grote maar bovenal ook over de Punische oorlog tussen Rome en Carthago. Hierdoor moest de historische dimensie van de huidige gebeurtenissen meer in beeld worden gebracht. In Hitlers ogen werd er nu voor de komende eeuwen beslist wie in het oude Europa zou heersen. Iedere Duitse burger en soldaat moest er van doordrongen worden dat het voortbestaan van Duitsland op het spel stond. Wilde het Duitse volk overleven dan zou het moeten strijden, tot het bittere einde.
In deze roerige dagen kreeg Goebbels bezoek van Sepp Dietrich, de commandant van het 6.SS Pz.leger dat het Ardennenoffensief achter zich had liggen. Dietrich vertelde Goebbels van de nieuwe plannen die Hitler had met betrekking tot Hongarije en het 6. SS Pz.leger. Als laatste reserve van het Derde Rijk had het leger het bevel gekregen naar Hongarije te gaan. Goebbels raakte direct opgewonden. Hongarije was vanaf die dag steevast de openingszin van zijn verdere dagboekaantekeningen. 'We staan voor een nieuw begin', jubelde hij. Met hernieuwde energie zette de duivelskunstenaar zijn werkzaamheden voort. In volzinnen spoorde hij de soldaten in het speciale frontblad 'Front und Heimat' aan tot nog grotere inspanningen.

Na het mislukken van het Ardennenoffensief waren de eenheden van Dietrichs SS-Pz.leger achter de Rijn teruggenomen om provisorisch te worden opgelapt. Daarop zou het hele leger, onder strengste geheimhouding en via misleidende routes, naar het oosten worden getransporteerd. Dit was een enorme onderneming. Niet alleen was het spoorwegennet zwaar gehavend, waardoor men slechts met een tempo van vier treinen per dag kon transporteren, maar nam ook de druk toe de eenheden opnieuw aan het Westfront in te zetten. De situatie was vergelijkbaar met operatie 'Margarethe'. Toen de commandanten van de Heeresgruppe Südukraïne vernamen dat er in maart 1944 eenheden waren vrijgemaakt voor de bezetting van Hongarije wilde iedereen een divisie lospeuteren. Aan het Westfront was dat niet anders. In januari raakten een aantal divisies van de Waffen-SS wederom betrokken bij de naweeën van het Ardennenoffensief. Op verschillende plaatsen dreigden de Geallieerden door te breken en moesten eenheden van de Waffen-SS worden ingezet om het front te stabiliseren.

Maar Hitler hield koortsachtig vast aan zijn bedoelingen: een 'alles beslissende' eindstrijd in Hongarije en uiteindelijk begonnen de treinen te rollen. Dietrich hield zich in die dagen demonstratief in Berlijn op, zodat de indruk werd gewekt dat de Waffen-SS naar het centrale front ging - hetgeen volgens Guderian ook het enige verstandige zou zijn - terwijl in werkelijkheid de treinen over Wenen naar Raab (Györ/Hongarije) afbogen. Onverwachts dook het 6. SS Pz.leger dan ook op in het gebied van de Heeresgruppe Süd.

De leiding van de Heeresgruppe keek verbouwereerd naar de binnenlopende treinen en troepentransporten. Heinz Gaedcke greep de telefoon en kreeg Generalleutnant Von Grolmann aan de lijn. Op zijn vraag 'wat er in godsnaam aan de hand was gezien het grote aantal troepen', werd hem direct het zwijgen opgelegd. De aankomst van eenheden van het 6. SS Pz.leger was zwaar geheim. De verbazing maakte plaats voor een zeker optimisme. Welke bevelhebber wilde niet dit neusje van de zalm onder zijn bevel hebben. Dit bood mogelijkheden. Anderzijds hadden de eenheden het

Ardennenoffensief achter zich liggen. Een bloedige en traumatische gebeurtenis die alles behalve succesvol was afgesloten. De vraag was hoe fit de Waffen-SS-eenheden waren. Ook Balck en Gaedcke keken elkaar verbaasd aan over deze 'SS-invasie' in Hongarije. Hongarije was niet alleen de laatste buitenpost van de SS-Endlösungs-machinerie geworden, maar ook die van het gros van de Waffen-SS. Naast het IV.SS Pz.korps ('Totenkopf', 'Wiking') en het (wijlen) IX.SS Geb.korps ('Florian Geyer', 'Maria Theresia') waren nu ook het I. (1.SS Pz.D.'Leibstandarte Adolf Hitler', 12.SS Pz.D.'Hitlerjugend') en II.SS Pz.korps (2.SS Pz.D.'Das Reich', 9.SS Pz.D.'Hohenstaufen') in Hongarije gearriveerd. Het I.SS Pz.korps stond onder bevel van SS-Gruppenführer Herman Priess; het II.SS Pz.korps werd geleid door SS-Obergruppenführer Wilhelm Bittrich. Daarbij kwamen nog in het gebied van het 2.Pz.leger de 13.Waffengebirgsdivision der SS 'Handschar' (kroat.nr.1) en de 16. SS-Panzergrenadierdivision 'Reichsführer-SS'. Daarnaast vochten er nog enkele kleinere Waffen-SS eenheden, zoals de Hongaarse Waffen-SS (Kampfgruppe Ney) en het Osttürkischen Waffen-SS Verband 'Harun al Raschid' (SS-Standartenführer W. Hintersatz) aan het Hongaarse front of bevonden zich in het achterland van de Heeresgruppe.

De eenheden van het 6.SS Pz.leger waren elite-troepen die hun sporen aan verschillende fronten hadden verdiend. Dat kon niet van alle Waffen-SS aan het Hongaarse front gezegd worden. Van minder goede kwaliteit (en ook niet behorend bij het 6.SS Pz.leger) waren bovenal de islamitische eenheden. 'Handschar' (SS-Brigadeführer Hampel) uit Bosnië-Herzegowina was aanvankelijk ingezet in de partizanenstrijd in Joegoslavië. Ondanks grote inspanningen van Himmler - hij haalde de Palestijnse Grossmufti Mohammed Emin el Husseini naar Europa en verkondigde dat moslims dezelfde vijand hadden als de Nazi's (hij doelde hierbij op de joden) - functioneerde de eenheid niet. De moslim-soldaten richtten hun acties bovenal op het platbranden van christelijke (Kroatische) dorpen zodat Himmler zich genoodzaakt zag de eenheid naar het Hongaarse front te verleggen. 'De eenheid is onbetrouwbaar', schreef De Angelis eind januari 1945

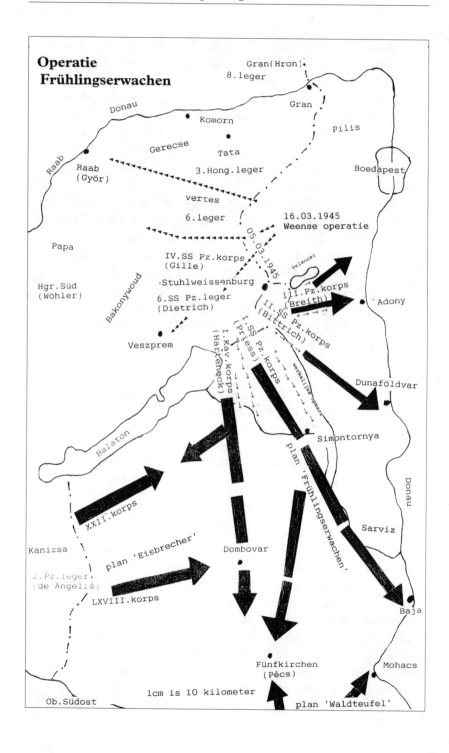

aan Wöhler. 'Er is te weinig Duits stampersoneel. Op iedere vijf Bosniërs zijn er slechts twee Duitsers beschikbaar.' Wöhler wist er alles van. Tijdens een opfrissingsperiode van de divisie in Frankrijk was het tot een regelrechte opstand bij de divisie gekomen, toen één bataljon een handeltje opzette met het Franse verzet. De tijd dat het regiment 'Bosniaken', in de hoogtijdagen van het Habsburgse rijk met hun traditionele hoofddeksels op in de straten van Wenen als een elite kon paraderen was voorgoed voorbij.

De eenheid 'Harun el Raschid', het voormalige Osttürkische bataljon 480, was in 1943 opgesteld rond Lublin en Kaposvár en bestond uit verschillende etnische groepen (Turkmenen en Azerbeidzjanen). De Duitse commandant Hintersatz had zich, om aansluiting te vinden bij zijn soldaten, tot de islam bekeerd en noemde zich Harun el Raschid. De eenheid diende enige tijd binnen het raamwerk van de beruchte brigade 'Dirlewanger', een straf-eenheid die beestachtig had gemoord in Warschau. De eenheid was niet geschikt voor strijd tegen reguliere eenheden.

Dit alles maakte Hongarije een curieus front van vrijwilligers uit alle windrichtingen. Er dienden Nederlanders, Belgen, Denen en Noren in 'Wiking'; er waren etnische Russen en Oekraïniers in de Heeresgruppe, Bosniërs, een zestal (!) Italianen, 434 Slowaken en Kroaten, 192 Spanjaarden (!) bij de 357.I.D. en diverse etnische groepen uit de Sovjet-Unie.

Balck en Gaedcke hadden weinig vertrouwen in de bevelvoering van het SS-leger. 'Dietrich was een 'Rauhbein', meende Gaedcke, 'zonder veel militaire kennis.'
Inderdaad was Joseph ('Sepp') Dietrich, de commandant van het SS-leger, een typisch produkt van het nationaal-socialisme. Eer en gehoorzaamheid waren zijn beste eigenschappen. Hij was vertrouweling van Hitler en werd door zijn soldaten op handen gedragen. 'Hij was een Volksgeneral', formuleerde Waffen-SS officier Walter Krüger van de 12.SS 'Hitlerjugend' divisie het, na de oorlog. Anderen twijfelden aan zijn militaire capaciteiten. Hier was ook wel enige reden toe. Als er een aanvalsoperatie plaatsvond, liet Sepp altijd 'der Rudi' (zijn rechterhand Rudolf Lehmann en later

Chef des Stabes 6.Pz.leger Generalmajor Krämer) het woord voeren. 'Hij heeft er voor geleerd', grapte Dietrich dan. Inderdaad steunde een deel van de Waffen-SS, die gebrek had aan Generalstabsoffizieren, op kennis van het leger. Naast de staf van het 6.SS Pz.leger maakte ook het I.SS Pz.korps (Albert Stückler), het II.SS Pz.korps (Pipkorn), de 8.SS 'Florian Geyer' (Von Mitzlaff), de 22.SS 'Maria Theresia' (Erhard Mainka) en de 5.SS 'Wiking' (Kleine) hiervan in de loop der jaren gebruik. In ieder geval realiseerde Dietrich zich dat hij bepaalde zaken beter aan experts kon overlaten. In de laatste maanden van de oorlog was Dietrich overigens kritischer geworden tegenover Hitler die zich, naar Dietrichs inzicht, 'te veel met de details in het veld bemoeide.' De samenwerking tussen landmacht en Waffen-SS officieren binnen de SS-eenheden verliep over het algemeen goed. Stückler omschreef Dietrich als een 'ordelijke man' met wie hij kon samenwerken. De 01. Jahnke van 'Wiking' noemde Major Kleine 'een goede collega', die door een auto-ongeluk voor de divisie verloren ging.

De generaals kropen rond de kaarten om het nieuwe plan vorm te geven. Zorgwekkend bleef de situatie ten noorden van de Donau. Daar was gedurende 'Konrad'-I een Russisch bruggehoofd ontstaan, dat Komorn bedreigde. Weliswaar was dit in een later stadium, gedurende 'Konrad'-III, aanzienlijk teruggedrongen door een succesvolle samenwerkingsoperatie van de 8. en 20. Pz.D., maar het gevaar was nog niet geweken. Het was erg aanlokkelijk de binnendruppelende eenheden van Dietrichs SS-leger - het I.SS Pz.korps arriveerde als eerste - te gebruiken om definitief met dit probleem af te rekenen. Aan de andere kant waren daartegen ook bezwaren. Wöhler rekende op zo'n 1.000 man verliezen per SS-divisie voor de vernietiging van het Gran-bruggehoofd. Dit zou betekenen dat de SS-eenheden reeds verzwakt aan het grote offensief 'Frühlingserwachen' zouden beginnen.

De verlokking om met het Russische Gran-bruggehoofd af te rekenen bleek te sterk en Wöhler koos voor deelname van het SS-korps van SS-Gruppenführer Herman Priess aan de aanval. Deze operatie tegen het Russische Gran-bruggehoofd ging de geschiedenis in onder de naam operatie 'Südwind'. Deze naam toonde gelijkenis met een andere secundaire operatie tijdens het Ardennen-offensief, operatie 'Nordwind' in de Elzas en had gemeen dat het om een relatief kleine operatie ging. De linies van het Rode Leger werden in kaart gebracht. Het front verliep grofweg langs de plaatsen Bart - Nemet - Szögyen - Bartorkeszi tot Karva aan de Donau. Via een concentrische aanval wilde Wöhler de uitstulping vernietigen. Naast de Waffen-SS eenheden bracht de Heeresgruppe een reeks andere eenheden in stelling: de 46.I.D. (Generalmajor Reuter), de 44. Reichsgrenadier D. 'Hoch und Deutschmeister' (Generalleutnant Von Rost), de sPz.Abt.'FHH' (25 Köningstigers onder bevel van Leutnant Piepgras), de Pz.Abt.208, delen van de 711.I.D. en de 96.I.D. (Rgt.Gruppe Hube) die wederom, nu in zuidnoord richting, de Donau zouden oversteken.

Op 17 februari, vier dagen na de val van de Kessel Boedapest, startte operatie 'Südwind'. Het werd een operatie volgens het boekje, een van de meest complete Duitse overwinningen uit het eindstadium van de oorlog. De Duitsers waren zelf verbaasd over het resultaat. 'We waren blij hier te kunnen vechten', vertelde de commandant van het II./SS Pz.Rgt.12 Hans Siegel na de oorlog. 'Eindelijk hadden we geen last meer van de Geallieerde luchtovermacht, zoals in het westen het geval was. De Russen zetten weinig tanks in en ook het aantal Pak viel mee. De opmars verliep voorspoedig.' Op 22 februari 1945 veroverde de Heeresgruppe Süd de plaatsen Bart en Beny en hiermee viel het doek voor het Russische bruggehoofd.
In het Gran-bruggehoofd lukte het Jochen Peiper, commandant van het SS-Pz.Rgt.1, te bereiken wat in de Ardennen mislukt was: een strategische doorbraak. In samenwerking met de Königstigers - die effectief de Sovjet-Pak vernietigden - en de SS-Kampfgruppe Hansen (SS-Pz.Gren.Rgt.1 onder bevel van SS-Obersturmbannführer Max Hansen) waren de Sovjet-stellingen doorbroken en de Duitse eenhe-

den in de diepte uitgewaaierd. Beide Kampfgruppen waren zo'n beetje de bekendste Duitse eenheden uit het Ardennenoffensief. De Kampfgruppe Peiper vanwege een proces na de oorlog, waarin Peiper en zijn mannen beschuldigd werden van de moord op tientallen Amerikaanse krijgsgevangenen bij Malmedy. De 'Gruppe Hansen' vanwege het feit dat vrijwel alle spaarzaam genomen foto's aan de Duitse zijde van het Ardennenoffensief de inzet van de Kampfgruppe Hansen toonden. Peiper vestigde zich na zijn proces voor een rustige oude dag in Traves, Frankrijk. Daar achterhaalde zijn oorlogsverleden hem echter en bij een brandstichting in zijn huis kwam hij in de jaren zeventig om het leven.

De Wehrmachtberichten meldden een triomfantelijke overwinning. De verliezen van het Rode Leger werden in een bericht van 27 februari op maar liefst 20.000 manschappen geschat. Negentig tanks en 334 artilleriestukken en Pak zou het Rode Leger hebben verloren. Maar ook de Duitse verliezen waren, ondanks succesvol afsluiten van de operatie, aanzienlijk. De beide Waffen-SS divisies, zo becijferde de divisiebiografie van de 'Leibstandarte', hadden ongeveer 1.200 manschappen verloren. SS-Brigadeführer Otto Kumm, een ervaren officier die al in 1934 bij de SS-Verfügungstruppe had gediend en enige tijd commandant van de 7.SS Geb.D. 'Prinz Eugen' was geweest, klaagde dat de 'Leibstandarte' 'in miserable staat was.' Kumm was de strijd in gegaan met dertig Pz.IV, 35 Pz V en twaalf Jg.Pz.IV. voor SS-Pz.Rgt.1. Na de slag was dit aantal aanzienlijk geslonken en beschikte de divisie nog over twaalf Pz.IV., elf Pz.V en vier Jg.Pz.IV.

Ook de 'Hitlerjugend' divisie had slagen moeten incasseren. De eenheid was rechts van de 'Leibstandarte' tot inzet gekomen. De divisie verloor tijdens de slag om het Gran-bruggehoofd één van zijn markantste officieren, Ritterkreuzträger SS-Obersturmbannführer Bernhard Krause, commandant van het SS-Pz.Gren.Rgt.26, die sneuvelde bij Muszla. Van hem stamde de uitspraak: 'Als we ooit deze oorlog nog zullen winnen, dan schrijf ik een boek waarom we hem eigenlijk hadden moeten verliezen.' SS-Sturmbannführer Kostenbader (I./26) nam het commando van het regiment over.

De commandant van het I.SS Pz.korps, Priess, verzocht de Heeresgruppe dan ook directe aflossing van zijn eenheden uit het Gran-bruggehoofd om de troepen op te frissen voor 'Frühlingserwachen'. Op 25 februari werden de eerste eenheden uit het front genomen. In de beoordelingsrapporten die de Heeresgruppe Süd wekelijks van de sterkte van zijn eenheden maakte, daalden de 211.V.G.D en de 46.I.D. beide in gevechtswaarde als gevolg van de inspanningen in het Gran-bruggehoofd.

De opluchting over de goede afloop klonk door in het Füherhoofdkwartier, waar de laatste maanden alleen nog maar negatieve berichten de revue passeerden. 'Tatsächlich?', vroeg Hitler Hubertus Freiherr Von Humboldt-Dachroeden elke keer. Deze kon de melding aan Hitler slechts bevestigen. 'Ja er ist ganz bereinigt, ist in ordnung. Die beide SS-Divisionen sind bereits im herausziehen.' 'Großartig', meende Hitler. Operatie 'Frühlingserwachen', Hitlers laatste militaire geesteskind, kon het levenslicht zien.

Gesterkt door de 'warme Anerkennung' die hem op 27 februari uit het Führerhoofdkwartier ten deel viel, ging Wöhler aan de slag voor de finale. Opnieuw stonden prestigieuze plannen op stapel. Het doel was wederom hetzelfde, de zuivering van de westoever van de Donau. Vervolgens zou een springplank gevormd moeten worden voor een verder offensief naar het oosten. 'Ik bied Hitler voor zijn 56e verjaardag de Roemeense olievelden van Ploesti aan', pochte Dietrich. Wöhler was wat minder optimistisch. Met name ook vanwege de brandstofsituatie van de Heeresgruppe Süd. Ondanks alle booractiviteiten die onder leiding van Albert Speer in Hongarije begonnen waren, dreigde er een chronisch brandstoftekort bij de troepen. Dit had allereerst te maken met het feit dat de opbrengst van de Hongaarse velden teleurstellend was. Tevens waren de raffinaderijen bij Almas Füsitö, Petfürdö en Zöny als gevolg van het oorlogsgeweld uitgevallen. Wöhler betwijfelde of er bij wijze van spreken zelfs zonder Sovjet-tegenstand wel genoeg brandstof was om Ploesti ooit weer te bereiken. Daarbij werd de Heeresgruppe ook nog met andere problemen geconfronteerd. Het westelijk deel van Hongarije kreeg steeds meer last van grote groepen vluchtelingen die voor Stalins troepen op de loop gingen. Voor een deel maakten deze mensen gebruik van de medische voorzieningen van de Heeresgruppe die al overbelast waren. De belasting van de medische voorzieningen bleek onder andere uit de werkzaamheden van het veldhospitaal van de 6. Pz.D. dat tussen 4 januari en 17 maart 1945 niet minder dan 1.417 patiënten verzorgde. Iedere extra belasting was schadelijk voor het functioneren van de eerste medische noodvoorziening. Ook leed de Heeresgruppe aan munitiegebrek (men draaide, evenals bij de brandstof op zwarte voorraden) en liet de post van huis alsmaar op zich wachten.

Iets optimistischer werd Wöhler na een kort bezoek aan het Führer-hoofdkwartier midden februari 1945. Hitler had nog altijd zijn hypnotiserende werking op zijn ondergeschikten niet verloren. Ook Wöhler bleek hiervoor gevoelig te zijn. Aanvankelijk leek het een stroeve ontmoeting te worden. Er waren vier plannen voor de inzet van het 6. SS Pz.leger in Hongarije. Hitler en de Heeresgruppe verschilden van mening. Wöhler en Balck wilden de operatie vooral klein en beheersbaar houden. Zij hadden de succesvolle operatie 'Südwind' nog in gedachten. De plannen A en B, een aanval bovenal in noordelijke richting (tussen Donau en het Balatonmeer), leenden zich daartoe het beste. Hitler wilde hier niet van horen en koos voor plan C2. Dit plan voorzag in een aanval van het 6.SS Pz.leger in zuidelijke richting, ondersteund door een aanval van het 2.Pz.Leger ('Eisbrecher') en een aanval van het Ob.Südost ('Waldteufel') in noordelijke richting. Hitler had geen vertrouwen meer in een operatie in het Gerecse- en Pilisgebergte. Wöhler ging, evenals gedurende 'Konrad'-II, toen hij ook al nauwelijks zijn stem durfde te laten horen, overstag. Hitler was 'frisch' en 'zuversichtlich' liet hij in het KTB noteren, 'daarom is het maar het beste zijn plannen uit te voeren.' Wöhler ging ervan uit dat Hitler nog iets achter de hand had. Diplomatie, wonderwapens? In werkelijkheid was er niets van dit alles. Ook Balck liet zich overtuigen. Hij wist dat Wöhler geen nationaal-socialist was

'Het 6. SS Pz. leger heet zesde omdat het nog over slechts zes tanks beschikt', grapte Sepp Dietrich op het einde van de oorlog.
Links op de foto een Duitse pantserwagen zonder voorwiel. Ook de eenheden van de Waffen-SS konden niet langer meer voor elite doorgaan.

'Frühlingserwachen'.
Soldaten van Duitse 8,8 luchtafweer (Flak) wachten op wat komen gaat.
In Hitlers ogen zou in Hongarije de alles beslissende eindslag van de Tweede Wereldoorlog plaatsvinden. Om zo sterk mogelijk te staan dirigeerde Hitler de laatste reserves van het Derde Rijk naar het Hongaarse front.
Honderden tanks en bijna 1.000 pantserwagens traden aan voor het 'Ardennenoffensief' van het oosten.

en dat dergelijke woorden uit diens mond serieus moesten worden genomen.

Toen de eenheden hun startposities hadden ingenomen zag de situatie er op de kaart indrukwekkend uit. De Duitsers hadden van de 36 divisies van de Heeresgruppe Süd er elf geconcentreerd in de zogenaamde Schwerpunktgruppe (vier legerkorpsen), die de zwaai in zuidelijke richting moesten maken. Hier kwamen nog eens vier offensieve divisies bij het 2.Pz.leger en vier bij het Ob.Südost. Dit maakte de Duitse aanvalsmacht negentien divisies sterk, precies evenveel als tijdens het Ardennenoffensief. In totaal betekende dit een offensief met ongeveer 220.000 tot 240.000 manschappen. De vier Waffen-SS pantserdivisies leverden 271 tanks en gemotoriseerd geschut en 938 SPW waar nog tientallen tanks van leger-eenheden bijkwamen. De 23 Pz.D. van Generalmajor Von Radowitz was met 51 tanks de reserve. Het 6. SS Pz.leger werd op de noordflank beschermd door Balcks 6. leger. Ten zuiden van het Balatonmeer lagen de eenheden van General der Artillerie De Angelis. Zijn troepen waren opgedeeld in twee korpsen (XXII Geb.korps en het LXVII.korps) onder bevel van Generalleutnant der Gebirgstruppe Lanz en de General der Gebirgstruppe Konrad. Twee divisies van deze eenheden waren, evenals de kern van de 'Schwerpunktgruppe', van de Waffen-SS: de 13. Waffen-Geb.D. der SS 'Handschar' (SS-Brigadeführer Hampel) en de 16.SS Pz.Gren D.'Reichsführer-SS' (SS-Oberführer Baum). Het Ob.Südost leverde in voorste lijn de 297.I.D. en de 11.Lw.Feld D.

Het Rode Leger tegenover de Duitse troepen had niet stil gezeten. Sinds operatie 'Südwind' waren de Sovjets op de hoogte van de aanwezigheid van nieuwe Waffen-SS-eenheden aan het front. Om een nieuwe planning te maken was maarschalk S.K.Timoschenko aan het Russische front toegevoegd ter versterking van het 2. en 3. Oekraïnse Front. Timoschenko was van plan zo spoedig mogelijk in het offensief gaan maar wilde alvorens hiermee te starten het Duitse offensief laten doodbloeden. Dit betekende dat het Rode

Leger in eerste instantie zou kiezen voor de sterkste vorm van het gevecht: de verdediging. Het Rode Leger was altijd al een meester geweest in de diepte-verdediging en op de westoever van de Donau werden vier legers aan het werk gezet om de Duitse aanvalsmacht op te vangen. De Russische troepen profiteerden van de gunstige ligging van de waterwegen (Sarviz-Malom-kanaal) waarachter zij zich konden verschansen.
Het 3. Oekraïnse front beschikte over 400.000 soldaten en het 2. Oekraïnse front over 500.000 soldaten. Meer dan 1.000 tanks stonden ter beschikking. Timoschenko nam de laatste berichten door. Een enkele officier, zoals generaal Zacharov van het 4.G.leger, werd vervangen. In zijn plaats trad generaleutnant Zachvatejev aan. Het wachten was op de Duitsers. Wel stonden er al pijlen op de kaart en die wezen naar Pressburg (Bratislava), Brünn, Wenen en Nagykanizsa, het oliegebied van het 2.Pz.leger. Als startdatum had Timoschenko 15 maart in gedachten. Het leek alsof hij in de toekomst kon kijken...

Op 6 maart 04.00 uur startte operatie 'Frühlingserwachen'. Van aanvang af liep bijna alles mis. De manschappen van Dietrichs aanvalsmacht stuitten op verbeten weerstand van het Rode Leger. De wegen waren, als gevolg van de ingezette dooi, één modderpoel wat de opmars over de toch al slechte wegen enorm vertraagde. Overal had het Rode Leger mijnenvelden aangelegd, bunkers en loopgraven gebouwd. De soldaten werden geconfronteerd met elektronisch ontstoken vlammenwerpers. Het waren toestanden die aan de oorlog van '14-'18 deden denken. Daarbij deed zich direct een vreemd voorval voor. Bij het front van het II.SS Pz.korps van Bittrich gebeurde er helemaal niets, terwijl even zuidelijk, bij het I.SS Pz.korps, de manschappen van de 'Leibstandarte' en de 'Hitlerjugend' in het offensief gingen. Pas om 18.30 uur kwamen eenheden van 'Das Reich' - dus niet eens het hele korps - in het gebied van het II.SS.Pz.korps eindelijk in actie.
De aanvallen van de 'Leibstandarte' en de 'Hitlerjugend' waren allesbehalve spectaculair. Onder Stalinorgelvuur en

geplaagd door de hierboven omschreven obstakels ploeterden zij hun weg zuidoostwaarts. De 'Leibstandarte' ging voorwaarts over de weg Szabadbattyán - Tác Csösz Soponya Káloz. De 'Hitlerjugend' divisie vocht zich naar het zuiden over de weg Kislâng Dég. De Duitsers waren onder de indruk van de Russische verdedigingswerken. De commandant van de Nachrichten-Abt.12 'Hitlerjugend', Walter Krüger, liep na de verovering van Odon Puszta door de plaats heen. 'De Sovjets hadden vier 'Sperriegel' achter elkaar gebouwd, allemaal goed afgeschermd met schootrichting naar twee kanten. Ze hadden tot het laatst toe stand gehouden, de lijken lagen er nog in.'
De eenheden van Hartenecks I.Kav.korps, die zuidelijk van het I.SS Pz.korps opereerden, stuitten op dezelfde problemen. Binnen een paar kilometer van de uitgangspositie strandde 'Frühlingserwachen'.
De spanning was te snijden in de Heeresgruppe. Spanningen tussen leger en Waffen-SS spitsten zich toe. Heinz Guderian belde Sepp Dietrich woedend op. Nog in de nacht van 5 op 6 maart had deze hem verzekerd dat het 6 SS Pz.leger klaar stond voor zijn taken. Hoe was het nu mogelijk dat het II.SS Pz.korps desondanks zo laat startte? Dietrich wist zich geen raad met de kritiek en wendde zich tot Wilhelm Bittrich, de commandant van het II.SS Pz.korps. Deze klaagde steen en been over de modder waarmee zijn troepen geconfronteerd waren. Dit had oponthoud gegeven en daarbij waren zijn manschappen dodelijk vermoeid. Ook had het korps te lijden onder het feit dat er slechts één toegangsweg tot het front was, via Stuhlweissenburg, hetgeen zo'n file had opgeleverd dat de pantsergrenadiers lopend naar hun inzetgebied hadden gemoeten. Deze verklaring was allesbehalve bevredigend. Waarschijnlijk had Bittrich zich eenvoudigweg vergist in de tijd die hij nodig had om de uitgangsposities van 'Frühlingserwachen' te bereiken. Dietrichs gesprek leverde verder niets op.
Albert Stückler, korpschef van het I.SS Pz.korps, toonde zich hierover na de oorlog niet erg verbaasd. 'Bittrich was een zeer gesloten man, ondoorgrondelijk. Daarbij was hij erg eigenzinnig en niet schuw met harde kritiek.' De Heeres-

Josef (Sepp) Dietrich, de commandant van het 6. SS Pz. leger.
Na het mislukken van het Ardennen-offensief kreeg het SS-leger een 'tweede kans' in Hongarije. De operatie liep uit op een groot debâcle. 'Frühlingserwachen' startte op 6 maart 1945. Tien dagen later opende het Rode Leger een verpletterend offensief in de richting van Wenen. Dietrich, zelf de hoogste Waffen-SS generaal, vreesde arrestatie door de SS.

Maximilian de Angelis, commandant van het 2.Pz.leger. De Angelis was verantwoordelijk voor de bescherming van de Hongaarse olievelden. Door deze opdracht werd hij door Hitler sterk in zijn operationele mogelijkheden beperkt.

gruppe Süd was een opmerkelijke verzameling van eigenzinnige officieren. De enige voor wie men werkelijk respect leek te hebben was de man die hen voorwaarts dreef in deze volslagen irrationele militaire operatie: Adolf Hitler. 'We joegen achter het 'Phantom' van de olie aan', meende Heinz Gaedcke na de oorlog. De uitvoering van de operatie leek al even bizar te worden als de gehele opzet. Maar 'de Landser' marcheerde, misschien met twijfel maar zonder protest.

Ter verdediging van Bittrich moet wel worden aangevoerd dat het III.Pz.korps op de noordflank van het II.SS Pz.korps het niet veel beter deed. Mogelijk was de terreingesteldheid in het gebied van Bittrich en Breith nog iets slechter dan bij Priess en Von Harteneck. Zo was ook de 3.Pz.D., tijdens 'Konrad'-III nog zeer mobiel, op 6 maart nauwelijks uit de startblokken gekomen. Met een vertraging van veertieneneenhalf uur ging Bittrich alsnog over tot het offensief. Enkele malen daarvoor had hij reeds de start van de aanval gemeld, maar telkens bleek het slechts om beperkte stoot-troepacties te gaan.

Het schrikbeeld van de eerste dag veranderde niet in de dagen daarop. Weliswaar werd er terreinwinst geboekt maar de gehele strijd had meer weg van een duwpartij tussen twee falanxen uit de Griekse oudheid dan op een mobiele oorlogvoering uit de 20ste eeuw. Al op 6 maart begreep Wöhler dat er van een Blitzkriegachtige doorbraak geen sprake kon zijn. 'Modder en nieuwe sneeuw hebben een streep door de rekening gezet', meende Wöhler in een gesprek met Dietrich. De terreingesteldheid stond, als gevolg van de enorme modderoverlast, eenvoudigweg geen tankmanoeuvres op grote schaal toe. Dietrich deelde Wöhlers sombere visie, maar hij was nog niet zonder hoop. Toen op 7 maart de strijd zich onder lichte sneeuwval hervatte, hield Dietrich een doorbraak niet voor onmogelijk. Zorgen maakte hij zich echter over de noordflank van de aanval, waar Balcks 6. leger stond, in de angst met een flankaanval geconfronteerd te worden. Dietrichs angst bleek zeer terecht, hoewel Hermann Balck opvallend optimistisch was over de opvang van een eventuele actie op de noordflank van 'Frülingserwachen'. Op 8 maart leken Bittrichs eenheden iets beter tot ontplooiing te komen. In het gebied Sárosd - Aba - Káloz werd fel gevlochten. Aba werd op 12 maart veroverd en eenheden van de divisie 'Das Reich' en de 'Hoch und Deutschmeister' - divisie rukten op in de richting van Káloz en Heinrich Major. Bij Káloz slaagde de 44.I.D. erin een brug over het kanaal te slaan. Het I.SS Pz.korps veroverde Nagyhonosök op 8 maart. Daarop veroverde een gemengde gevechtsgroep onder bevel van de SS-officier Hans Siegel de plaats Dég. Bij zonsopgang vond de aanval plaats. Het was een 'stürmische' aanval, waarbij de Jagdpanther van Siegel werd afgeschoten. Deze liet zich niet uit het veld slaan. Achter op een motor reed hij door de ochtendnevel de stad binnen, waar hij getuige was van de vlucht van de Sovjet-Sturmgeschützen. Bij Simontornya liep de aanval van het I.SS Pz.korps vast.

Ook ten zuiden en ten noorden van de Waffen-SS korpsen tekende zich hetzelfde beeld af. Op de noordflank, bij Breith, kwam het tot zware gevechten tussen de sPz.Abt.509 van dr. König en Russische Sturmgeschützen. De situatie bij het 2.Pz.leger en het Ob.Südost was niet veel beter. Aanvankelijk had De Angelis wat terreinwinst geboekt maar rond Nagybajom-Jákó was de aanval vast gelopen. Hierbij liepen de spanningen tussen leger en Waffen-SS hoog op. Hauptmann Steinbrenner van de II./211 kreeg het aan de stok met een bataljon van de 16.SS Pz.Gren.D.'Reichsführer-SS'. Deze laatste eenheid wilde de aanval inzetten zonder op artilleriesteun te wachten. Steinbrenner wilde niets van dit roekeloze plan weten. De SS ging alleen en praktisch het gehele bataljon werd vernietigd. De Waffen-SS had ervaring in de Italiaanse bergen maar vond de ondergang in de Hongaarse wijnheuvels. De Angelis had meer dan 500 doden te betreuren, naast 3.000 gewonden en 150 vermisten. Het Rode Leger liet 1.700 doden achter, 1.000 gevangenen en 43 vernietigde tanks.

Het Ob.Südost deed wat het kon met troepen die nauwelijks voor reguliere eenheden konden doorgaan. De meeste van de soldaten van het Ob.Südost hadden tot dan toe enkel tegen partizanen gevochten. Het enige geluk voor het

Ob.Südost was het feit dat zij in de bruggehoofden over de rivier de Drau meestal tegen zwakke tegenstanders moesten vechten, voornamelijk Tito-partizanen en Bulgaarse eenheden. De troepen waren aan elkaar gewaagd. De verliezen waren zwaar. Alleen al op 7 maart verloren de Duitsers aan de Drau 700 manschappen aan doden en gewonden.

Na tien dagen tijd moest een sombere balans worden opgemaakt. De Heeresgruppe had 14.818 manschappen verloren, waarvan er 2.451 gesneuveld waren. Achtenveertig tanks waren vernietigd en meer dan 1.000 manschappen golden als vermist. Het Rode Leger had naar Duitse opgave 5.100 gesneuvelden te betreuren, 1.300 krijgsgevangenen, 210 tanks en 507 Pak en artilleriestukken.

Op 16 maart was het geduld in het Führerhoofdkwartier op. Hitler eiste een doorbraak en verlangde dat het III.Pz.korps en beide SS-korpsen hun krachten zouden bundelen voor een gemeenschappelijke aanval. Terwijl Wöhler in alle drukte overleg voerde, trokken de Sovjets hun conclusie. Tismoschenko had een eigen tijdschema waaraan hij zich moest houden. Met tevredenheid had hij gade geslagen dat de Duitse aanvalsmacht was leeggebloed op de Russische diepteverdediging. Drieëntwintig Sovjet-divisies hadden de aanval van de elf eenheden van de Schwerpunktgruppe doorstaan. Inmiddels was vanuit het gebied ten noorden van de Donau het 6.G.Pz.leger aangevoerd. Uit bewaard gebleven situatiekaarten weten wij dat Wöhler hiervan niet op de hoogte was. De Sovjets lieten hun oog vallen op de zwakke schakel in het Duitse front, de noordflank, verdedigd door het 6.leger van Balck.

Op 14 maart was reeds 80% van de benodigde eenheden van het Rode Leger verzameld en op 16 maart startte de aanval met een vernietigende artillerie kanonnade. Het gebulder van de Sovjet-kanonnen overstemde alles. In het gebied van het 4. en 46. leger stonden op sommige plaatsen maar liefst 160 tot 170 kanonnen per kilometer front. Het 9. G leger was vanuit de reserve naar voren gebracht. Het Rode Leger rook bloed. De Heeresgruppe Süd hield de adem in. Men besefte dat het initiatief nu uit het oosten zou komen en zette de hakken in de grond. De Donau, onder 'Konrad'-III marcheerden de Duitse soldaten nog aan haar oever, leek eindeloos ver weg. Amper 40 kilometer waren de Duitsers van hun uitgangsposities gekomen. Het water van de Donau stroomde vanuit het westen, Wenen! Het was inmiddels weer gaan vriezen. Tanks konden weer uit de voeten.

De Duitse militaire tragedie in Hongarije stond niet alleen. Ook aan het Westfront verslechterde de situatie snel. Eind februari was Dresden gebombardeerd door de westelijk-Geallieerden en op 5 maart was Keulen in Geallieerde handen gevallen. Op 7 maart, één dag na de start van 'Frühlingserwachen', was de brug bij Remagen onbeschadigd door het 1. Amerikaanse leger veroverd. Het Rijnfront was doorbroken en Von Rundstedt moest het veld ruimen voor Albert Kesselring.

Terwijl Hitler met Goebbels sprak over het historische belang van de veldslagen werd de werkelijke geschiedenis op dat moment al niet meer in het veld geschreven. Tussen 4 en 12 februari waren de Geallieerde leiders in Jalta bij elkaar gekomen en was de toekomst van Europa de inzet van een politiek debat. Het werd tijd voor de definitieve militaire afronding van de Tweede Wereldoorlog.

Terugtocht op de Reichsschutzstellung

Toen de Russische oorlogsmachine op 16 maart 1945, tien dagen na de start van 'Frühlingserwachen', voor de Weense operatie in beweging kwam, waren de Duitsers volledig uit het lood geslagen. Net als bij Stalingrad was bij de operaties van het 6. (SS) Pz. leger van aanvang af een risico op de noordflank (6. leger Balck) genomen door met name Hongaarse eenheden en moegestreden Duitse troepen het front te laten bewaken. Dit risico, voortkomend uit een niet aflatend gebrek aan eenheden, had men door middel van de grootschaligheid van het offensief - waarvan men hoopte dat het het Rode Leger met beide handen zou binden - geprobeerd te compenseren. De kanonnade van 16 maart toonde echter aan dat Timoschenko genoeg manschappen had voor beide strategische zetten: standhouden tegen 'Frühlingserwachen' nieuwe (gebundelde) stijl en het offensief openen op de zwakke noordflank van de Heeresgruppe.

Hoewel de Duitsers in het duister tastten over de precieze omvang van het offensief laten de eerste notities uit het dagboek van de Heeresgruppe zien dat zij de Russische dreiging serieus namen. De Sovjet-successen werden op gebruikelijke wijze genoteerd waarbij vooral de massaliteit van het Rode Leger - mede als excuus voor eigen falen - benadrukt werd. 'Massa's infanterie, 'grote groepen' en 'massale stormaanvallen' waren de krachttermen waarmee men van Timoschenko's meesterzet wilde afdingen. De Weense operatie was het produkt van een prachtig staaltje militaire planning. Het Rode Leger maakte gebruik van goede verdedigingsstellingen en liet de Duitsers in de modderperiode doodbloeden. Toen het begon te vriezen, waardoor de wegen beter begaanbaar werden, opende het Rode Leger, één dag later dan gepland, het offensief.

De linies van de voornamelijk Hongaarse eenheden werden met gemak door de troepen van het Rode Leger doorbroken. Het Vertes-front stortte onder druk van zeven infanteriedivisies (en nog eens zes direct in reserve) in elkaar. Buiten deze aanval beschikte het Rode Leger ook nog over het

6.G.Pz.leger dat nog even in reserve werd gehouden. Het Duits-Hongaarse front werd afgetast naar de meest 'zachte' plekken om vervolgens met het tankleger de diepte in te kunnen stoten. Al snel bleek dat praktisch het gehele front in het Vertesgebergte aan het schuiven was geraakt. De Sovjet-aanval had bovenal de Hongaarse 1. Kav.D. van Oberst Schell en de Hongaarse 2. Pz.D. van Generalmajor Von Zsedenyi getroffen, alsmede de 3. SS Pz.D. 'Totenkopf' van Helmuth Becker. Beckers manschappen waren moegestreden van de 'Konrad'-operaties en raakten versnipperd. De beide Hongaarse divisies waren reeds voor de strijd dermate verzwakt dat de beoordelingsrapporten meenden dat de troepen slechts voor kleine verdedigingsactiviteiten geschikt waren. Uitgerekend deze eenheden werden door het volle gewicht van de aanval getroffen.

De toch al gespannen situatie in de Heeresgruppe liep op tot het kookpunt. Enerzijds was er het uitdrukkelijke bevel van Hitler gekomen om met de gebundelde aanval nu eindelijk eens door te stoten. Anderzijds probeerden de Duitsers met grote spoed meer inzicht te verkrijgen in de gebeurtenissen op hun noordflank. 'Zwaar trommelvuur, maar we weten niet waar het zwaartepunt ligt', noteerde de 01 van 'Wiking' in zijn dagboek. Wöhler wist niet veel meer. De berichten over de massale vlucht van Hongaarse eenheden bereikten hem echter al spoedig. Wöhler leek op het eerste gezicht slechts uit twee opties te kunnen kiezen. Ofwel de eigen aanval door zetten, in de hoop dat er alsnog een doorbraak zou plaatsvinden waardoor men het Rode Leger in het defensief zou dringen, ofwel het afbreken van de aanval vanwege de ontwikkelingen in het Vertesgebergte. Wöhler koos voor een tussenoplossing: voortzetting van de aanval en de opbouw van een nieuwe verdedigingslinie ten westen van het Vertesgebergte.

Na overleg met Heinz Guderian werd Dietrich de ondankbare taak toebedeeld nu direct door te stoten. Het dagboek van de Heeresgruppe spreekt van een noodzakelijke 'rücksichtslosen Einsatz'. 'Een dergelijke doorbraak was in het verleden toch ook mogelijk', meenden Guderian en Wöhler.

De Duitse militaire leiding leek de realiteit nu volledig uit het oog te zijn verloren. Met name Guderian had beter moeten weten. De tijd dat zijn eenheden in de Frankrijk-veldtocht tot 100 kilometer per dag konden oprukken om vervolgens het verbouwereerde Führerhoofdkwartier te bellen met de mededeling dat zij aan de Zwitserse grens stonden, was reeds lang voorbij. Slechts 'Konrad'-III en 'Südwind' hadden iets weg gehad van de oude beproefde tangoperaties. Op de avond van de 16e maart, toen Dietrich om 21.30 uur begon met omgroepering van zijn 6. (SS) Pz.leger, brandde de noordflank van de operatie reeds over tientallen kilometers front. Wöhler hoopte dit op te vangen door troepen te verzamelen ten westen van het Vértesgebergte. Achteraf gezien waren de maatregelen lachwekkend. De Gren.Brigade 92 (mot.)(Kampfgruppe Lentz) werd aangevoerd - de eerste delen bereikten het gebied op 17 maart 17.35 uur - alsmede de Pz.A.A.1 (Major dr. Koehler) en delen van de 96.I.D en de 356.I.D. Bij deze laatste twee infanteriedivisies ging het slechts om een troepenmacht van amper 500 soldaten. De Kampfgruppe Lentz was een vreemde eenheid, opgesteld na de Frankrijk-veldtocht uit Duitse soldaten die gediend hadden in het Franse Vreemdelingenlegioen. De eenheid werd gebruikt als 'Bewährungs-Einheit' voor gestrafte Duitsers en diende als 'Feuerwehr' in de Balkan waar het voortdurend in de brandhaarden werd ingezet. Mogelijk kregen bovengenoemde eenheden nog versterking van het Volks Art.korps 403.

Natuurlijk waren deze eenheden volslagen kansloos tegenover de reusachtige Sovjet-overmacht. Desalniettemin was Balck, binnen wiens gebied deze gevechtsactiviteiten plaatsvonden, opmerkelijk optimistisch. Hij meende dat hij over voldoende reserves beschikte de aanval op te vangen. Dit was echter niet het geval. De 'reserves' bestonden uit een aantal bataljons met in praktijk slechts een gevechtskracht van zo'n 50 man per eenheid ! Aan het front stonden gedemoraliseerde Hongaarse eenheden en een verzwakt IV.SS Pz.korps dat tijdens 'Konrad' meer dan 7.000 man verliezen had geleden. Ook tussen Wöhler en Balck kwam het nu tot irritaties. 'Balck toont weer zijn bekende optimisme, ook als er geen reden voor is', noteerde Wöhler in het dagboek van de Heeresgruppe.

In de vroegste uren van 17 maart, 00.45 uur, bracht een melding van Heinz Gaedcke aan Wöhler meer duidelijkheid over de offensieve acties van het Rode Leger. De Russen waren reeds langs Mór heen gestoten en hadden de plaats Csakbereny veroverd. In de loop van de dag begonnen zich twee gevaarlijke 'Kessels' (omsingelingen) af te tekenen waarin het gros van de Heeresgruppe Süd zijn graf zou kunnen vinden. Het Russische 4.G.leger en 9.G.leger draaiden vanuit de omgeving van Stuhlweissenburg naar het zuiden in en dreigden het 6. SS Pz.leger tegen het Balatonmeer klem te zetten. Het Russische 46. leger draaide ondertussen vanuit het gebied ten noorden van Stuhlweissenburg in noordelijke richting in en dreigde op deze manier grote delen van Balcks 6. leger tegen de Donau te drukken. Aanvankelijk geloofde Wöhler op de 17e nog altijd in een voortzetting van Dietrichs offensief, maar toen de situatie zich meer en meer aftekende, realiseerde hij zich dat 'Frühlingserwachen' definitief van de baan was.

Op dat moment kreeg de Heeresgruppe een zetje in de rug. Hitler, in 'Frühlingserwachen' al even teleurgesteld als in 'Konrad', ging diezelfde dag nog accoord met een stopzetting van het offensief. Hij had slechts één, alles typerende eis. 'Frühlingserwachen' mocht slechts dan worden afgebroken als de olievelden bij het 2 Pz.leger geen gevaar zouden lopen. Een verzoek van Wöhler om de vrijgave van één divisie van het 2.Pz.leger voor de noordflank, men dacht aan de 16.SS D. of de 1.V.Geb.D., werd nadrukkelijk van de hand gewezen. Daarbij hoopte Hitler, na stabilisatie van het front, de offensieve actie wederom te hervatten. Ook eiste Hitler een voortzetting van het offensief van het 2 Pz.leger. Wöhler beloofde het, zoals hij alles beloofd zou hebben om zich te ontdoen van deze lastige, uitzichtloze operatie. Wij hebben gekozen voor de 'ganze Lösung' liet Wöhler noteren. Hoe bloedig deze oplossing was, kon hij op dat moment nog niet voorzien.

Dietrich kreeg het bevel zijn aanval af te breken en wederom te groeperen. Ditmaal niet voor een mars naar het oosten, maar naar het noordwesten, grofweg in de richting van Györ (Raab). De Waffen-SS commandant begreep wat dit betekende: een terugtocht in de richting van de Oostenrijkse grens. De droom van de olie van Ploesti was definitief voorbij. De soldaten zouden blij mogen zijn als zij nog op tijd uit de zich snel aftekenende Kessel zouden kunnen ontsnappen. De noordelijke draai van het Rode Leger ontplooide zich op 18 maart via de route Veszprém - Pápa - Tét - Ménföcsanak met grote voortvarendheid. Het industriegebied van Tatabánya werd bedreigd, de 96.I.D. en de 711.I.D steeds meer tegen de Donau aangedrukt. 'Totenkopf' hield ondertussen stand in de omgeving van Mór, terwijl 'Wiking' aan de periferie van het offensief, in Stuhlweissenburg bleef liggen. De Sovjet-aanvallen konden hier worden afgeslagen, hoewel het Regiment 'Westland' van de divisie onder zwaar artillerievuur lag.

De zuidelijk opmars van het Rode Leger, in de richting van Varpalota, won ook snel aan terrein en vormde de meest directe bedreiging voor Dietrichs SS-leger. De SS-pantserkorpsen van Priess en Bittrich moesten zo snel mogelijk aan hun terugtocht richting Györ beginnen maar dit was gemakkelijker gezegd dan gedaan. De SS-officieren, die zich nog maar nauwelijks hadden ingesteld op 'Frühlingserwachen' gebundelde stijl moesten nu wederom hergroeperen op de schaarse wegen en met een nijpend tekort aan brandstof. Daarbij werden grote delen van de SS-troepen, met name bij Bittrichs divisie 'Das Reich'(III./'Der Führer' bij Heinrich Major), door de vijand aan hun plaats gebonden. Zij zouden zich slechts strijdend kunnen terugtrekken. De divisie 'Das Reich', die reeds op 9 maart haar divisie-commandant Ostendorf verloren had, stond onder bevel van Karl Kreutz voor een zware opgave.

Groot was de teleurstelling aan Duitse zijde over deze nieuwe tegenslagen. Vooral de Hongaren kregen er van langs bij het commentaar in het dagboek van de Heeresgruppe. 'De Hongaren gaan er in wilde vlucht vandoor, hun gevechtswaarde is gelijk aan nul', liet Wöhler optekenen. Naarstig zochten de Duitsers dan ook naar nieuwe versterkingen die de langzaam wegglijdende Heeresgruppe weer in het gareel zouden kunnen brengen. Met spoed werd de gloednieuwe 232.Pz.D. onder bevel van Oberst Freiherr Von Ohlen aangevoerd. De divisie was in het laatste oorlogsjaar opgericht uit delen van de Pz.Feld.Ausb.D.'Tatra' en beschikte slechts over een zwakke gepantserde afdeling (Gem.Pz.Abt.'Tatra') met verouderde PzKw-III en IV. tanks en vier bataljons pantsergrenadiers.

In de nacht van 19 op 20 maart kwam de uitbraak van Dietrichs SS-leger eindelijk op gang. Het was werkelijk op het laatste nippertje, want na de geslaagde infanteriedoorbraak had het Rode Leger nu ook zijn tanks van het 6.G.Pz.leger in de strijd geworpen. De eenheid stond onder bevel van de jonge, energieke tankgeneraal Kravenko en de Sovjets leken vast besloten definitief af te rekenen met de elite van de Waffen-SS. De eenheden van het I.SS Pz.korps, de 'Leibstandarte Adolf Hitler' en de 'Hitlerjugend' divisie raakten op 20 maart midden in een van de kolonnes van het doorgebroken Russische tankleger. Hoewel de situatie voor de Duitse troepen uiterst benard was, bewezen zij wederom dat de Duitse soldaat, ook op de terugtocht, een gevaarlijke tegenstander bleef. In de chaotische gevechten die volgden, gingen 31 Sovjet-tanks in vlammen op.

Het Rode Leger kon de verliezen met een opzienbarend gemak aanvullen. Nieuwe tanks rolden het slagveld op en niet minder dan 42 infanterie-divisies had maarschalk Tolbouchin nu in de strijd geworpen. De 'sluis' naar het noordwesten waardoor Dietrich zich heen zou moeten vechten werd snel kleiner en beschikte op het laatst slechts nog over een doorgang van ongeveer tweeëneenhalve kilometer breedte. Tussen 21 en 23 maart vond uiteindelijk de uitbraak plaats. De gehele operatie had iets weg van de Duitse uittocht uit Boedapest. Wederom moesten de eenheden spitsroeden lopen, hoewel de Duitse kracht hier natuurlijk sterker was dan in het Gerecse- en Pilisgebergte in februari 1945. Desalniettemin waren de verliezen schrikbarend. De 23. Pz.D. van Von Radowitz werd gedeeltelijk onder de voet gelopen. De Oostenrijkse 44.I.D., trotse drager van de in 1526

Roemloos einde. De restanten van het Duitse 6.SS Pz.leger worden door het Rode leger verzameld. 'Panther'-tanks zonder benzine staan langs de kant van de weg. De voorste tank is mogelijk van de Pz.Abt.208.

gestichte ridderorde 'Hoch und Deutsch Meister', werd bij Jeno omsingeld door het Rode Leger. De paniek was groot. Radiobericht na radiobericht werd uitgezonden waarin Generalleutnant Von Rost om hulp vroeg. De 1.Pz.D. beloofde te doen wat zij kon maar de Oostenrijkse troepen, die onder zwaar vuur lagen, konden niet langer wachten. Von Rost verzamelde zijn eenheden en probeerde op eigen kracht door de smalle sluis de weg naar de vrijheid te vechten. De poging werd een debâcle. De infanterie-divisie was traag weggekomen uit het verband van het II.SS Pz.korps en vormde een aanlokkelijk doel. Niet minder dan vijf linies werden door het Rode Leger om de divisie gelegd. Von Rost verzamelde de weinige gepantserde eenheden in het midden van zijn troepenmacht, plaatste de grenadierregimenten 131 en 132 op de flanken en opende een wanhoopsoffensief. Drie linies werden doorbroken. Toen trof een granaat de SPW van de divisiecommandant. Von Rost sneuvelde, evenals zijn Ia, Major Vogel en de Ia Schreiber Vojacek. Ook de commandant van de Nachrichten-Abteilung Major Mack en de O1 van het Gren.Rgt.132 Leutnant Zimmerhackl sneuvelden in de strijd. De commandant van het Art.Rgt.196, Oberst Siehl, raakte zwaar gewond.

De 'Hoch und Deutschmeister'-divisie werd praktisch vernietigd. 'Het was de enige grote eenheid die in de Tweede Wereldoorlog onder mijn bevel verloren ging', treurde Balck na de oorlog in zijn memoires. Dit was juist, maar de weinige overlevenden kregen geen rust. Onder aanvoering van Oberst Hoffmann en de nieuwe Ia Hauptmann Rönnefarth vochten zij zich een weg naar het westen. De Heeresgruppe, die geen soldaat kon missen, hield de eenheid in het veld. Van een werkelijk slagveld was op dat moment overigens geen sprake meer. De Duitsers stroomden terug in de richting van Wenen en de Reichsschutzstellung, een reeks zwakke fortificaties aan de Oostenrijks-Hongaarse grens, die mogelijk net als de Margarethe-Stellung in januari 1945 redding zou kunnen bieden.

Gezien de algehele terugtocht die ingezet werd, was ook stad Stuhlweissenburg, waar 'Wiking' zich had verschanst, niet langer te behouden. Gille, de commandant van het IV.SS Pz.korps en Karl Ullrich, de divisie commandant van 'Wiking', probeerden via hun radio de verwarde gevechten om hen heen zo goed mogelijk te volgen. Onder de soldaten in de stad was grote ongerustheid ontstaan. Het gerucht ging dat Stuhlweissenburg via een Führerbefehl tot 'Festung' was verklaard. Dit zou betekenen dat 'Wiking' in de stad zou moeten blijven om deze huis voor huis tot het bittere einde te verdedigen. Iedereen wist wat dat zou betekenen. De divisie zou hetzelfde lot ondergaan als de Waffen-SS divisies 'Florian Geyer' en 'Maria Theresia' in Boedapest. Op 21 maart kwam echter een levensreddend bevel binnen. Gille kreeg opdracht uit te breken met alles wat nog rollen kon in de richting van Urhida. Dit lieten de soldaten zich geen tweemaal zeggen en ontruimden de stad. Nog diezelfde avond rolden de tanks van het 6.G.Pz.leger de stad binnen. 'Alles is in beweging, waar zullen wij nog een gesloten front vinden?', noteerde Günter Jahnke, de O1 van 'Wiking', in zijn dagboek.

De terugtocht van 'Wiking' verliep, in tegenstelling tot die van de HuDm en de 23Pz.D., redelijke goed. Op 22 maart konden de eenheden van Gille en Karl Ullrich worden teruggetrokken op een opvanglinie rond de plaats Papkeszi waar Silvester Stadler, de commandant van de 9.SS Pz.D. 'Hohenstaufen' en Hermann Breith, commandant van het III.Pz.korps, hen feliciteerden met de uitbraak. Gille meldde de geruchten rond het Führerbevel. Breith haalde slechts zijn schouders op. Het was een van de weinige keren op het Hongaarse slagveld dat de Waffen-SS en het leger één lijn trokken, hoewel Breith geweigerd had de terugtocht van 'Wiking' officieel te dekken.

Om 'Wiking' in de gelegenheid te stellen zich terug te trekken, had de 9.SS D. 'Hohenstaufen' langer dan gepland standgehouden aan het front, ondersteund door de Flak Abt. I./25. Hierbij was het tot zware gevechten gekomen met het Rode Leger, waarbij zeer veel tanks van de Sovjets waren vernietigd. Wöhler was niet te spreken over deze eigenzinnige actie van Stadler. De ergernis van Wöhler was zeer begrijpelijk gezien de eerdere commotie rond de vertraagde start van Bittrichs II.SS Pz.korps - waar 'Hohenstaufen' deel van uitmaakte - bij de aanvang van 'Frühlingserwachen'. Wöhler en Dietrich ontmoetten elkaar op het hoofdkwartier van Bittrichs II.SS Pz.korps, waar de Heeresgruppe commandant Stadler direct van ongehoorzaamheid en traagheid beschuldigde. Dietrich sprong in de bres voor Stadler die hij een 'uitstekend divisiecommandant noemde.' De 9.SS was gewoonweg niet meer zo snel als vroeger vanwege het feit dat de divisie nog maar over 30% van zijn rollend materieel beschikte.

Hoe het ook zij, de sfeer werd nu snel grimmiger. Terwijl Varpalota op 21 maart in handen van het Rode Leger was gevallen en Veszprem op 23 maart voor de Duitsers verloren ging, kondigde Wöhler op 24 maart bij Guderian aan dat hij streng zou optreden tegen iedere deserteur die in zijn handen zou vallen. Achter het terugtrekkende front werden speciale eenheden uitgezet die geen ander doel hadden dan de executie van deserteurs. 'Wer aus Feigheit nicht kämpft, stirbt in Schande.' Wöhler, die Hitler nimmer had durven zeggen waar het op stond, toonde nu wel zijn tanden naar de eigen soldaten.

Bij de executies - het aantal zou volgens Balck nog wel zijn meegevallen - werd geen onderscheid gemaakt tussen leger en Waffen-SS. Dit was mede het gevolg van de algemene teneur binnen de Heeresgruppe dat men eigenlijk toch wel iets meer had verwacht van de Waffen-SS elite-eenheden. De Waffen-SS, de gehele oorlog de gewapende tak van Himmlers SS-imperium op het slagveld, was nu net als elke andere eenheid voor zijn leven op de loop. Met de naderende ondergang van het Derde Rijk duidelijk voor ogen, nam het ontzag en mogelijk zelfs verborgen angst tegenover deze 'politieke' soldaten langzaam af. De ergernis van de officieren van het leger was begrijpelijk. De Waffen-SS had het hoofd altijd erg hoog gedragen, was voorzien geweest van de beste wapens en had rond zichzelf het aureool gekweekt van de 'uitverkorenen'. Anderzijds had de Waffen-SS in de verschillende brandhaarden aan het front ook een prijs betaald voor deze houding en deed zij in Hongarije gewoonweg wat zij kon. De kritiek van Wöhler werd, mede door de voortdurende negatieve berichtgeving van Balck, steeds harder van toon, zoals ook bleek uit de directe en zeer persoonlijke beschuldiging aan het adres van Stadler. Dietrich besefte zelf ook wel dat zijn eenheden niet langer vergelijkbaar waren met de krachtige divisies waarover hij bijvoorbeeld in 1943 bij Koersk had beschikt. 'In de Ardennen hebben wij 8.500 manschappen verloren', vertelde Dietrich aan Otto Wöhler. Slechts 3.500 manschappen had hij daarvoor terug gekregen, het leeuwedeel afkomstig van de marine en de Luftwaffe alsmede zelfs enkele honderden Oekraïnse vrijwilligers Albert Stückler van het I.SS Pz.korps bevestigde na de oorlog het beeld dat Dietrich van zijn troepenmacht schetste. Het 6. SS Pz.leger was geen werkelijke militaire elite meer.

Papkeszi was slechts een tussenhalte op de grote terugtocht. Amper een week later, op 30 maart 1945, bereikte 'Wiking' om 14.30 uur de 'Reichsschutzstellung'- ook wel bekend onder de naam 'Raabstellung' - die de grens tussen het Duitse Rijk (nu Oostenrijk) en Hongarije vormde. 'Wat een weerzien met het vaderland', klaagde Jahnke in zijn dagboek. 'De wegen zijn overvol met vluchtelingen en terugtrekkende eenheden. Gendarmerie en officieren doen hun best enige orde in de chaos te scheppen. Tevergeefs. De 'Reichsschutzstellung' is slecht uitgebouwd en zwak bewapende infanteristen van de Volkssturm bewaken de versterkingen. Op onze rechterflank bij Jennersdorf is het Rode Leger reeds door de linie heengestoten. Wij zullen dus eerst moeten beginnen met de herovering van de stelling.'
In deze dagen van chaotische terugtocht verloor 'Wiking' de omstreden officier Fritz Vogt. Op 2 april 1945 raakte hij zwaargewond bij een luchtaanval van het Rode Leger. SS-Oberführer Karl Ullrich hoorde het bericht en snelde op de gewonde officier toe. Hij spelde hem zijn eigen Eichenlaub op, een onderscheiding die Vogt altijd fel begeerd had. Na diens dood kreeg Ullrich zijn onderscheiding terug. Hij bezit hem nog altijd. Na de oorlog toonde hij hem mij trots, samen met andere onderscheidingen. Op het balkon van zijn bejaardentehuis in Bad Reichenhall toonde hij mij een houten

lijstje waarin achter glas zijn Ritterkeuz met Eichenlaub en schouderepauletten schitterden. Het was een vreemde gedachte dat deze onderscheiding ook één dag de borst van Fritz Vogt gesierd had, een man die zo gevreesd werd door zijn soldaten dat zij het gezelschap van Russische T-34 tanks boven zijn aanwezigheid prefereerden. Achter Ullrich rezen de Beierse Alpen omhoog. Ik bevond me niet ver van de Berghof, Hitlers adelaarsnest, waar Horthy urenlang had moeten luisteren naar Hitlers monologen en waar de zus van Karl Ullrich had gewerkt in de bediening. 'Zal ik u er heen rijden?', vroeg Ullrich. De drieëntachtig jarige divisiecommandant van 'Wiking' bood mij een lift aan.

De gevechtswaarde-rapporten van de Heeresgruppe uit deze dagen bevestigden inmiddels het beeld dat reeds hierboven beschreven werd. De Heeresgruppe Süd had zich volledig vertild aan de vijf offensieve operaties in Hongarije in 1945. Niet minder dan 24 divisies waren volgens de beoordeling nog slechts geschikt voor beperkte verdedigingsopdrachten. Hieronder waren beroemde divisies van naam, zoals 'Das Reich' dat slechts nog over zeven (!) tanks beschikte. Ook bij het I.SS Pz.Korps was de situatie niet veel beter. SS-Brigadeführer Otto Kumm, commandant van de 'Leibstandarte Adolf Hitler', eens de crème de la crème van het Duitse leger, klaagde dat zijn manschappen oververmoeid waren en in slaap vielen terwijl zij onder artillerievuur lagen. Officieren van de divisie vielen in slaap bij situatiebesprekingen.

De terugtocht van Dietrichs Panzerleger, dat door de verplaatsing in de richting van Györ (Raab) in feite een rokkade had gemaakt met Balcks 6. leger en nu dus het moeilijkste front moest verdedigen, had Hitlers oliepolitiek in alle opzichten beschadigd. De droom van Hongarije als springplank naar de Roemeense olievelden was definitief van de baan. Ook het behoud van de westoever van de Donau als preventieve bescherming voor de velden bij Nagykanizsa was niet langer mogelijk. Tevens gingen raffinaderijen in de omgeving van Stuhlweissenburg definitief verloren. De Duitsers zagen dit als een groot strategisch verlies. Meer dan eens noemde het dagboek van de Heeresgruppe deze raffinaderijen, zoals die bij Petfürdö, 'lebenswichtig'. De Heeresgruppe handelde hierbij helemaal in de geest van Hitlers olie-obsessie. De aanvallen van het 2. Pz.leger hadden na 16 maart nog enige dagen aangehouden maar waren uiteindelijk totaal stil komen te liggen. Niet alleen de zuidelijke draai van het Rode Leger beschadigde Hitlers oliebelangen, ook de noordelijke draai deed dat. Hier concentreerde de Heeresgruppe zich bovenal op het behoud van de raffinaderijen rond Komorn, bij Szöny en Füzitö. Ook ditmaal was er weinig logica in de olie-strategie te bekennen. De raffinage-capaciteit was reeds op 15 maart, nog voor de start van het Sovjet-offensief in de richting van Wenen, voor 70% uitgevallen. Verschillende keren in 1945 hadden westelijk-Geallieerde bommenwerpers, op Russisch verzoek, de raffinaderijen en bruggen van Komorn gebombardeerd. Desalniettemin probeerde de Heeresgruppe de stad te versterken, die in sneltreinvaart vanuit twee kanten bedreigd werd. De noordelijke draai van het Rode Leger had op 19 maart reeds de lijn Naszály - Mocsa - Nagymand - Kisbér bereikt en drong de eenheden van de 96.I.D., de 711.I.D en de Kampfgruppe Lentz (Gren.Brigade 92 (mot.) steeds verder in de verdediging. Groepjes Duitsers raakten bij de gevechten aan de rand van het Gerecse- en Pilisgebergte ingesloten. Op 21 maart vielen Felsögala en Alsögala, het tijdens 'Konrad'-I zo fel omstreden industriegebied, in handen van het Rode Leger.

Maar ook ten noorden van de Donau, aan het Granfront, begon het ondanks operatie 'Südwind' wederom te rommelen. Bij Tat vormde het Rode Leger een bruggehoofd en bracht via twintig veerboten sterke eenheden op de westelijke Gran-oever. Na het vertrek van het I.SS Pz.korps naar het 'Frühlingserwachen' front was het Duitse front aan de Gran wederom ondermijnd. Een drietal zwakke infanteriedivisies probeerde tevergeefs stand te houden.

Intussen werd Komorn in sneltreinvaart uitgebouwd tot een versterkt bolwerk. Hiertoe had het 8.leger de Pz.D.'FHH'2 ter beschikking gesteld, onder bevel van Günther Pape (voorheen commandant van de 'Gruppe Pape') alsmede de

opnieuw opgestelde 13.Pz.D. onder bevel van dr. Bäke. Deze eenheden waren afkomstig uit het Pz.korps 'FHH' (General Kleemann). Ook spoedde zich een nieuwe Waffen-SS cavalerie-eenheid naar het front, de SS-Kampfgruppe 'Ameiser'. Het gros van deze eenheid bestond uit het SS-Reiter Rgt.92 onder bevel van SS-Sturmbannführer Anton (Toni) Ameiser. Het was een onderdeel van de zich bij Bratislava (Pressburg) in opstelling bevindende 37. SS Freiw.Kav.D. 'Lützow' (SS-Standartenführer Karl Gesele).
Het was niet de eerste maal in de historie dat Komorn tot vesting werd uitgebouwd. In 1849, tijdens de Hongaarse vrijheidsstrijd, was de stad ook een belangrijk bolwerk, dat zelfs na de capitulatie van de Hongaarse strijdkrachten onder de bezielde leiding van generaal Bem nog maandenlang standhield tegen Oostenrijkse en Russische belegeraars.

Ondanks versterkingen zou de huidige slag om Komorn slechts van korte duur zijn. De reden hiervan was eenvoudig. Het Rode Leger was overmachtig en de Duitsers besloten voor de totale insluiting het hazepad te kiezen.
Op 22 maart startte het Rode Leger ten noorden van de Donau zijn eerste poging Komorn te veroveren. De aanval kon onder zware verliezen worden afgeslagen. Op 24 en 25 maart verslechterde de situatie voor de Duitse eenheden echter dramatisch. De Duitse infanteriekrachten in de voorste lijn, manschappen van de 211.V.G.D., 46.V.G.D. en de 357.I.D., waren niet langer bij machte het offensief te stoppen. Het Sovjet 57. leger, 7.G.leger alsmede het 1. Roemeense leger lanceerden met circa twintig divisies een aanval op het Gran-front. Hierbij keek het Rode Leger al veel verder dan Komorn. Het doel op de kaarten van de Stavka was Bratislava, ver in de rug van de Duitse krachten.
Toen de doorbraak direct oostelijk van Komorn dreigde en ook de verdedigers uit het Gerecse- en Pilisgebergte vanuit het zuiden Komorn binnenvluchtten, begreep de Heeresgruppe dat Komorn verloren was. Tussen 27 en 29 maart ontruimden de Duitsers onder bevel van dr. Bäke het sleutelpunt Komorn. Niet minder dan 20.000 manschappen uit het Gerecse- en Pilisgebergte sloten zich bij de terugtrekken-

de eenheden aan, die zich via de Slowaakse oever van de Donau terugtrokken in de richting van Bratislava, in navolging van Dietrichs SS-pantserleger. Soldaat Kliemchen van het FEB 54 (6. Pz.D.) was getuige van deze dramatische aftocht. De kleine eenheid waarvan hij deel uitmaakte, had tot voor kort een opleiding tot sluipschutter gevolgd in Komorn. De grote stroom militairen naar de noordoever van de Donau gaf aan dat de nederlaag in het Gerecse-Pilisgebergte compleet was. 'Wij lagen op een schiereiland in de Donau, pal naast de brugverbinding. Aanvankelijk hadden we nog enig vertrouwen in de situatie omdat de 'FHH' divisie naast ons lag. Maar toen ook deze tanks zich op de noordoever terugtrokken, wisten wij dat de strijd om Komorn gestreden was'. De sluipschutters van de FEB 54 sloten zich aan bij de colonne die zich op Slowaakse bodem vormde. Zesendertig tanks van de 13.Pz.D. vormden de stalen vuist die de manschappen moest redden tot Bratislava, daar achter volgden lange colonnes soldaten, zoals Rgt.283 (Oberstleutnant Von Boeltzig), Rgt.284 (Major Pipo) en Rgt.287 (Oberstleutnant Magawly) van de 96.I.D. Terwijl de grijze colonne langzaam westwaarts bewoog, klonken achter hen enorme detonaties. Pioniers bliezen de bruggen van Komorn op. Zij vielen krachteloos in het water van de Donau, zoals de bruggen in Boedapest kort daarvoor.

Wenen, de olie van Zisterdorf en de mythe van de 'Alpenfestung'

Met de doorbraak van de 'Reichsschutzstellung' waren alle Duitse ogen op het westen gericht. Wenen was de magneet die zowel de Duitse troepen als het Rode Leger aantrok. De situatie binnen de Heeresgruppe Süd had zich een klein beetje gestabiliseerd. De nederlaag die geleden was tussen het Balatonmeer en de Donau was compleet geweest maar de Duitsers hadden tenminste het vege lijf kunnen redden. De leiding hoopte zich nu ergens meer westelijk te kunnen handhaven.
Naast de 'Reichsschutzstellung' waren er nog meerdere linies uitgebouwd. Voor Wenen lag de 'Deutschmeisterstellung' en rond Wenen was wederom een linie aangelegd: de 'Wienschutzstellung'. Ook in het achterland waren werkzaamheden verricht aan de zogenaamde 'Nibelungenstellung' en 'Hagenstellung' die het voorveld vormden van de zogenaamde 'Alpenfestung' waar, naar men aannam, de Nazi-top zich voor de eindstrijd zou terugtrekken.
Temidden van deze chaotische terugtocht werd er zowel aan Duitse als aan Sovjet-zijde geruzied over de resultaten. Balck verweet de Waffen-SS voor het Rode Leger op de loop te gaan terwijl er 'materiaal en manschappen voldoende waren om de crisis op te vangen'. Daarbij verweet hij de 9.SS divisie van Stadler het verlies van de HuDm.divisie. Terugkijkend is het niet mogelijk dit te reconstrueren. Wij moeten volstaan met wat Wöhler en Dietrich hierover gezegd hebben. Dat het 6. SS Pz.leger nog langer partij was voor het Rode Leger wordt door de feiten echter ontkracht. Dietrich grapte in deze dagen wel eens dat het 6. van 6. SS Panzerleger stond voor het feit dat het leger nog over zes tanks beschikte. Dit typeerde de situatie en dit beeld wordt bevestigd door de bewaard gebleven Wochenmeldungen waarin de sterkte van de Duitse eenheden was na te lezen.
Spanning was er binnen het Duitse kamp ook over de alsmaar verdergaande aftakeling bij de Hongaarse eenheden. Nu de oorlog zich van het Hongaarse slagveld verwijderde,

was de motivatie van de Hongaarse soldaten om nog verder te strijden tot het nulpunt gedaald. In de nasleep van 'Frühlingserwachen' en Boedapest waren ruim drie Hongaarse divisies praktisch vernietigd en de overige Hongaren voelden er niets voor alsnog te sneuvelen voor een reeds verloren vaderland. Daarbij zette het Rode Leger alsmaar meer Hongaarse eenheden aan hun kant in hetgeen tot verwarring leidde. Het 2.Pz.leger meldde dat per dag vijftien Hongaarse militairen overliepen naar het Rode Leger. Walter Krüger, van de Nachrichten-Abteilung 12 van de 'Hilterjugend'- divisie, vertelde na de oorlog dat de Hongaren er 'bij bosjes' vandoor gingen. 'Zij lieten hun machinegeweren langs de kant van de weg liggen en wij verzamelden die.'

Maar ook de Sovjets waren niet helemaal tevreden. Tolbouchin was teleurgesteld in het feit dat het 6. SS Pz.leger ondanks zware verliezen erin geslaagd was te ontsnappen uit de omsingeling. Hij verweet dit bovenal zijn 6. G.tankleger dat 'te traag' in actie zou zijn gekomen. Natuurlijk had Tolbouchin ook kunnen concluderen dat hij het korps te laat had ingezet. Zowel bij de Duitsers als bij het Rode Leger werden klein-menselijke eigenschappen zichtbaar. Het succes kende vele vaders maar de nederlaag en ondergang waren eenzaam.

Over de opmars van het Rode Leger naar Wenen kunnen wij kort zijn. Dit is in detail beschreven door de Oostenrijkse historicus Manfried Rauchensteiner. Tussen Neusiedlersee en Köseg braken van noord naar zuid het 46. leger, 9.G.leger en 6. G.Pz.leger de 'Ostmark' binnen. Op 29 maart viel Oberpullendorf, 30 maart Deutsch-Kreuz, 31 maart Sopron en Grimmenstein en op 2 april bereikte het Rode Leger reeds de buitenwijken van Wenen. Tegen die tijd was het moreel van de meeste Duitse eenheden verder aangetast. Wat de soldaten voortdreef, was de wil niet in Sovjet-gevangenschap te belanden. Deze angst was gerechtvaardigd want de Duitsers hadden zelf de Sovjet-krijgsgevangenen uit de eerste jaren van de oorlog massaal achter prikkeldraad laten verhongeren. Iedere soldaat van het Rode Leger had wel iemand te wreken. Daarbij besefte zelfs de meest overtuigde nationaal-socialist dat de oorlog definitief verloren was. Volkssturm-eenheden die in de 'Reichsschutzstellung' en andere stellingen stonden opgesteld werden door de terugtrekkende soldaten voor 'Kriegsverlängerer' uitgescholden. Rauchensteiner maakt zelfs melding van plundering door de Duitse eenheden op Oostenrijks grondgebied.

Op 1 april 1945 arriveerde Sepp Dietrich en zijn staf in Wenen, de 'tweede hoofdstad' van Duitsland. De politieke leiding van de stad lag in handen van Hitlers vertrouweling en opvoeder van de Hitlerjugend Baldur von Schirach in de functie van Gauleiter. Onder invloed van de Nazi's was de stad, die zoveel vooruitstevende heldere geesten had voortgebracht als Freud, Wittgenstein en Kraus, uitgegroeid tot een bolwerk van bruin reactionisme. Van de oude droom van Rudolf Habsburg, de enige zoon van keizer Franz Joseph, om Wenen uit de greep van de pangermanisten te houden en aan te sturen op een pro-angelsaksische koers, was niets overeind gebleven. De bruine cultus regeerde de stad en had haar in een wurggreep. Op de straten waar Mahler had gelopen, intellectuelen in café-Central hadden gediscussieerd, liet men joodse medebewoners de straattegels met hun tandenborstels poetsen. Rudolf Habsburgs mislukte missie eindigde in een wanhopige zelfmoord te Mayerling, in de armen van zijn zeventienjarige minnares en volgelinge barones Mary Vetsera. In 1945 stonden Oostenrijk en Wenen in het bijzonder een nieuwe bloednacht te wachten.

Von Schirach, een opportunistisch persoon, zag de ontwikkelingen met zorg tegemoet. Hij wist wat er van de Gauleiters verwacht werd: een uiterste inzet tot aan de dood. Fritz Wächtler, de Gauleiter van Wagner-stad Bayreuth, was wegens defaitisme doodgeschoten. Josef Bürckel (Saarpfalz) had zich zelf doodgeschoten en Wilhelm Murr (Stuttgart) zou in de gifcapsule bijten. In Berlijn gaf Joseph Goebbels het voorbeeld. Hij zou met vrouw en kinderen Hitler in zijn ondergang volgen. Von Schirach, 38 jaar oud, vond zichzelf echter te jong om meegesleurd te worden in de ondergang en evacueerde zijn vrouw en kinderen buiten de stad. Hij maakte zich zorgen over de irrationele bevelen die hij vanuit het

Führerhoofdkwartier binnenkreeg. Op 1 april had Hitler Von Schirach persoonlijk opgebeld om hem mee te delen dat hij het 6.SS Pz.leger ter verdediging van de stad kreeg. 'Een van onze beste legers', voegde Hitler er aan toe.
Een paar uur later kon Dietrich hem persoonlijk op de hoogte stellen van de stand van zaken bij het 6.SS Pz.leger. Dietrich wond er geen doekjes om en vertelde Von Schirach over de belabberde staat van zijn leger. De beide mannen kenden elkaar goed. Von Schirach ontmoette Dietrich in de tijd dat deze kranteninpakker was bij de 'Völkische Beobachter' in München. Het kwam hem onwerkelijk voor dat Dietrich nu de hoogste Waffen-SS generaal in rang was. Beide mannen bespraken Hitlers bevel Wenen direct aan de stadsrand te verdedigen.
De volgende dag arriveerde de speciale trein van de Reichsführer-SS Heinrich Himmler in Wenen. Himmler kwam zich persoonlijk op de hoogte stellen van de situatie bij zijn Waffen-SS troepen. Vanuit de Heeresgruppe was in toenemende mate met de beschuldigende vinger naar de SS gewezen en Himmler wilde zich er van overtuigen dat het SS-esprit nog niet verloren was. Hij verzamelde een aantal Waffen-SS officieren om zich heen en hield een toespraak die bol stond van cliché's als 'standhouden' en 'overwinning'.
Op het moment dat Himmler in Wenen was, belde Hitler. Himmler verliet de kamer van Von Schirach en spoedde zich naar de telefoon. Toen Himmler terugkwam, was deze zichtbaar uit het veld geslagen. Hitler had Himmler aangevallen op het 'falende' optreden van de Waffen-SS tegen wie hij disciplinaire strafmaatregelen wilde nemen. De 'Leibstandarte Adolf Hitler' zou het niet langer verdienen zijn naam te dragen. Hierop was Himmler, volgens Von Schirach, harder tegen Hitler uitgevallen dan hij ooit in zijn 'Treue-Heinrich'-carrière gedaan had. 'Als u wilt dat ik de Waffen-SS hun Eiserne Kreuzen en Ritterkreuzen ontneem dan zal ik dat ook moeten doen van hen die dood aan het Balatonmeer liggen! Meer dan hun leven kunnen de soldaten niet geven'!
Terug in de kamer bij Von Schirach en Dietrich vertelde Himmler dat Hitler bevolen had dat de Waffen-SS de 'Aer-

melstreifen' moesten afleggen, waarop de divisienaam stond. Dietrich was ziedend van woede en gooide zijn onderscheiding met briljanten in de hoek. 'Als ik deze 'Scheisse' aan mijn mannen laat horen wandelen ze zo naar huis!', riep hij uit. Von Schirach en Himmler sloten zich bij deze conclusie aan en besloten Hitlers bevel geheim te houden. Hitler was tot zijn besluit gekomen in navolging van zijn grote historische voorbeeld Frederik de Grote, die er niet voor terugschrok garde-eenheden disciplinair te straffen. Naar aanleiding van Hitlers bevel ontstonden er een aantal geruchten die na de oorlog in de literatuur hun weerklank vonden. De mythe gaat dat de Waffen-SS officieren hun onderscheidingen afrukten en in een wc-pot naar het Führerhoofdkwartier opstuurden. In de pot zat naast de onderscheidingen ook de afgeschoten arm van een SS-soldaat met de 'Aermelstreifen'. In werkelijkheid besloot Dietrich dus het bevel te negeren. Het incident versterkte wel het algehele gevoel binnen de Waffen-SS dat zij gebruikt werden en onbegrepen bleven. Ook in gevechtstelegrammen zien wij dit beeld terug. In de begindagen van de Sovjet-Weense operatie verzond Stadler het bericht dat de 9e SS-divisie 'volledig werd opgebruikt' door het leger. Er was sprake van een crisis in de leiding en het moreel van de Heeresgruppe. Anderzijds had het leger het gevoel dat de Waffen-SS haar grote mond niet had waargemaakt. Gaedcke meende na de oorlog: 'Het 6. leger hoorde het bericht over het 'Aermelstreifenerlass' met een zekere genoegdoening. De SS-eenheden hadden hun 'Ruf' niet waargemaakt.' Balck was iets voorzichtiger in zijn memoires. Hij was van mening dat er maatregelen nodig waren 'maar natuurlijk schoot het Führerhoofdkwartier weer over het doel heen.' De politiek, ver van het front, was echter genadeloos. 'Dietrich is geen strateeg, hoogstens een divisie-commandant', meende Goebbels over de man die hij eens de 'Blücher van het nationaal-socialisme' genoemd had. Het 6.SS Pz.leger is 'Hundeschlecht' meende Martin Bormann.
De disciplinaire strafmaatregel tegen de Waffen-SS stond niet alleen. Een soortgelijk optreden van Hitler tegenover zijn manschappen zagen wij reeds ten aanzien van het garni-

zoen op de Krim. Binnen het Hongaarse front was er eerder streng opgetreden tegenover de commandant van de 8. Pz.D., Generalmajor Fröhlich, die 'te traag' zou hebben gereageerd op het Sovjet-offensief aan de Gran tijdens 'Konrad-I'. Hij werd van zijn post ontheven. Hetzelfde overkwam in 1944 de commandant van de 4.SS Polizeipanzergrenadierdivision Fritz Schmedes, die vanwege het verzoek om opfrissing van zijn divisie in 1944 door Himmler als straf naar de SS-Brigade 'Dirlewanger' werd overgeplaatst. 'Dirlewanger' was een 'Bewährungs-Einheit' onder bevel van dr. Oskar Dirlewanger waarvan het onder-officierkorps was opgebouwd uit Oosteuropeanen, stropers uit alle gevangenissen van Europa, aangevuld met politieke delinquenten en misdadigers. 'Dirlewanger' bouwde een wrede reputatie op in de strijd tegen partizanen en in het neerslaan van de Warschau-opstand van 1944. De Kampfkommandant van Bratislava, Oberleutnant Freiherr Von Ohlen und Adlerscron, werd wegens lafheid ter dood veroordeeld.

De pijn binnen de Waffen-SS werd nog vergroot door het feit dat het Führerhoofdkwartier vanaf het 'Aermelstreifenerlass' ook eventuele bevorderingen bij Dietrichs manschappen stopzette. Voor een gedeelte werd dit hersteld door een aantal belangrijke bevorderingen en onderscheidingen na Hitlers dood, in de allerlaatste dagen van de oorlog. Eén daarvan werd toegewezen aan de commandant van Regiment 'Der Führer' (divisie 'Das Reich'), Otto Weidinger die de 'Schwerter' bij het Ritterkreuz kreeg. Het regiment vatte dit op als een 'Wiedergutmachung' van het als onterecht ervaren 'Aermelstreifenerlass'.

Schirach en Dietrich raapten ondertussen hun moed bij elkaar voor de slag om Wenen. Door middel van aanplakbiljetten werd de bevolking opgeroepen vrouwen en kinderen uit de stad te evacueren. 'Waarheen?', had een anoniem persoon er met een dikke stift overheen geschreven.
In de 'Kleine Wiener Kriegszeitung' schreef Von Schirach op 3 april dat 'het uur van Wenen gekomen was!' Het was hem een eer dat zijn 'oude vriend' de SS-Oberstgruppenführer Dietrich met zijn 'Kampferprobten' SS-divisies bij Wenen

tot inzet zou komen. Dietrich voegde hieraan toe 'dat de strijd zwaar zou zijn en dat hij niets kon beloven behalve dat de eenheden hun best zouden doen.' 'Het was duidelijk', meende de naoorlogse biograaf van Von Schirach, 'dat deze beide mannen zich niet onder de ruïne van de stad begraven wilden laten worden.'

Op de dag dat het Rode Leger de buitenwijken van Wenen bereikte, werd General der Infanterie Rudolf von Bünau benoemd tot de Kampfkommandant van het 'Verteidigungsbereich' Wenen. Dat Wenen niet tot 'Festung' maar tot 'Verteidigungsbereich' was uitgeroepen zorgde in eerste instantie voor wat verwarring. Het was duidelijk dat Wenen te zwak was uitgebouwd om als werkelijke 'Festung' door te gaan. Daarbij beschikte de stad niet over een natuurlijke barrière en verdedigingsstelling als het hoog gelegen Boedapest. In een decreet van 30 januari 1945 kan men naslaan wat onder 'Verteidigungsbereich' verstaan werd. In het kort kwam het er op neer dat Von Bünau alles moest doen om de stad voor Duitsland te behouden.

Wenen was als tweede hoofdstad van het 'Reich' een groot prestige object. Aangezien er geen verdere bevelen binnen kwamen, werd de verdediging verder aan de fantasie van Von Bünau over gelaten. Deze was enerzijds opgelucht. Hitler kende Wenen nog uit zijn jonge jaren en men was bang geweest dat hij zich tot in de details met de afhandeling van de strijd zou bemoeien. Anderzijds rustte de taak als een loden last op de schouders van Von Bünau. Hij was een zwaarmoedig man, die al spoedig zo radeloos was dat hij het Rode Leger tegemoet liep in een poging te sneuvelen. Soldaten van 'Das Reich' slaagden er op het nippertje in de man te redden.

De situatie voor Von Bünau verbeterde iets toen er voor het eerst sinds lange tijd weer een wezenlijke versterking binnen de Heeresgruppe arriveerde. Hitler had, nog altijd overtuigd van het belang van het zuidelijke front, de sterke Führer-Grenadier-Division vrijgegeven voor de strijd om Wenen. Hoewel de strijd reeds op 4 april in volle hevigheid was losgebarsten en de laatste treinen met eenheden van de divisie nog op 8 april binnenliepen, betekende dit toch een versterking voor het Verteidigungsbereich. De divisie werd toegevoegd aan Bittrichs II.SS Pz.korps dat voor de verdediging van de stad gereed stond. Het korps van Bittrich was, na het ongelukkige verloop van 'Frühlingserwachen', slechts een schaduw van voorheen. De drie belangrijkste eenheden van het korps, de 6. Pz.D., en de 2. en 3. SS Pz.D. 'Das Reich' en 'Totenkopf' bezaten bij elkaar evenveel materiaal als de Führer-Grenadier-Division alleen. Via politie-compagnies met oude Fiat-Ansaldo tanks en door toelevering van de restanten van de 232.Pz.D. aan 'Totenkopf' probeerde men tevergeefs de sterkte van de aangeslagen eenheden nog wat op te krikken. In praktijk vormde Bittrichs korps het equivalent van slechts twee divisies, aangevuld met Flak, Volkssturm, Hitlerjugend-eenheden en Alarmbataljons.

Op 4 april spitste de situatie zich toe. Het front van 'Totenkopf' en 'Das Reich', alsmede op plaatsen waar onbeweeglijke Flak (24. Flak D. onder bevel van Generalmajor Grieshammer) het middelpunt van de verdediging vormde, boekte het Rode Leger wat successen. Bittrich en Von Bünau besloten het front dieper in de stad terug te plaatsten zonder dat het Rode Leger overigens een doorbraak bewerkstelligde. Dit was vreemd gezien de enorme overmacht die het Rode Leger op dat moment in het veld bracht. Alleen al bij 'Totenkopf' had het Rode Leger het I.G.mech.korps (4.G leger) alsmede het XVIII.G.S.korps (46. leger) in de strijd geworpen.

De verklaring is mede te vinden op politiek terrein. Evenals bij Warschau beschikte het Rode Leger over contacten met het Oostenrijks verzet en dit wilde Wenen ongeschonden aan de Sovjets overleveren. De centrale figuur in dit plan was Major Szokoll, die op 6 april 12.30 uur de stad via een gewapende opstand wilde vrijvechten voor het Rode Leger. Het plan lekte echter uit en het gros van de ondergrondse leiders werd opgepakt. Het II.SS pz.korps maakte korte metten met hen en hing hen in Florisdorf op aan de lantaarnpalen.

Of de opstand werkelijk kans van slagen had, blijft speculeren. Dat het de verzetslieden menens was is zeker. Voor de opstand rekende Szokoll op de steun van enkele alarm- en infanterie-bataljons en een Kroatisch 'Ersatz und Ausbildungs Brigade' in Stockerau. Bij elkaar waren dit enige duizenden soldaten. Daarbij rekende Szokoll op de steun van 20.000 Weners, van wie er 6.000 bewapend waren. De situatie was vergelijkbaar met de Warschau-opstand van generaal Bor. Ook de Sovjet-houding toonde gelijkenis. Het Rode Leger leek, evenals bij Warschau, voor Wenen iets in te houden om de interne machtsstrijd in Wenen af te wachten. Waarschijnlijk hoopte de Sovjets op deze wijze de eigen verliezen te beperken en de bestaande politieke infrastructuren aan Nazi- en verzetskant te laten doodbloeden zodat zij ongehinderd hun eigen administratie konden opzetten.

Het gevaar was afgewend maar de vertrouwensbreuk tussen leger en Waffen-SS verdiepte er nog verder door. Bittrich had het gevoel dat hij de Alarmbataljons van de stad niet langer kon vertrouwen. Daarbij was hij verbaasd over het feit dat het verzet - Szokoll was een vertrouweling van Von Bünau en betrokken bij de stadsverdeding - zich op dergelijke hoge posities bevond. Bittrich liet daarom openlijk weten dat wat hem betrof het SS-korps niet snel genoeg uit Wenen kon worden teruggetrokken. Von Bünau meldde dat dit niet mogelijk was. Als commandant had hij de plicht het 'Verteidigunsbereich' te verdedigen. Hitler appelleerde aan de Heeresgruppe om binnen Wenen de strengste maatregelen te treffen om orde op zaken te stellen. De Reichsführer-SS Himmler dreigde eenheden te sturen, die eens zouden laten zien 'hoe men maatregelen nam.'

Op 7 april volgde een nieuw dieptepunt in de betrekkingen tussen leger en Waffen-SS. Dietrich, die - mogelijk gesteund door Himmler - poogde orde op zaken te stellen plaatste zonder verder commentaar Von Bünau onder het bevel van Bittrich. Officieel bleef Von Bünau weliswaar commandant van het 'Verteidigunsbereich' maar in praktijk was zijn macht niet groter dan die van een divisiecommandant. Hierdoor was Von Bünau ondergeschikt geworden aan Bittrich en een commandant zonder troepen geworden. Voor Wenen was dit misschien ook maar beter. Von Bünau was een man zonder fantasie, die strak vasthield aan de onmogelijke orders van Hitler. Dietrich en zijn mede SS-officieren die het beleid hielpen bepalen (vooral Bittrich en Rudolf Lehmann, commandant van 'Das Reich') hadden de dood al vaak onder ogen gezien en waren minder geneigd ontzag te tonen voor de overspannen bevelen uit het OKW. Op 13 april was vanuit het OKW, ondertekend door de Chef des OKW Keitel, Reichsführer-SS Himmler en Leiter der Parteikanzlei Bormann, het bevel verzonden dat ongehoorzame Kampfkommandanten op 'de dood konden rekenen'. Ook hun familieleden liepen gevaar in bewaring te worden gesteld. De SS-officieren haalden hun schouders op en gingen, meer dan ooit in de oorlog hun eigen weg. Dietrich belde op naar Berlijn en meldde dat de situatie in de stad uitzichtloos was geworden.

Von Bünau kon hiertegen nauwelijks meer protesteren. Op de dag dat hij door Dietrich was 'teruggeplaatst' werd juist de enige man die hem kon helpen, Otto Wöhler, als commandant van de Heeresgruppe vervangen door een nieuwe commandant, Generaloberst dr. Lothar Rendulic. Rendulic, een Oostenrijker, was geneigd Wenen voor al te veel oorlogsgeweld te sparen en ondersteunde het beleid Wenen stapvoets op te geven. De Duitse strijdkrachten trokken zich dan ook terug achter het Donau-kanaal en ontruimden hun laatste oostelijke bruggehoofden. Daarop werd, ook mede met het oog op het Sovjet-succes op de west- en oostflank van Wenen, de Führer-Grenadier-Division vrijgemaakt voor het front ten noordwesten van Wenen. Dit was het eerste teken dat de Duitsers serieus van plan waren Wenen te ontruimen. Op 11 april had het Rode Leger reeds 45.000 manschappen en 138 tanks van het 4.G. leger op de west-oever van het Donaukanaal verzameld. De strijd verplaatste zich naar het centrum van Wenen waar de historische Stefansdom vlam vatte. Het Oostenrijks verzet en het Rode Leger wezen direct naar Sepp Dietrich als de schuldige. Hij zou uit frustratie het vuur op de dom hebben laten openen. Het tegendeel was waar. Dietrich was niet geïnteresseerd in een eindstrijd in Wenen. De Waffen-SS was niet langer een Napoleontische Garde die de dood op het slagveld als hoogste eer zag. De oplopende ruzies met het leger en de vertrouwensbreuk met Hitler hadden Dietrich doen besluiten geen martelaarsrol te spelen.

De SS maakte zich klaar voor een uitbraak in noordwestelijk richting, naar Korneuburg, alwaar de Führer-Grenadier-Division alsmede eenheden van de 96.I.D. en de 37. SS 'Lützow' en kleinere eenheden het front openhielden. De omstreden brand in de Stefansdom had waarschijnlijk geheel andere redenen. De meest voor de hand liggende verklaring, volgens de historicus Rauchensteiner, was dat de brand het gevolg was van grootschalige plunderingen in de stad waarbij veel branden werden gesticht. Het vuur zou hierbij naar de Stefansdom zijn overgeslagen.
In deze laatste dagen in Wenen vond ook nog een ander schandaal plaats. De Reichsbrücke over het Donau-kanaal viel onbeschadigd in handen van de Sovjets. Hiermee had ook het Oostfront zijn 'brug bij Remagen'. Normaliter zou de verantwoordelijke Kampfkommandant hiervoor met zijn hoofd moeten boeten. In dit geval lag het veel ingewikkelder. Von Bünau was ondergeschikt aan het II.SS Pz.korps van Bittrich zodat hij niet de hoogst verantwoordelijke man was. Dat was in dit geval Rendulic maar deze zat pas kort op zijn post. Onder zijn uiteindelijke verantwoordelijkheid werden de bommen onder de brug maar liefst drie maal op scherp gezet en weer ontmanteld.
Nadat de brug in handen van het Rode Leger was gevallen doken er direct weer speculaties op. Had het verzet de brug aan het Rode Leger uitgeleverd? Had de onduidelijke bevelstructuur -zelfs het Führerhoofdkwartier bemoeide zich met de brug - een misverstand veroorzaakt? In de na-oorlogse literatuur is men druk aan het speculeren geslagen. Het antwoord vindt men in de, blijkbaar niet gelezen, memoires van Lothar Rendulic 'Gekämpft, gesiegt, geschlagen'. Hierin meldt Rendulic dat, hoewel het opblazen van de brug niet zijn directe bevelsterrein was (het OKW zat er tussen), hij zich uitdrukkelijk tegen het onnodig opblazen van de brug verzet heeft en de springladingen liet ontmantelen. Dat de Waffen-SS niet verantwoordelijk was voor het niet opblazen van de brug moge blijken uit een melding van 12 april van het 6 SS Pz.leger naar hoger hand dat de explosieven onder de brug niet op scherp stonden. Er kwam geen tegenbevel meer dit te veranderen.

Op 13 april week het II.SS Pz.korps definitief uit naar het noordwesten. Ze lieten een rokend Wenen achter zich. Het reuzenrad van het Prater draaide brandend in het rond als een symbolische fakkel van het oorlogsgeweld. Toch mocht de Donaumetropool zich nog gelukkig prijzen. Boedapest, die andere grote stad aan de Donau, was heel wat zwaarder geteisterd dan de Oostenrijkse hoofdstad. In totaal lag ongeveer 13% van Wenen in puin. Warschau had tussen de 74 en 82% procent schade opgelopen. Ook Berlijn, 54%, en Dresden 60%, droegen een zwaarder lot.

Von Schirach, die eerder aan een plotseling in Wenen opduikende Otto Skorzeny had gemeld 'te zullen standhouden en sneuvelen', sloot zich bij de terugtrekkende troepen aan. 'De Russen zijn doorgebroken, het is de hoogste tijd dat wij de Hofburg verlaten', had Schirachs adjudant Wieshofer de Gauleiter meegedeeld. 'Het kan toch niet de bedoeling zijn dat u met uw pistool de Hofburg gaat verdedigen.' 'Na also! Es ist soweit! Lasst uns fahren!', had Von Schirach geantwoord. Von Schirach vluchtte. De man die Hitlerjugend-bataljons willens en wetens de dood in stuurde, redde zijn eigen huid. 'Het was een biologische misdaad', erkende Von Schirach na de oorlog. 'Dat we die man niet de woestijn ingestuurd hebben', klaagde een verbitterde Goebbels over de Gauleiter in zijn dagboek. In twee VW-Schwimmwagens, een Mercedes-cabrio en twee vrachtwagens van de Führer-Grenadier-Division vol met levensmiddelen verdween Von Schirach van het politieke toneel. Hij vluchtte in de richting van St. Pölten, alwaar Dietrich zijn hoofdkwartier had opgeslagen in een kasteel. Hoewel er in de wijde omtrek geen vijand was te zien, had een bewakingseenheid van Dietrich zich diep verschanst. 'Dit voor het geval dat Hitler mij komt halen wegens de val van Wenen', maakte Dietrich duidelijk. Von Schirach werd van nu af aan verbindingsofficier bij het 6.SS Pz.leger. De angst van Dietrich was niet helemaal uit de lucht gegrepen. In de eindfase van de oorlog probeerden SS-eenheden Luftwaffe-chef Göring te arresteren. Slechts zijn loyaal blijvende Fallschirmjäger die hem bewaakten, voorkwamen arrestatie en mogelijke executie.

Op 13 april 1945 klonken er in het verre Moskou 24 saluutschoten uit 324 kanonnen. De bevrijding van Wenen werd gevierd. Maar liefst 50 eenheden van het Rode Leger kregen de ere-titel 'Wenen' opgespeld. De tweede hoofdstad van Nazi-Duitsland en de oude hoofdstad van het Habsburgse Rijk was gevallen.

De eenheden die via de noordelijke Donau-oever hun weg naar het westen zochten, was het niet beter vergaan dan Dietrichs leger. Zij lieten het rokende Komorn achter zich, de oude vestingstad aan de Donau. 'De olieraffinaderijen liggen volledig in puin en zijn niet langer van economische waarde', noteerde de Heeresgruppe.

De eenheden - onderdeel nu van het 8. leger - stonden ook hier tegenover een gigantische Sovjet-overmacht. Per kilometer front beschikten de Duitse verdedigers over slechts 50 soldaten! De hoop was gevestigd op de 'Festung' Bratislava (Pressburg). Commandant van de 'Festung' was Oberleutnant Freiherr Von Ohlen und Adlerscron die voor de verdediging van de stad het vooral moest hebben van de ervaren manschappen van de 96. I.D. Von Ohlen stond, evenals Von Bünau, voor een onmogelijke opgave gesteld. Reeds op 1 april, praktisch gelijk met de terugtrekkende Duitse eenheden, bereikte het 7. G.leger van Generaloberst Sumilov Bratislava. Op 4 april werd de 'Festung' door het Rode Leger definitief veroverd.

Voor die tijd had het gros van het garnizoen, inclusief Von Ohlen, de stad reeds verlaten. Het voorbeeld had Von Ohlen zelf gegeven door zijn hoofdkwartier, uitdrukkelijk tegen bevel van hogerhand, in een kasteel buiten de stad te plaatsen. Manschappen van de 96. I.D. onder bevel van Generalmajor Harrendorf en een bataljon Hitlerjugend waren de laatsten die de stad verlieten. Hiermee was Von Ohlen rechtstreeks ingegaan tegen het OKH-bevel dat hem opdracht had gegeven Bratislava tot de laatste man te verdedigen. Wegens 'Feigheit vor dem Feind' werd de stadscommandant ter dood veroordeeld.

De Duitse eenheden trokken zich terug op de Kleinen Karpaten of werden naar het front ten noorden van Wenen gedrongen. Het bataljon Hitlerjugend, dat met opvallend élan bij Bratislava was opgetreden, marcheerde naar Wenen en raakte op 6 april bij Hütteldorf in gevecht met eenheden van het Rode Leger, waarbij drie Sovjet-tanks vernietigd werden. De volgende dag voegde het bataljon zich bij het korps van Bittrich en werd later, samen met een Pz.Jg.Kommando, opgenomen in de 'Kampfgruppe 'Werwolf'.

Ook het front van het 2.Pz.leger van General der Artillerie De Angelis, waarbinnen de olievelden van Nagykanizsa lagen, moest er uiteindelijk aan geloven. Reeds in januari 1945 had de Angelis gehamerd op wijzigingen in zijn te lange front om betere defensieve posities in te kunnen nemen. Deze waren alle geweigerd met als argumenten dat het front zover mogelijk ten oosten van de strategisch belangrijke olievelden gesitueerd moest blijven. Ook in maart, na het falen van 'Frühlingserwachen', herhaalde De Angelis zijn verzoek en wederom tegen dovemansoren. Hitler had het voorstel 'scharf abgelehnt' noteerde men in het dagboek van de Heeresgruppe. Guderian meldde De Angelis dat het 'Stichwort' oliegebied met hoofdletters geschreven stond.

Wel kreeg De Angelis extra eenheden van het Führerhoofdkwartier toegewezen om zijn stellingen te versterken en de velden van Nagykanizsa te beschermen. Het ging hierbij om infanterie-strijdkrachten van de 297.I.D., de 117.Jg.D. en de 14.Waffengrenadierdivision der SS (Galiz no.1) onder bevel van SS-commandant Fritz Freitag. Tegelijkertijd werd er alles aan gedaan de produktie van de Hongaarse velden verder op te voeren. Vanuit het Führerhoofdkwartier werd zelfs nog de opdracht gegeven extra treintransporten te regelen voor de geproduceerde olie om deze - door het uitvallen van steeds meer Hongaarse raffinaderijen - elders te kunnen verwerken.

De velden van Nagykanizsa konden slechts behouden blijven als De Angelis zou blijven stand houden aan de 'Margarethe-Stellung' van het Balatonmeer tot aan de rivier de Drava (Ob.Südost). Dit was in praktijk een onmogelijke opgave. Desalniettemin kreeg de Heeresgruppe het bevel op 29 maart mondeling via een Führer-Befehl binnen en werd deze op 30 maart nog eens schriftelijk bevestigd. Hitler sprak hierbij over Nagykanizsa als het 'entscheidende Öl-Gebiet'. Amper een paar dagen later lagen de velden bij Nagykanizsa onder vuur van de Russische artillerie en verloor het vloeibare zwarte goud zijn laatste strategische waarde.

Toch zou de olie, als militaire drijfveer, nog eenmaal een rol spelen in deze laatste dagen van de oorlog en op nog meer geforceerde wijze dan ooit te voren. 'Koppig volharden wordt bijna altijd volharden in koppigheid', stelde Jean de Boisson eens. Dit was bij uitstek een eigenschap van Hitler, die overigens bijzonder trots was op zijn standvastigheid. Of dit nu ging om de enorme lange tijd dat hij zijn hand gestrekt in de Hitlergroet kon houden ('veel langer dan Göring!') of om het winnen van de oorlog op 'pure wilskracht', dat maakte Hitler niet uit.

Na het verlies van de Hongaarse velden restte Hitler slechts nog de kleine Oostenrijkse velden rond Zisterdorf, een plaats ten noordoosten van Wenen. Nu er uit Nagykanizsa geen olie meer kwam, vormden deze velden de laatste oliereserves van het Derde Rijk en waren zij ondanks een kleine produktie en terugvallende boorresultaten als gevolg van het oorlogsgeweld, statistisch gezien van groot belang. Reeds in november 1944 was er een Oostenrijks Landesschützenbataljon (nr.897) ter verdediging bij deze velden geplaatst en op 13 april, de dag dat Wenen viel, beval Hitler de verdediging van de velden verder te versterken.

Hiertoe werd de 6. Pz.D., die juist die dag via de Reichsbrücke zijn huid had kunnen redden, ingezet. Voor de 6. Pz.D. was het de vijfde olieopdracht. De eenheid onder bevel van General Von Waldenfels had gedurende de operaties 'Konrad' meegevochten (gedeeltelijk in de Gruppe Pape) en had deel uitgemaakt van de troepenmacht van 'Frühlingserwachen'. Binnen het bereik van het 8. leger - grofweg het gebied ten noorden van Wetzleinsdorf waar de Führer-Grenadier-Division van Dietrichs 6. SS Pz.leger lag - moest deze nieuwe opdracht worden uitgevoerd. Verder kreeg de Heeresgruppe de opdracht het oliegebied met Flak (Heimat-Flak-Batterie 32/XVII) te beschermen en het

Freiherr Von Waldenfels, commandant van de 6.Pz.D.
Deze eenheid werd maar liefst vijfmaal door Hitler ingezet voor een olie-offensief.

spoorwegennet Wenen-Braclacv-Prorov (Prerau) pas in de laatste minuut te vernietigen opdat de olie westwaarts zou blijven vloeien.

Hoewel het oliegebied van Zisterdorf enigszins beschermd achter de rivier Morova (March) lag, was de opdracht, zeker gezien de ontwikkelingen bij Wenen en de uitbraak van de SS-eenheden naar het noordwesten, onrealistisch. Totdat de 6. Pz.D. zou arriveren waren voor het front, naast de zwakke Landeschutzen-eenheid, troepen van de 37. SS Freiwilligen Kav.D. 'Lützow' en eenheden van de SS-Kampfgruppe 'Trabandt' onder bevel van SS-Obersturmbannführer Paul Trabandt - de voormalige commandant van de 18.SS Freiwilligen Panzergrenadierdivision 'Horst Wessel' - voor het front verantwoordelijk. De plaatselijke politici van de Gau Niederdonau, die zich van de wensen van het Führerhoofdkwartier op de hoogte hadden gesteld, begonnen zich tot overmaat van ramp met de verdediging van het oliegebied te bemoeien. Dr. Jury, de 'Reichsverteidigungskommissar en Gauleiter Niederdonau', meende bij het naderen van de eenheden van het Rode Leger dat er slechts nog één redding voor het oliegebied mogelijk was. Hij vroeg de legerleiding direct om de inzet van Duitse luchtlandingstroepen (!) om het gebied rond Zisterdorf te beschermen.

De Heeresgruppe had echter wel andere zorgen aan het hoofd dan zich te bekommeren om de uitspraken van deze militaire leek. Jury's argument dat het verlies van de velden 'tödlich' zou uitwerken bracht hierin geen verandering. Toen zich op 17 april een Sovjet-omsingeling rond Zisterdorf begon af te tekenen trok het 8. leger zich terug. De velden van Zisterdorf waren reeds niet meer van belang. De olietorens van het gebied stonden als gevolg van Sovjet-artillerie beschietingen alsmede luchtbombardementen in brand. De tanks van de Duitse eenheden tankten in de laatste uren hun voertuigen tot barstens toe vol. Alle auto's werden volgepakt met jerrycans benzine want iedereen wist dat dit de laatste brandstof was die hen naar het westen kon brengen en dat betekende gevangenschap bij de westelijk Geallieerde eenheden, die Oostenrijk vanuit het westen waren binnengedrongen. Dit was te prefereren boven een onzekere toekomst in Sovjet-gevangenschap.

Maar zo gemakkelijk ontsnapte het Duitse 8. leger onder bevel van General Kreysing niet aan Hitlers olie-obsessie. Toen het Rode Leger onverwacht zijn aanvalsrichting verlegde door verplaatsing van het 6. G.Pz.leger naar het noorden, beval Hitler wederom een offensief in de richting van de velden van Zisterdorf. Kreysing kreeg het bevel op 18 april, twee dagen voor Hitlers 56ste verjaardag, binnen. Eens waren de grote Roemeense olievelden van Ploesti bedoeld geweest als Hitlers verjaardagsgeschenk, nu moest men volstaan met de kleine beschadigde velden van Zisterdorf.

Kreysing protesteerde. Het antwoord was, wederom, een Führerbefehl. Kreysing besloot dit eenvoudigweg naast zich neer te leggen. De 6. Pz.D., die de aanval had moeten uitvoeren, werd verlegd naar het gebied rond Mistelbachs waar het Rode Leger dreigde door te breken.

De aanval van het Rode Leger werd door een gecombineerde actie van meerdere Duitse eenheden, alsmede door een laatste vertwijfelde inzet van de Duitse Luftwaffe tot staan gebracht. Dit plaatselijke succes was voor Hitler reden wederom de aanval op Zisterdorf te bevelen. Op 22 april kwam de aanval inderdaad op gang. Samen met eenheden van de SS-Kampfgruppe Trabandt viel de 6. Pz.D. op 23 april de Sovjet-eenheden ten westen van Zisterdorf aan. De aanval duurde ongeveer één dag en boekte terreinwinst ondanks de zware tegenstand van het Rode Leger. Na verliesrijke gevechten besloot Kreysing het 'offensief' af te breken om de 6. Pz.D. wederom naar de noordflank te verleggen, waar de aansluiting tussen de Heeresgruppe Süd en Mitte (Schörner) verloren dreigde te gaan.

De Oostenrijkse olie-operatie wordt nog krankzinniger als men zich beseft dat op 16 april 1945 het grote Russische offensief vanaf de Oder in de richting van Berlijn begonnen was. Met een enorme overmacht, het Rode Leger beschikte over 270 artilleriestukken en granaatwerpers per kilometer (!) front, waren de legers van Zjoekov en Konjev hun slotoffensief gestart. Generaloberst Gotthard Heinrici, commandant van de Heeresgruppe Weichsel, had de ondankbare taak deze overmacht op te vangen. De 'Nibelungenstelling' aan de Oder was even zo weinig effectief als de'Reichsschutzstellung 'of de 'Margarethestellung' aan het Hongaarse front. Op de dag van het Sovjet-offensief kregen de soldaten van Heinrici een speciaal 'dagbevel', waarin Hitler hen opriep een historische 'Abwehrsieg' te behalen. Na enkele dagen stortte het front ineen en begon het Rode Leger de opmars naar de Elbe. De Sovjet-opmars verliep nu zo snel dat het OKH zijn hoofdkwartier bij Zossen ijlings moest ontruimen. Op 20 april, Hitlers 56ste verjaardag, verschenen de eerste Sovjets tanks voor Berlijn.

De verdediging van Berlijn was nu, mede door de inzet van relatief grote eenheden aan het Hongaarse front, bovenal een zaak van zwak uitgeruste reserves en eenheden van de 'Volkssturm'. 'Nun Volk steh auf!', had de Duitse dichter Theodor Körner eens geschreven en dit was in deze laatste weken, het motto waaronder de laatste reserves van het Derde Rijk hun noodlottig einde tegemoet traden. Eind 1944 omvatte de Volkssturm niet minder dan zes miljoen mannen, veelal van oudere leeftijd, of juist zeer jong (jaargang 1928: zestien jaar oud). Deze troepen waren nauwelijks bewapend en moesten met een oud geweer en een paar patronen, of op zijn best met een 'Panzerfaust', de opmars van Zjoekovs- en Konjevs tank-eenheden en de westelijk-Geallieerde invasie tegenouden.

De oprichting van de 'Volkssturm' was onderdeel van de campagne van de Duitse leiders de oorlog bovenal tot een oorlog van het volk te maken. Vocht men niet langer voor zijn leiders, dan in ieder geval voor het eigen overleven. Het gehele conflict werd gelijkgeschakeld met 'Weltuntergang' of voortbestaan. De oprichting van de Volks-Grenadier-Divisionen, de Volks-Artillerie-Korpsen en Volks-Werfer-Brigades (wij zagen deze eenheden allemaal aan het Hongaarse front) vormden een onderdeel van deze campagne. 'Heimat an die Front!', scandeerde propaganda-minister Goebbels. Ook de Luftwaffe was met Luftwaffe-Feld-Divisionen het veld in getrokken, nu er geen brandstof meer was voor de vliegtuigen. De Marine van admiraal Dönitz leverde Marine-infanterie-Divisionen. Via nieuwe divisies, met prachtig klinkende namen van Duitse historische grootheden, zoals 'Theodor Körner', 'Albert Leo Schlageter', 'Scharnhorst',

'Ferdinand Schill', 'Clausewitz' probeerde men het esprit de corps hoog te houden. In de allerlaatste dagen greep men zelfs nog terug op de oude Freikorpsgeest van na de Eerste Wereldoorlog met de oprichting van het zogenaamde 'Freikorps Adolf Hitler'.
Om deze laatste vertwijfelde krachtsinspanning in het gareel te houden maakte het Derde Rijk gebruik van een ijzeren justitiële controle over de bevolking. Reichsjustizminister Otto Thierack had het bevel geven 'Standgerichte' op te richten die een ieder die ongehoorzaam was snel zouden berechten en fusilleren. Op 9 maart 1945 was hier nog het 'Fliegendes Standgericht' aan toegevoegd dat niet onder bevel van een jurist stond, maar onder het bevel van een heuse Generalleutnant, Rudolf Hübner genaamd. Deze eenheid voerde speciale opdrachten van Hitler uit. De eerste doodsoordelen vielen spoedig na de oprichting. De verantwoordelijken voor het verlies van de brug bij Remagen - duikbootcommando's van Skorzeny hadden een vergeefse poging gedaan de brug te vernietigen - moesten hun falen met de dood bekopen. In de laatste maanden van de oorlog eindigden ongeveer 500 Duitsers per maand voor het vuurpeloton. In de Duitse geschiedenis was dit record een nieuwe zwarte bladzijde. In de nadagen van de Eerste Wereldoorlog, toen muiterijen dreigden, werden er 'slechts' 150 Duitsers per maand door eigen vuurpelotons om het leven gebracht.
Een ander wanhopig bedenksel uit de catacomben van Berlijn vormde het idee van de 'Werwolf' inzet. 'Der Werwolf ist da, wer sich ergibt, wird erschossen!' Met deze propaganda probeerden Himmler en Goebbels, in het achterland van het door de Geallieerden veroverde 'Reichsgebied', sabotage-acties op touw te zetten. In het algemeen waren het zeer jonge overtuigde Nazi's die zich met deze - tegen het oorlogsrecht ingaande - sabotage-activiteiten inlieten. De meest spectaculaire actie van 'Werwolf' was de moord op de Hamburgse burgemeester Franz Oppenhoff op 25 maart 1945. Oppenhoff had zich bereid verklaard met de westelijk-Geallieerde 'bezettingsmacht' samen te werken. Door de Werwolf-moord moest de Duitse bevolking duidelijk worden gemaakt dat

een dergelijk gedrag met de dood bekocht moest worden. Suïcidale plannen waren er ook wat betreft de eindstrijd in de lucht. De Nazi-leiders introduceerden het onzalige plan van de zogenaamde 'Rammjäger'. Dit waren zelfmoordluchtcommando's, een soort Duitse kamikaze, die de westelijke-Geallieerde luchtvloot letterlijk uit de lucht boven Duitsland moest 'rammen'. Natuurlijk kon dit alles de uitkomst van de eindstrijd niet veranderen.

Hitler realiseerde zich dit ook en dat bracht hem op 19 maart, drie dagen na het mislukken van 'Frühlingserwachen', tot een uiterst destructieve slotsom. Tegenover Albert Speer maakte hij bekend dat hij zich niet langer om het voortbestaan van het Duitse volk kon bekommeren. Nu duidelijk geworden was in dit conflict dat het 'oost-volk' sterker was, behoorde de toekomst hen toe. Daarom gaf Hitler het zogenaamde 'Nero'-bevel, hetgeen een politiek van verschroeide aarde in het eigen 'Reichsgebiet' inhield. Volgens Hitler hoefde er niet meer gelet te worden op diegenen die achterbleven in het Duitse rijk, 'de goeden zijn immers allen al gesneuveld'. Met het Nero-bevel ordeneerde Hitler de vernietiging van het Duitse communicatienetwerk, de infrastructuur en industrie van het Duitse Rijk. Het 'Ärmelstreifenerlass' in Hongarije is ook in het licht te zien van deze destructieve politiek. Gekoppeld aan niets ontziende oorlog in oost en west en de vernietigende luchtbombardementen, die iedere maand 25.000 Duitse woningen vernietigden, veranderde dit het 'Duizend Jarige Rijk' na amper twaalf jaar regeren in één brandende ruïne.

In de laatste weken van het Derde Rijk deden een aantal vooraanstaande Nazi's een laatste vertwijfelde poging hun toekomst zeker te stellen. Himmler was in contact getreden met Graaf Bernadotte, een neef van de Zweedse koning en vice-voorzitter van het Zweedse Rode Kruis. Deze was voor een humanitaire missie in Duitsland en Himmler hoopte, via zijn joodse gijzelaars, zijn leven vrij te kopen. Het initiatief strandde. Zonder succes bleef ook Von Ribbentrop die op het einde van de oorlog probeerde tot een deal te komen met het westen. Hitler keurde vrijwel ieder initiatief af. Door gebrek aan communicatielijnen werd het tevens steeds moeilijker om contact te houden tussen onderhandelaars en de autoriteiten. Op een gegeven moment beschikte de Führerbunker nog slechts over twee telefoonlijnen. Toen twee gesprekken tegelijkertijd werden aangevraagd werd Hitler per ongeluk verkeerd verbonden. 'Hier spreekt de Führer', meldde Hitler zich. Een boekhouder, die aan de andere kant van de lijn hing, riep 'ben je gek geworden'. Hitler hing direct op. 'Nu zeggen ze ook al dat ik gek ben geworden', mopperde hij. De laatste opleving binnen de Führerbunker was de dood van de Amerikaanse president Theodor Roosevelt op 12 april in Warm Spring, Georgia. Goebbels meende direct dat hier de voorzienigheid een rol speelde. De hoop was van korte duur. De Geallieerde politiek veranderde niet. In de laatste dagen konden slechts de legers van de SS-generaal Steiner en Wehrmacht-generaal Wenck nog uitkomst bieden. Dit slechts op papier. De eenheden waren te zwak voor een grootschalige militaire operatie. De val van Berlijn was onafwendbaar.

Hitler weigerde naar de Beierse Alpen te vluchten. Het vervolg is bekend. Hitler tekende op 29 april zijn politieke testament, waarin hij wederom de schuld van alles bij de joden legde. Hij hield zich tot het laatste moment consequent aan zijn eigen inzichten. De dag daarop pleegde hij zelfmoord. De toekomst van Nazi-Duitsland lag nu in handen van Grossadmiral Dönitz, een groot Hitler-vereerder. 'Duitsland grootste held is in de strijd tegen het bolsjewisme gevallen', meldde diens dagbevel de volgende dag.

April en mei 1945 waren de maanden van de definitieve ondergang van Nazi-Duitsland als politieke en militaire macht. Het front van de Heeresgruppe Süd kon zich hier niet aan onttrekken. Het enige, dat het Duitse kamp in de laatste dagen van de oorlog nog hoop gaf, was gebaseerd op mythen en onwaarheden. Er waren geen superwapens of 'last minute'-diplomatie waarmee Duitsland op het allerlaatste moment het onvermijdelijke noodlot van de ondergang kon afwenden. Wöhler had het misgehad toen hij eind februari, begin maart 1945 meende dat Hitler 'nog iets achter de hand moest hebben', toen hij accoord ging met het 'Frühlingserwachen'-offensief.

De 'Vergeltungs'-wapens, waarvan de V1 en V2 raketten de bekendste waren, waren niet bij machte de oorlogskansen te keren. Kansen met technologisch nieuwe wapens, zoals de Duitse straaljager Me-262, waren door bureaucratische fouten en eigenzinnigheid van Hitler verloren gegaan. Ook de laatste strohalm, de zogenaamde 'Alpenfestung' in de rug van de Heeresgruppe Süd, bleek een mythe.

In en na de oorlog was er met name aan westelijk-Geallieerde kant het beeld ontstaan dat Hitler en zijn getrouwen zich ergens zouden ingraven voor de laatste grote slag. Hiertoe waren de Alpen, een geweldige natuurlijke vesting, het meest geschikt. Deze gedachte, die ook in de naoorlogse literatuur is terug te vinden, werd gevoed door de volstrekt verkeerde inlichtingen die door de Geallieerde militaire inlichtingendienst verzameld waren.

Het rapport van het Amerikaanse 7. leger, opgesteld door kolonel William W. Quin op 25 maart 1945, geeft enig inzicht in de vermoedens van de Geallieerden. Quin meende dat in de 'Alpenfestung' de elite van het Duitse leger, voor het merendeel soldaten van de Waffen-SS en goed geschoolde bergtroepen, verzameld zouden worden voor de eindstrijd. In totaal zou de Reichsführer-SS Heinrich Himmler reeds 80 elite Kampfgruppen in het gebied verzameld hebben die in kleine groepjes, 1.000 tot 4.000 man sterk, de strijd met de Geallieerden zouden aanbinden. In totaal zou het Derde Rijk zo'n 200.000 tot 300.000 manschappen in dit laatste bastion verzamelen. De 'Alpenfestung' zou volgens de Amerikaanse inlichtingendienst verder nog beschikken over een eigen - gedeeltelijk onderaardse - wapenindustrie waar jachtvliegtuigen (Messerschmidts) zouden worden geproduceerd en ander wapentuig. Hiertoe zou een deel van de Tsjechische Skoda wapenfabrieken ontmanteld zijn en naar de bergvesting zijn overgebracht.

Dit idee sprak blijkbaar velen tot de verbeelding want in de laatste oorlogsmaanden verscheen er zelfs een populair boekje op de Amerikaanse markt dat het gehele 'ultra-geheime' idee van de 'Alpenfestung' aan het grote publiek presenteerde.

In werkelijkheid heeft er nimmer een echte 'Alpenfestung' bestaan. Weliswaar speelde een deel van de Duitse autoriteiten met het idee het Alpengebied als 'Festung' uit te bouwen maar stonden deze plannen elke keer weer in de schaduw van andere militaire gebeurtenissen. De man, die enige malen appelleerde aan het plan om een 'Alpenfestung' werkelijk te realiseren, was de Gauleiter van Tirol-Voralberg Franz Hofer. Op 6 november 1944 schreef hij aan Martin Bormann om te vragen wanneer men zou beginnen met de uitbouw van de natuur-vesting. Hij kreeg geen antwoord. In het Führerhoofdkwartier was iedereen gespitst op het komende Ardennenoffensief, dat als intro zou gelden voor het aanstaande offensief in het oosten en niemand had tijd om zover in de toekomst te kijken. Daarbij stond de gedachte aan de 'Alpenfestung' haaks op het idee van 'Frühlingserwachen'. Deze operatie moest er immers voor zorgen dat de bouw van een 'Alpenfestung' nimmer noodzakelijk werd.

Eind 1944 werd het idee door General der Artillerie Friedrich Von Boetticher in het OKW wederom ter tafel gebracht en overhandigd aan Jodl. Ook deze negeerde de stukken vanwege het feit dat hij volledig in beslag werd genomen door de ontwikkelingen in de Ardennen en aan de Rijn. Nog altijd hoopte Jodl dat de Rijn een soort natuurlijke verdedigingslinie voor het Duitse vaderland zou kunnen zijn. Op 9 april 1945 kreeg Hofer uiteindelijk de kans zijn standpunt over de uitbouw van de 'Alpenfestung' persoonlijk met Hitler te bespreken toen hij hem bezocht in het Führerhoofdkwartier. Dit had enig resultaat. Op 12 april kwam uiteindelijk het bevel binnen tot uitbouw van de 'Kernfestung Alpen'.

Inmiddels was Hitlers Hongaarse droom vervlogen en werd de 'Alpenfestung' gezien als een laatste schuiloord voor de eenheden van het Ob.Südost (Heeresgruppe E), Ob.Südwest (Heeresgsuppe C) en de Ob.West (Heeresgruppe G). Van een elite zoals de Amerikaanse inlichtingendienst vermoedde, was geen sprake. Op 28 april, twee dagen voor zijn zelfmoord, gaf Hitler persoonlijk opdracht tot uitbouw van de 'Festung', die nimmer gerealiseerd werd.

De capitulatie van de Heeresgruppe Süd voltrok zich geïsoleerd. Door gebrekkige communicatie waren er aan Duitse kant nog allerlei misverstanden. Rendulic kon geen contact meer met het OKW krijgen en besloot op eigen gezag te handelen. Op 7 mei arriveerde hij bij het Amerikaanse 3. leger waar hij met militaire eer ontvangen werd. Vandaaruit ging het door naar St. Martin van waaruit radiocontakt gemaakt werd met de Amerikaanse ijzervreter generaal George S. Patton. Rendulic tekende de capitulatie van zijn leger en wandelde na afloop van deze procedure samen met de Amerikaanse generaal Walker (XX.Pz.korps) rond het onderhandelingsgebouw. Rendulic probeerde de uit Texas afkomstige generaal te overtuigen van het nut van een Duits-Amerikaanse samenwerking. De Amerikaan luisterde beleefd maar daarmee had Rendulic ook het hoogst haalbare resultaat geboekt. Noch Walker, noch Patton - die er misschien als communistenhater niet eens vies van zou zijn geweest - maakten de dienst uit. De politiek werd op het hoogste niveau in Teheran - Jalta en later bij Potsdam bepaald en de generaals bleven wat zij altijd al geweest waren: een werktuig van de politiek.

Voor de soldaten in het veld was het zaak de tussen Oost en West afgesproken demarcatielijn in westelijke richting te overschrijden. De westelijke Geallieerden en de Sovjets hadden afgesproken dat de Duitsers aan hen zouden worden uitgeleverd tegen wie zij het laatste hadden gevochten. Dit leverde langs de lijn een grote reeks symbolische gevechten op. Voor honderdduizenden Duitse en Hongaarse militairen betekende dit de redding van jarenlange krijgsgevangenschap onder zware ontberingen in de Sovjet-Unie. Maar niet alle eenheden haalden de demarcatielijn. De 6. Pz.D. van Von Waldenfels, op het laatste moment nog tot inzet gekomen bij Zisterdorf, behoorde tot de ongelukkige eenheden die in Sovjet-handen viel. Ook de 3. SS Pz.Div. 'Totenkopf', onder bevel van SS-Brigadeführer Helmuth Becker, deelde dit lot. De divisie had, in tegenstelling tot de andere eenheden, niet louter symbolische gevechten met de Amerikanen geleverd. Hierdoor waren twee Amerikaanse divisies, die tot dan toe weinig meer hadden gedaan dan 'vooruit rijden', zwaar in de problemen gekomen. 'Totenkopf' werd voor straf uitgeleverd aan het Rode Leger. Slechts weinig soldaten van de divisie overleefden de oorlog. Helmuth Bekcer en de commandant van de pioniersafdeling van 'Totenkopf', SS-Hauptsturmführer Schwermann, werden wegens vermeende sabotage aan de herstelwerkzaamheden van Stalingrad (huidige Wolgograd) op 28 februari 1953 gefusilleerd. De wijze waarop de eenheden in gevangenschap gingen, verschilde sterk. Sommige troepen, zoals het Rgt.'Der Führer' van 'Das Reich', gingen gesloten in gevangenschap. De eenheid was op het allerlaatste moment van de oorlog nog in Praag tot inzet gekomen. Op speciaal bevel van Heeresgruppe-commandant Ferdinand Schörner was de eenheid van Otto Weidinger naar de Tsjechische hoofdstad gedelegeerd om het Duitse garnizoen en duizenden in de knel geraakte Volksdeutschen te ontzetten. In Praag was een anti-Duitse opstand losgebroken en het waren bange dagen, waarin duizenden etnische Duitsers vermoord werden. Een deel van de stad bevond zich bovendien in handen van het Vlassov-leger, enkele tienduizenden Russische militairen die aan Duitse zijde hadden gestreden, maar zich nu zowel van Moskou als van Berlijn hadden afgekeerd en een 'oorlog op eigen houtje' waren begonnen. Het Rgt.'Der Führer' slaagde erin tot in het centrum van de stad door te dringen en bepakt en beladen met duizenden burgers op vrachtwagens en tanks maakte de eenheid ommekeer, richting de demarcatielijn.

Heel wat minder geordend ging het er bij de 211.V.G.D. aan toe. De commandant van deze divisie, Generalleutnant Eckhardt, was gewond geraakt en stierf in Sovjet-gevangenschap. Heinrich Pörtner, soldaat van de 211.V.G.D., beschreef na de oorlog deze laatste oorlogsfase in een brief. 'In de namiddag van 8 mei 1945 werden er boven de Duitse troepen in zuid-Tsjechië pamfletten afgeworpen door Russische vliegtuigen waarin stond dat het Duitse leger gecapituleerd had. Het was al donker toen de resten van de 4. compagnie van het Rgt.365 van de 211.V.G.D. zich verzamelden rond Moravske Budejovice en zich afvroegen via welke weg zij het beste de Amerikaanse linies konden bereiken. We realiseerden ons dat het niet gemakkelijk zou zijn. Het was nog minstens 100 kilometer tot de rivier de Moldau. Angst verspreidde zich onder de manschappen, een wilde paniek brak uit. Iedereen probeerde nu op eigen houtje de westelijk-Geallieerde linies te bereiken. Na kort beraad besloot ik mij met enkele kameraden aan te sluiten bij enkele Russische Hiwis ('Hilfswilligen'- Russische helpers in het Duitse leger), die over een door paarden getrokken karretje beschikten. De Russen waren reeds sinds 1942 bij ons en waren voormalige krijgsgevangenen. Op de wagen bevonden zich twee zakken haver en wat voedsel voor onderweg. De paarden hadden de haver hard nodig want er werd een zwaar beroep op de dieren gedaan. Zodra de slechte wegen het enigszins toelieten, werd er in volle galop gereden, hoewel wij daarvoor veel te zwaar bepakt waren. De angst voor het Rode Leger zat er diep in. Ieder moment verwachtte wij dat de T-34 tanks zouden opduiken.

Na een rit door het bos en een koude nacht, waarin wij hoopten wat voorsprong op te bouwen, belandden wij op een volledig verstopte weg die vol was met duizenden voertuigen en karretjes die westwaarts vluchtten. Soldaten van de artillerie reden hun kanonnen aan de kant, spanden hun paarden los en gingen er vandoor. Tanks reden tot er geen brandstof meer was en werden vervolgens in brand gestoken. Vrachtwagens met levensmiddelen strandden om dezelfde reden. De plaatselijke bevolking plunderde de wagens.

In de vroege ochtend van 9 mei 1945 waren wij de stad Neubistritz (Nová Bystrice) gepasseerd. Kort daarna hielden wij een kleine pauze. Deze was broodnodig, de paarden hadden tot nu toe zonder rust doorgereden. Kort na 14.00 uur bereikten wij Wittingau (Trebon). Op straat stonden gewapende Tsjechische civilisten. Er wapperden rode vlaggen in de stad en door luidsprekers klonken anti-Duitse parolen. Wij hoorden dat zij verwachtten dat over twintig minuten de eerste Sovjet-tanks de plaats zouden bereiken.

Het gerucht bleek maar al te waar. Om 16.00 uur werd ons karretje ingehaald door vrachtwagens van het Rode Leger. In de vrachtwagens zaten Russische soldaten die direct onze sigaretten en horloges opeisten. Wie niet onmiddellijk meewerkte, werd geslagen. Vervolgens gaven de vrachtwagens weer gas en reden ons voorbij. We vermoedden dat zij ons voor Budweis weer zouden opvangen. We besloten ons niet zo gemakkelijk te laten pakken. De kar werd aan de kant van de straat tot staan gebracht en we lieten de paarden los. Te voet gingen wij het bos in waar we wachtten tot het donker werd. Op de straat zagen wij steeds meer Sovjet-eenheden voorbij rijden. Enkele andere Duitse soldaten sloten zich bij ons aan. Ik had nog maar weinig te eten. Mijn pistool had ik weggegooid. Toen het volledig donker was splitste de groep zich wederom. Ik sloot me bij twee anderen aan. Overdag hielden wij ons schuil, 's nachts zetten wij onze reis voort.

Op 11 mei bereikten wij de rivier de Moldau. Er stond zo'n sterke stroming dat wij niet naar de overkant durfden te zwemmen. De oevers van de rivier waren erg groen zodat wij, zonder ontdekt te worden, ook overdag verder konden zoeken naar een gunstige oversteekplaats. Toen wij bij een huis aankwamen bleek de vrouw die daar alleen woonde, bereid ons wat brood te geven. In haar roeiboot zette zij ons één voor één over op de andere oever. Ook hier was wederom te zien dat Tsjechische burgers bewapend op straat liepen. Voorzichtig ging de reis verder. Het was prachtig weer. Telkens opnieuw ontmoetten we andere kleine groepjes soldaten. Eén soldaat bleek vlak bij mij in Duitsland te wonen. Wij wisselden adressen uit en beloofden elkaars ouders van onze ontmoeting te berichten, voor het geval er iets mis zou gaan. Naar ik later hoorde, bereikte hij inderdaad zijn familie na omzwervingen van 800 kilometer.

Op 14 mei ontmoetten wij de eerste Amerikanen. Wij gaven ons over. We werden verzameld in een kamp, waar ik meerdere soldaten van mijn bataljon terugvond. Het gerucht ging dat het kamp de volgende dag 100 kilometer westwaarts verlegd zou worden, op Duitse bodem, hetgeen bevestigd werd door een Amerikaanse kolonel. Vrolijk stapten wij op de gereed staande vrachtwagens. De Duitse grens kwam snel naderbij. Op een gegeven moment was de afstand slechts nog tien kilometer. Toen draaiden de vrachtwagens weg in noordelijke richting. Een gevoel van onzekerheid maakte zich van ons meester. Tegen 22.00 uur bereikten wij Strakonice en vijftien kilometer verder reden de vrachtwagens ineens een

akker op waar Russische soldaten ons stonden op te wachten. Met stokslagen werden wij van de vrachtwagens gejaagd en beroofd van alles wat wij hadden. Een wat oudere Duitse officier kon de vernederingen niet aan en schoot zich voor mijn ogen door het hoofd. Pas toen het licht werd, drong de situatie tot mij door. Er waren duizenden Duitse soldaten op het veld verzameld. In de middag werden wij op Russische vrachtwagens weggetranspoteerd. Eind mei ging de reis per voetmars verder. De gezichten stonden steeds somberder, want wij marcheerden richting oosten. Op het station van Slabings werden wij in goederenwagons geladen, over Wenen en Bratislava ging de reis naar Boedapest. Twee dagen liet men ons daar staan op het station. Eten en drinken was er slechts in zeer beperkte mate. Via Hongarije ging het transport verder naar Roemenië. In het Karpatengebergte moesten twee locomotieven voor de trein gespannen worden. Zij kraakten en werden gestookt tot het uiterste om de zware lading over de bergen heen te krijgen. De rook uit de locomotieven drong door in onze wagons, waar iedereen luid begon te kuchen. Ik had angst te zullen stikken. Na een stop in Ploesti werden wij de volgende dag geïnterneerd in een gevangenkamp bij Tocsani. De dagen daarop ging de reis verder, almaar oostwaarts: over Kiev naar Orel tot Schekino, honderdzeventig kilometer ten zuiden van Moskou waar wij in kamp 323/15 werden opgesloten. Ik werd te werk gesteld in een mijn. Tot mijn geluk keurde een vrouwelijke Russische arts mij korte tijd later af voor dit zware werk. Tot eind 1945 stierven ongeveer twintig kameraden aan ontberingen. Enkele van hen aan longontstekingen. Na 1946 overleed niemand meer.
In de zomer van 1947 ging het gerucht dat de Duitse krijgsgevangenen in 1948 zouden mogen terugkeren naar Duitsland. De Russen maakten gebruik van onze hoop. Zij vertelden ons dat slechts de beste arbeiders terugmochten zodat wij nog harder werkten. Iedere maand, het ging tot 1948 en 1949 zo door, werd er 'de beste arbeider' benoemd. In april 1949 werd ik vanuit het kamp 7321/1 (Laptewo) overgeplaatst naar 7323/12 (Schekino) waar ik in de bouw kwam te werken. Al onze gesprekken stonden slechts in het teken van

De divisie 'Das Reich' in Praag, 1945.
Een Sturmgeschütz rijdt over een wegversperring heen, die anti-Duitse betogers hebben opgeworpen. 'Das Reich' probeerde zoveel mogelijk Duitse Tsjechen te redden.

Wenen, de olie van Zisterdorf en de mythe van de Alpenfestung 273

Voor duizenden in Praag kwam de hulp te laat. Deze foto werd genomen op 5 mei 1945. Vermoorde volksdeutschen liggen op straat.

één onderwerp: onze vrijlating. Op 24 juli 1949 hoorde ik dat ik zou behoren tot de volgende groep die naar huis terug mocht. De slaap bleef uit. In de voormiddag werden schone kleren uitgereikt. Een Russische arts deed een laatste onderzoek. Er werd hierbij vooral gezocht naar de tatoeëring die de SS onder de linker-oksel had. Iedereen die vertrok moest tekenen dat zij de Sovjet-Unie niet aansprakelijk zou stellen voor eventuele schade.
Op 2 september bevonden wij ons op de trein westwaarts. Het waren open goederenwagons. Orscha, Borrissow, Minsk rolden aan ons voorbij. Op 6 september bereikten wij Brest. Hier wisselde de spoorbreedte. De Boeg stroomde onder ons, verder ging de reis. Over Warschau en Poznan bereikten wij de Oder waarbij wij in Frankfurt in de Horn-kazerne een eerste opvang kregen. Vervolgens ging het verder naar het 'Heimkehrerlager' Gronenfelde waar wij door verpleegsters van het Rode Kruis werden opgevangen. Op 10 september bevond ik mij in de trein naar de westzone. Na uren wachten liet ik de Sovjet-zone eindelijk achter mij. Wederom werden we in een kamp opgevangen. Niemand kon slapen, iedereen was opgewonden en sprak honderduit. Per telex werden familieleden op de hoogte gebracht. Via de trein ging ik over Göttingen huiswaarts. Het laatste stuk legde ik te voet af, tot ik uiteindelijk oog in oog stond met het huis van mijn ouders, waar ik allereerst door mijn moeder begroet werd. Het gevoel na 1587 dagen krijgsgevangenschap weer thuis te zijn was niet te beschrijven. Alle vroegere krijgsgevangenen wensen dat er nooit meer een oorlog zal komen, die leed en ellende over de mensen zal brengen.'

Er hing geen waas van soldatenromantiek rond de laatste dagen van het Hongaars-Oostenrijkse slagveld. Hitlers zwaar gehavende Hongaarse legioen marcheerde in de krijgsgevangenschap. Een oorlog, die voor velen in 1939 was begonnen, werd uiteindelijk afgesloten.
Hiermee had de Heeresgruppe Süd zijn laatste gevecht gestreden. Wat begonnen was als een offensief van legers en legerkorpsen eindigde in de laatste dagen van de oorlog als een aanval van verzwakte Kampfgruppen. Hitler had tot aan het

einde vastgehouden aan wat hij in het laatste oorlogsjaar als de strategische prioriteiten van het Oostfront zag: de olievelden binnen het gebied van de Heeresgruppe Süd.

De Hongaarse tragedie

'Mijn laatste hoofdkwartier in Hongarije bevond zich in een kasteel', herinnerde Balck zich na de oorlog. 'Toen ik vanuit het raam naar buiten keek zag ik in de tuin op het terras, prachtig aangeklede dames met briljanten en diep decolleté en Hongaarse magnaten die door personeel in livrei bediend werden. Het was een indrukwekkend beeld van een vervlogen tijd dat je nooit meer vergeet. Mijn eerste reactie was zijn ze gek geworden! Toen we de volgende dag verder terugtrokken naar de 'Reichs'-grens haalden we een moeizaam voortgetrokken ossewagen in. Op de bok zat de graaf en in de wagen steunden ongemakkelijk bij elkaar de dames van het kasteel. Men had de avond tevoren afscheid genomen van een voorbije wereld vol pracht en praal. Deze wereld ging nu ten onder in een rode storm om nooit meer op te staan. Ik had mij in hun doodsbed bevonden.'

Inderdaad vormde het einde van de Duitse militaire inspanningen in Hongarije het begin van de nieuwe, communistische era. Deze periode begon toen de overgelopen Hongaarse legeraanvoerder Bela Miklos op 23 december 1944 een 'tegenregering' in Debrecen oprichtte. De Horthy-tijd, die al het goede en slechte van de Hongaarse feodale, poesta-romantiek vertegenwoordigde, was voorgoed voorbij. De laatste restanten van de Habsburgse erfenis waren met de val van Boedapest ten onder gegaan. Door de Hongaren werd dit als een nieuw trauma ervaren hetgeen in 1956 culmineerde in een volksopstand die door het Rode Leger bloedig werd neergeslagen. De Hongaren waren in het wonderjaar 1989 de eerste die het IJzeren Gordijn weer openden.

De wonden die de jaren 1944 en 1945 in Hongarije hebben geslagen zijn diep. Van de ongeveer 800.000 mensen tellende joodse gemeenschap in Hongarije lieten, naar schatting van Raul Hilberg tenminste 180.000 mensen het leven. Andere schattingen (Eugene Levai, 618.000 doden) komen zelfs nog aanzienlijk hoger uit. Wie overleefde, week veelal uit naar het westen. Hongarije verloor hierdoor zijn traditionele midden-

klasse. Op een bevolking van 14.669.128 zielen (telling 1941 op reeds vergroot gebied) waren 3.765.299 mannen dienstplichtig. Maar liefst 300.000 van hen sneuvelden aan het Oostfront. Als gevolg van de Sovjet-bezetting werden nog eens 200.000 soldaten en 295.000 burgers (andere bronnen spreken van 350.000 burgers, weer andere van 600.000 mensen totaal) door het Rode Leger geïnterneerd. Naar Hongaarse schattingen kwamen van hen nog eens 120.000 als gevolg van ontberingen om het leven. Dit vormt een totaal van meer dan een half miljoen doden, waarbij nog eens tienduizenden Hongaren kwamen, die als gevolg van oorlogsgeweld, plundering en verkrachting het leven lieten.
Naast deze verliezen dienden er ook nog eens tienduizenden Hongaarse Volksdeutschen in Duitse dienst. Hoewel er 35.000 gewoon dienst deden in het Hongaarse leger, vochten er in ieder geval 22.125 manschappen - al dan niet vrijwillig - mee in de Waffen-SS, bijna 1.800 in het Duitse leger en deden er nog verscheidene duizenden 'Arbeitsdienst' in het Duitse Rijk. Een deel van hen kwam om het leven. Zeventig tot tachtigduizend Hongaarse 'Duitsers' (volgens Hongaarse opgave leefden er zo'n 470.000 Volksdeutschen in Hongarije, volgens Duitse opgave ongeveer het dubbele) sloten zich in 1944 en 1945 zich bij het terugtrekkende Duitse leger aan en verlieten Hongarije voorgoed. Zij hadden angst voor represailles, gezien het feit dat veel Hongaarse Duitsers in de loop der (oorlogs)jaren hun naam hadden laten 'germaniseren' en lid waren geweest van pro-Duitse (SS) organisaties. 'Negentig procent van 'onze' Schwaben waren landverraders', zo stond op 23 augustus 1945 te lezen in een van de eerste parolen van de door de communisten gelanceerde perscampagne.

Naast de fysieke vernietiging hadden duizenden Hongaren traumatische ervaringen opgedaan toen het Rode Leger in Hongarije zijn gram haalde. Typerend is het dagboek dat pater Matyas in Pilisszentkereszt in de oorlog bijhield:

'Pilisszentkereszt werd in de nacht van 26 op 27 december 1944 door de Sovjets bezet. Vierduizend soldaten werden ingekwartierd. Na de zesde dag begonnen de plunderingen die ook door officieren werden uitgevoerd. Ik (de pater) werd drie-maal beroofd... De bevolking leed zeer. Verschrikkelijk waren de misdragingen die de Sovjets 's nachts uitvoerden. Vrouwen tussen de elf en zeventig jaar werden verkracht. Een zekere kapitein Vladimir was de ergste van allemaal. In de paterswoning had een Russische generaal zijn intrek genomen. De kok van het hotel Moskva kookte voor hem.'

Ook voor de Duitsers was het Hongaarse avontuur op een drama uitgelopen. Alleen al de val van Boedapest en de operaties 'Konrad' brachten (zonder Hongaarse verliezen) reeds een verlies (gewonden en vermisten meegerekend) van bijna 70.000 manschappen met zich mee. Daar kwamen de verliezen van 'Frühlingserwachen' en de bloedige terugtocht op de'Reichsschutzstellung'en Wenen nog bij, zodat de totale Duitse verliezen ruim boven de 100.000 man kunnen worden geschat. Bloedig waren ook de verliezen van het Rode Leger. Toen op 4 april 1945 het laatste stukje Hongaars grondgebied bevrijd was, waren er niet minder dan 140.000 Russische militairen gesneuveld. Twintigduizend van hen waren in de slag om Boedapest gevallen. In de strijd om Oostenrijk vielen nog eens 26.000 manschappen van het Rode Leger. Dit maakte de Hongaarse eindstrijd tot een bloediger militair hoofdstuk dan de eindstrijd om Berlijn.

De Russische bevrijding van Hongarije betekende niet alleen de opname van het land binnen het IJzeren Gordijn en het einde van het bijna feodale tijdperk van Horthy, maar ook het definitieve einde voor de Hongaarse fascisten. Reeds in januari 1945, de operaties 'Konrad' waren nog in volle gang, beoogde de tegenregering een volksgerecht om de Hongaarse Nazi-beulen voor de rechter te brengen. De processen begonnen meteen in oktober 1945 in het gebouw van de muziek-academie van Boedapest. De belangrijkste Hongaarse fascisten zoals Szálasi, Endre en Baky werden ter dood veroordeeld en opgehangen. Er stonden honderden mensen om de executieplaats van Szálasi. Terwijl twee in donkere man-

Adolf Eichmann tijdens zijn proces in Israël.

Eén van Eichmanns slachtoffers die de oorlog overleefde.
Veel Hongaarse joden keerden niet terug naar Hongarije maar besloten hun heil elders te zoeken.

Karl Ullrich, 1946, in het krijgsgevangenkamp te Regensburg. 'Wiking' en de Hongaarse operaties waren geschiedenis geworden.

tels en met hoeden getooide mannen de gebonden Szálasi aan de galg omhoog tilden, hield een priester hem het kruis voor. Szálasi reikte zich naar voren en kuste het heilige symbool. Toen lieten zijn beulen hem schieten.

Op 1 maart 1948 waren er niet minder dan 39.514 Hongaren voor het gerecht gebracht. Er werd 322 maal de doodstraf geëist, 146 maal werd deze ook voltrokken. Ook in Duitsland vonden er rechtszaken plaats, die gerelateerd waren aan het Hongaarse drama. Ribbentrop en Kaltenbrunner werden aangesproken op de tragedie met de Hongaarse joden, zo ook een groot aantal SS-officieren die in de KZs werkzaam waren geweest. Opmerkelijk genoeg kwam Veesenmayer, zonder wie de gehele Hongaarse Holocaust niet mogelijk was geweest, er met twintig jaar gevangenisstraf bijzonder genadig af. Zijn advocaat wist in 1951 hier tien jaar vanaf te krijgen, waarop Veesenmayer ook nog eens in 1952 vervroegd werd vrijgelaten. Ook Krumey en Hunsche van het Eichmann-Kommando kwamen er met een paar jaar gevangenisstraf vanaf. Wisliceny werd uitgeleverd aan Tsjechoslowakije en in Bratislava opgehangen. Speer, de motor achter de economische uitbuiting van het land, werd veroordeeld tot twintig jaar gevangenschap.

Sommige belangrijke Nazi's ontsnapten de dans door te vluchten, zoals Kurt Becher, Otto Winkelmann en tot slot Adolf Eichmann, die in 1960 in Argentinië werd ontvoerd en vervolgens werd berecht en opgehangen in Israël.

Ook een aantal militairen moest betalen voor de participatie in de eindstrijd. Generaloberst Von Hindy van het Hongaarse I.legerkorps die samen met het IX.SS Geb.korps Boedapest had verdedigd, werd ter dood veroordeeld en op 29 augustus 1945 terechtgesteld. Zijn Duitse collega Von Wildenbruch overleefde de gevangenschap en keerde jaren na de oorlog terug in Duitsland. Ernö Billnitzer van de 'Sturmartillerie-Einheit Budapest' raakte op 12 februari 1945 in Sovjet-gevangenschap en kwam in 1948 vrij. In 1950 werd hij 'wegens staatsvijandige houding' wederom gearresteerd en in het voorjaar van 1956 vrijgelaten. Hij sleet zijn dagen vervolgens als portier in een ziekenhuis en stierf op 22 december 1977. Otto Wöhler werd na de oorlog in het zogenaamde OKW-proces tot acht jaar veroordeeld maar zat deze straf slechts gedeeltelijk uit. Hetzelfde gold voor Heinz Guderian en Sepp Dietrich. Een aantal veteranen zette zich aan het schrijven. Guderian, Rendulic, Balck en Friessner schreven hun memoires, waarbij vooral het boek van Guderian tot één van de standaardwerken over de oorlog uitgroeide. Interessant voor de controverse leger-Waffen-SS waren vooral de memoires van Balck die - door middel van het monumentale boekwerk van Georg Maier - reactie ontlokte van de zijde van de Waffen-SS. Rond het trio Gille, Ullrich en Jahnke ontstond na de oorlog het tijdschrift 'Wikingruf', dat later overging in 'Der Freiwillige'. Ullrich, die enige tijd in de 'Totenkopf'-divisie gediend had, schreef na de oorlog een divisiegeschiedenis van deze eenheid. Op initiatief van Jahnke werd na de oorlog een nieuwe grafsteen gekocht voor Felix Steiner - die aan de wieg van de divisie 'Wiking' had gestaan - toen diens graf zwaar verwaarloosd op een kerkhof in München werd aangetroffen. 'Toen Herbert Gille overleed, stonden er zes Ritterkreuzträger naast zijn bed', vertelde Jahnke na de oorlog. Diens weduwe, de SS-generaal kreeg geen pensioen, werd door de 'oude kameraden' financieel onderhouden. Franz Hack werkte na de oorlog mee aan een boek over het Regiment 'Westland' dat gedurende 'Konrad-II' zo dicht bij Boedapest was gekomen. Hij bracht zijn oude dag op het tennisveld door en wilde verder niet meer aan de oorlog herinnerd worden. Toen een onderzoeker eens doorvroeg naar een bepaalde gevechtshandeling in Hongarije schoot Hack vol: 'Niet meer...niet meer!'

Horst Lange, de enige soldaat die ik in de jaren van onderzoek van de 711.I.D. wist te traceren, gebruikte de nieuwe openheid in het oosten om af te reizen naar het Hongaarse slagveld waar hij zijn jeugd en leven op een haartje na verloren had. Hij bezocht Dobogekö en concludeerde 'hier was het....'

Inmiddels ligt het Hongaarse drama alweer ver achter ons en eisen nieuwe ontwikkelingen en de val van het communisme in Oost-Europa alle aandacht op. Vijftig jaar na dato is de

Hongaarse tragedie werkelijk geschiedenis geworden. Anderzijds zijn nu de wegen vrij voor die laatste handelingen, die door de politieke tweedeling van Europa al die tijd achterwege bleven. Soldaten van 'damals' reizen, voor de laatste maal in hun leven, terug naar het slagveld van toen. Overlevenden van de Holocaust keren terug naar huizen die ooit hebben toebehoord aan de joodse middenklasse van het land. Typerend voor het historisch inhaalproces dat momenteel plaatsvindt, was de herbegraving van Horthy in Hongarije. Inmiddels zijn er ook gedenktekens opgericht voor de Duitse en Hongaarse gevallenen in de strijd.

De Hongaarse olie, waarom het allemaal eens begonnen is, speelt geen rol van betekenis meer. In het begin van de jaren zeventig bleef de olieproductie op jaarbasis onder de twee miljoen ton en dit noodzaakte Hongarije brandstof te importeren. De bauxietproduktie bedraagt ook boven de twee miljoen ton, de aluminiumproduktie boven de 60.000 ton.

Wat niet veranderd is, is de rol van grondstoffen in de geopolitieke planning der wereldleiders. De oorlog in 1991 in Koeweit was daarvan het levende bewijs.

Bronnen

Wat het bronnenmateriaal betreft, valt dit boek over Hongarije uiteen in twee delen: het politieke en het militaire verhaal. Het politieke verhaal is voor het grootste deel een literatuurstudie en dus gebaseerd op secundaire bronnen. Het militaire gedeelte van het boek is deels een archiefstudie en deels gebaseerd op primaire bronnen, aangevuld met literatuur. Van essentieel belang voor het schrijven van het hoofdstuk over de Hongaarse jodenvervolging was het standaardwerk van Raul Hilberg. De Hongaarse politiek komt het beste tot uitdrukking in de memoires van Horthy en het standaardwerk van Macartney. De belangrijkste militaire bron vormt het Kriegstagebuch van de Heeresgruppe Süd en alle daarbij behorende documenten. Het is vanaf de start van 'Konrad' tot het einde van de oorlog praktisch intact gebleven en ter inzage in het Bundesarchief te Freiburg en het archief van Washington. De militaire literatuur met betrekking tot Hongarije is niet altijd gemakkelijk verkrijgbaar. Gosztony's standaardwerken zijn in de meeste universiteitsbibilotheken nog wel te vinden. Moeilijker is het wat betreft enkele uitgaven 'im Selbstverlag' en de studie van het US-Army War College. Met name deze laatste studie geeft een perfect overzicht van de eindstrijd aan het Oostfront. Wat betreft de eindstrijd op het grondgebied van Oostenrijk is het standaardwerk van Rauchensteiner een waardevolle bron. Over de sfeer en stemming destijds is te lezen in de vele divisiegeschiedenissen en militaire memoires die na de oorlog over dit thema werden geschreven.
Naast boeken en documenten vormen ook ooggetuigenverslagen en privédagboeken een goede aanvullende bron, een stukje 'oral-history', dat stoffige documenten voor de onderzoeker weer levend maakt.

Bronnen I: Boeken

- Abbing, A.G.M., *Het drama van Trianon.*
- Abraham, H., *1941-1945, Grosser Vaterländischer Krieg der Sowjetunion. Erlebnisse,Tatsachen, Historische Lehren.* (Berlin 1985)
- Adony-Naredy, F. von, *Ungarns Armee im Zweiten Weltkrieg. Die Wehrmacht im Kampf Band. 47.* (1971)
- Ahlfen, H. von, *Der Kampf um Schlesien 1944/1945* (Stuttgart 1980)
- Allen, W.E.D./Muratoff, P., *The Russian campaigns of 1944-45.* (London 1946)
- Andrassy, S., *Die puszta brennt.* (Zürich 1948)
- Arendt, H., *Eichmann in Jerusalem, a report on the banality of evil.* (Middlesex 1983)
- Barkai, A., *Das Wirtschaftssystem des Nationalsozialismus. Ideologie,Theorie, Politik 1933-1945.* (Frankfurt am Main 1988)
- Bartalits, L.L.S., *Hongarije en de Anschluss 1918-1938.* (Tilburg 1968)
- Bayer, H., *Die Kavallerie der Waffen-SS.* (Gaiberg/Heidelberg 1980) [selbstverlag]
- Bekker, C., *Angriffshöhe 4000. Die deutsche Luftwaffe im Zweiten Weltkrieg.* (München 1982)
- Berlin, H.U., *Kavallerie Regiment Süd, Reiter Regiment 41. 1943-1945. Die Geschichte eines Reiter-Regiments.* (z.p.1983) [selbstverlag]
- Bierman, J., *Righteous gentile, the story of Raoul Wallenberg, missing hero of the holocaust.* (Middlesex 1982)
- Biss, A., *Der Stop der Endlösung. Kampf gegen Himmler und Eichmann in Budapest.* (1966)
- Bloch, M., *Ribbentrop* (1992).
- Borcher, W., *Der Kessel von Budapest. 1944/1945. Der Kampf um die ungarische Hauptstadt. Erlebnisberichte zur Geschichte des 2. Weltkrieges.*
- Braham, R.L., *The politics of genocide. The Holocaust in Hungary Volume I, II.* (NewYork 1981)

- Bracher/Funke/Jacobsen (Hersg.), *Schriftenreihe der Bundeszentrale für politische Bildung, Band 192. Nationalsozialistische Diktatur 1933-1945. Eine Bilanz. (Bonn 1983)* Jochen Thies, *Hitlers Endziele: Zielloser Aktionismus, Kontinentalimperium oder Weltherrschaft?* 390-407.

- Bradley, D. ed., *Soldatenschicksale des 20. Jahrhunderts als Geschichtsquelle Deel 1*. Hermann Balck, General der Panzertruppe a.D., *Ordnung im Chaos. Erinnerungen 1893-1948*. (Osnabrück 1981)

- Broszat, M./Heiber, H. ed., *dtv-Weltgeschichte des 20. Jahrhunderts. Deel 10*. Gruchmann L., *Der Zweite Weltkrieg*. (München 1971)

- Budapester Stadtarchivs ed., *Budapest, die Geschichte einer Hauptstadt*. (Budapest 1974).

- Bundesministerium für Vertriebene, Flüchtlinge und Kriegsgeschadigte ed. Deel 2. *Das Schicksal der Deutschen in Ungarn*. (München 1982)

- Carr W., *Hitler, a study in personality and politics*. (London 1978)

- Center For Land Warfare US Army War College. Art of war symposium 19-23 May 1986. *From the Vistula to the Oder: Soviet offensive operations - October 1944 - March 1945. A transcript of proceedings*. (z.p. 1986)

- Chuikov, V.I., *The end of the third Reich*. [1967] (1969)

- Clark A., *Barbarossa, the Russian-German conflict 1941-1945*. (New York 1966)

- Conze, W./Eckert, G./Friedensburg, F. e.a. (Hersg.), *Die deutsche Frage in der Welt Band 7*. (Göttingen 1967) Andreas Hillgruber, *Deutschlands Rolle in der Vorgeschichte der beiden Weltkriege*.

- Dettmer, F., *Die 44. Infanterie-Division Reichsgrenadier-Division Hoch und Deutschmeister 1939-1945*. (Friedberg z.j.)

- Derogy, J., *De zaak Wallenberg. De meest tragische held van de Tweede Wereldoorlog. Een onderzoek van Fred Kapferman en Ariane Misrachi*. (Amsterdam/Brussel z.j.)

- Dieckert/Grossmann, *Der Kampf um Ostpreusen. Der umfassende Dokumentarbericht über das Kriegsgeschehen in Ostpreusen*. (Stuttgart 1976)

- Direktion des Heeresgeschichtlichen Museums ed., *Schriften des Heeresgeschichtlichen Museums in Wien. Deel 5*. Manfried Rauchensteiner, *Der Krieg in Osterreich 1945*. (Wien 1984)

- Dungan, J./Stewart, C., *Ploesti. The spectacular ground-air battle of 1st August 1943*. [1962] (London 1963)

- Dunnigan J.F. ed., *The Russian front. Germany's war in the east, 1941-45.* (London/Melbourne, 1978)

- Esteban-Infantes, E., *Blaue Division.* (1977)

- Favez, J-C., *Warum schwieg das Rote Kreuz? Eine internationale Organisation und das Dritte Reich.* [1988] (Stuttgart 1994)

- Fekete, T., *Den Janzabach entlang. Beschreibung und Geschichte der Bergwerkgemeinde Csolnok.* (Budapest 1977)

- Fischer, Fritz, *Griff nach der Weltmacht. Die Kriegszielpolitik des kaiserlichen Deutschland 1914-1918.* (Düsseldorf 1971)

- Fraenkel, H./Manvell, R. *Himmler, Kleinbürger und Massenmörder.* (Berlin 1981)

- Friessner H. Generaloberst, *Verratene Schlachten. Die Tragödie der deutschen Wehrmacht in Rumänien und Ungarn.* (Hamburg 1956)

- Galland, A., *Die Erste und die Letzten. Jagdflieger im Zweiten Weltkrieg.* (München 1982)

- Geschichte des Grossen Vaterländischen Krieges der Sowjetunion. Deel 4. *Die Vertreibung des Gegners vom Territorium der Sowjetunion und der Beginn der Befreiung Europas vom faschistischen Joch.* (Ost-Berlin 1965)

- Gilbert, M., *Auschwitz und die Alliierten.* (München 1981)

- Goebbels, J. *Dagboek 1945. 28 februari 1945-10 april 1945. De laatste veertig dagen van Hitlers propagandachef.* (Amsterdam/Brussel 1978)

- Goetz, Dr. H., *Ungarn. Eine Reise durch seine Städte und Gemeinden.* (Würzburg 1941)

- Görlitz, W., *Model, Strategie der Defensive. Von Russland bis zum Ruhrkessel.* (Wiesbaden/München 1975)

- Görlitz, W., *Der Zweiten Weltkrieg 1939-1945.* (Stuttgart 1952)

- Gosztony, P., *Endkampf an der Donau 1944/45.* (Wien/München/Zürich 1969)

- Gosztony, P., *Hitlers fremde Heere. Das Schicksal der nichtdeutschen Armeen in Ostfeldzug.* (Düsseldorf/Wien 1976)

- Gosztony, P., *Miklos von Horthy, Admiral und Reichsverweser.* Persönlichkeit und Geschichte Band 76/77.

- Grossman, A., *Nur das Gewisen, Carl Lutz und seine Budapester Aktion. Geschichte und Porträt.* (z.p., 1986)
- Guderian, H., *Erinnerungen eines Soldaten.* (Heidelberg 1951)
- Haffner, S., *Anmerkungen zu Hitler.* (München 1978)
- Haupt, W., *Die 8.Panzer-Division im Zweiten Weltkrieg.* (Bad Nauheim 1987)
- Hausser, P., *Waffen-SS im Einsatz.* (Preus.Oldendorf 1953)
- Heiber, H. ed., *Hitlers Lagebesprechungen. Die Protokollfragmente seiner militärischen Konferenzen 1942-1945. Quellen und Darstellungen zur Zeitgeschichte Deel 10.* (Stuttgart 1962)
- Henke, K.D./Woller, H.(Hg.), *Politische Säuberung in Europa. Die Abrechnung mit Faschismus und Kollaboration nach dem Zweiten Weltkrieg.* (München 1991)
- Hilberg, R., *Die Vernichtung der europäischen Juden* (drie banden) [1961] (1990)
- Hilberg, R., *Daders, slachtoffers, omstanders. De joodse catastrofe 1933-1945.* [1992] (1993)
- Horthy, N. von., *Reichsverweser Admiral. Ein Leben für Ungarn.* (Bonn 1953)
- Irving, D., *Die Tragödie der deutschen Luftwaffe. Aus den Akten und Erinnerungen von Feldmarschall Milch.* (Frankfurt am Main/Berlin/Wien 1981).
- Irving, D., *Göring.* (NewYork 1989)
- Irving, D., *HitlersWar.* (NewYork 1990)
- Jäckel E., *Hitlers Weltanschauung. Entwurf einer Herrschaft.* (Stuttgart 1981)
- Jacobsen, H.A., *1939-1945. Der Zweite Weltkrieg in Chronik und Dokumenten.* (1959)
- Juhasz, G., *Hungarian foreign policy 1919-1945.* (Budapest 1979)
- Jung, H., *Die Ardennenoffensive 1944/45. Ein Beispiel für die Kriegführung Hitlers. Studien und Dokumente zur Geschichte des Zweiten Weltkrieges,* herausgegeben vom Arbeitskreis für Wehrforschung in Stuttgart. Band 12. (Zürich/Frankfurt 1971)

- Kardorff, U. von., *Berliner Aufzeichnungen, 1942-1945.* [1992] (Stuttgart 1994)
- Kastner, R., *Der Kastner-Bericht.* (München 1961)
- Keegan, J., *Guderian, pionier van het pantserleger.* (Antwerpen 1975)
- Keegan, J., *Waffen-SS, the asphalt soldiers.* (London 1970)
- Keegan, J./Wheatcroft, A., *Who's who in military history, from 1453 to the present day.* (London 1976).
- Kehrl, H., *Kriegswirtschaft und Rüstungsindustrie. In: Bilanz des Zweiten Weltkrieges. Erkentnisse und verpflichtungen für die Zukunft.* (Oldenburg/Hamburg 1953)
- Kern, E., *Die letzte Schlacht, Kampf in der Puszta zwischen Budapest und Plattensee. Ungarn 1944-45.* (Preuss.Oldendorf 1972)
- Kerr, W., *The Russian Army, its men, its leaders and its battles.* (London 1944)
- Kesselring, A., *Soldat bis zum letzten Tag.* (Bonn 1953)
- Kissel, H., *Die Panzerschlachten in der Puszta. Die Wehrmacht im Kampf band 27.* (1960)
- Klapdor, E., *Mit dem Panzerregiment 5 'Wiking' im Osten.* (Siek 1981)
- Kleine, E./Kühn, V., *Tiger. Die Geschichte eine legendären Waffe 1942-1945.* (1981)
- Krätschmer, E.G., *Ritterkreuzträger der Waffen-SS.*
- Kuby, E., *Das Ende des Schreckens. Dokumente des Untergangs/Januar bis Mai 1945.* (München 1961)
- Kurowski, F., *Der Luftkrieg über Deutschland.* (Düsseldorf/Wien 1977)
- Lacko, M., *Arrow-cross men, national-socialists 1935-1944.* (Budapest 1969)
- Landwehr, R., *Hungarian Volunteers of the Waffen-SS.* (z.p. 1988)
- Lang, J. van, *Der Hitlerjunge. Baldur von Schirach. Der Mann der Deutschlands Jugend erzog.* (Hamburg 1991)
- Legrady ed., *Gerechtigkeit für Ungarn! Trianons grausame Irrtümer. Anlässisch des fünfzigjährigen Bestandes der politischen Tageszeitung Pesti Hirlap.* (Budapest z.j.)

- Lenfeld, E./Thomas, F., *Die Eichenlaubträger.* (1983)

- Levai, E., *Black Book on the martyrdom of Hungarian Jewry.* (Zürich/Wenen 1948)

- Levai J., *Eichmann in Ungarn. Dokumente.* (Budapest 1961)

- *Lexion der deutsche Geschichte. Personen, Ereignisse, Institutionen. Von der Zeitwende bis zum Ausgang des 2. Weltkrieges* (Stuttgart 1977).

- Liddell Hart, B.H., *The other side of the hill. Germany's generals, their rise and fall, with their own account of military events 1939-1945.* (London 1948)

- Linge, H., *In het voetspoor van de Führer. Onthullingen van Hitlers privé-adjudant.* (Utrecht 1985)

- Littlejohn, D., *The patriotic traitors, a history of collaboration in german-occupied Europe, 1940-45.* (London 1972)

- Macartney, C.A., *October fifteenth, a history of modern Hungarye 1929-1945 part II. Edinburgh university publications, history, philosophy and economics. Deel 6.* (Edinburgh 1957).

- Macksey, K., *Guderian, der Panzergeneral.* (Düsseldorf/Wien 1976)

- Magenheimer, H., *Abwehrschlacht an der Weichsel 1945. Vorbereitung, Ablauf, Erfahrungen. Einzelschriften zur militärischen Geschichte des Zweiten Weltkrieges Band 20.* (Freiburg 1986)

- Magris, C., *Donau. Biographie eines Flusses.* [1986] (1991)

- Maier, G., *Drama zwischen Budapest und Wien. Der Endkampf der 6.Panzerarmee 1945.* (Osnabrück 1985)

- Mammach, K., *Der Volkssturm. Das letzte Aufgebot 1944/45. Kleine Bibliothek, Politik, Wissenschaft, Zukunft. Deel 233.* (Berlin/Köln 1981).

- Manstein, R. von,/Fuchs, T., *Manstein, Soldat im 20. Jahrhundert. Militärisch-Politische Nachlese.* (München 1981)

- Marton, K., *Wallenberg.* [1982] (1983)

- Maser, W., *Hitler, legende, mythe, werkelijkheid.* (Amsterdam 1985)

- Matéka, Dr. B., *Mein kleiner Führer durch Budapest und Umgebung.* (Budapest 1934)

- Mayer, A.J., *Why did the heavens not darken? The final solution in history.* [1988] (1990)

- McCagg, W.O. jr., *Jewish nobles and geniuses in modern Hungary*. (New York 1971)
- Meyer, H., *Kriegsgeschichte der 12.SS-Panzerdivision Hitlerjugend. Deel 2*. (Osnabrück 1982)
- Michalka, W. ed., *Das Dritte Reich. Weltanspruch und nationaler Zusammenbruch. Dokumente zur Innen und Aussenpolitik. Deel 2*. (München 1985)
- Minchinton, W.E. (ed.), *National economic histories*. I.T. Berend/G.Ranki, *Hungary, a century of economic devolpment*. (New York 1974)
- Mitcham, S.W., *The German Army order of battle World War II*. (London 1985).
- Model, H., *Der deutsche Generalstabsoffizier. Seine Auswahl und Ausbildung in Reichswehr, Wehrmacht und Bundeswehr*. (Frankfurt am Main 1968)
- Müller, R-D./Ueberschar, G.R., *Kriegsende 1945. Die Zerstörung des Deutschen Reiches*. (Frankfurt am Main 1994)
- Nationalrat der Nationalen Front des Demokratischen Deutschland Dokumentationszentrum der staatlichen Archivverwaltung der DDR. (Hg.), *Braunbuch, Kriegs- und Naziverbrecher in der Bundesrepublik und in Westberlin*. (Berlin 1968)
- Nederlands Instituut voor Vredesvraagstukken, Z.R. Dittrich/ A.P. Goudoever, *Onafhankelijkheid als wensdroom. De buitenlandse politiek van Roemenië*. (Den Haag 1980)
- Neulen, H.W., *Euro-Faschismus und der Zweite Weltkrieg. Europas verratene Söhne*. (München 1980)
- Paul, W., *Brennpunkte, die Geschichte der 6.Panzerdivision (1.leichte) 1937-1945*. (Osnabrück 1984)
- Paul, W., *Der Endkampf um Deutschland 1945* [1976] (1985)
- Piekalkiewicz J., *Pferd und Reiter im II.Weltkrieg*. (München 1976)
- Pierik, P.W., *Van Leningrad tot Berlijn. Nederlandse vrijwilligers in dienst van de Duitse Waffen-SS 1941-1945*. (1995)
- Pohlman, H., *Geschichte der 96.Infanterie-Division 1939-1945. Herausgegeben im Auftrage des Traditionsverbandes der ehem. 96.Infanterie-Division (Kamaradenhilfswerk 96 e.V.)* (Bad Nauheim 1959)

- Pospelow, P.N./Kukin, D.M., *Geschichte der Kommunistischen Partei der Sowjetunion Band V. 1938-1945.* (Moskou 1974)

- Preradovich, N. von, *Die Generale der Waffen-SS.* (Berg am See 1985)

- Rahn, R., *Ruheloses Leben. Aufzeichnungen und Erinnerungen.* (Düsseldorf 1949)

- Ranki, G., *Unternehmen Margarethe. Die deutsche Besetzung Ungarns.* (Wenen 1984)

- *Raoul Wallenberg, fighter for Humanity.* (Zweden 1947)

- Rebentisch, E., *Zum Kaukasus und zu den Tauern. Die Geschichte der 23. Panzer-Division.* (Esslingen 1963)

- Rehm, W., *Jassy. Die Wehrmacht im Kampf Band 21.* (1959)

- Regimentskameradschaft des ehemaligen SS-Panzergrenadier-Regiments Nr.10. Westland ed., *Panzer Grenadiere der Panzerdivision Wiking im Bild.* (Osnabrück 1987)

- Rendulic, L., *Gekämpft, gesiegt, geschlagen.* (Heidelberg 1952)

- Rendulic, L., *Der Partisanenkrieg. In: Bilanz des zweiten Weltkrieges. Erkenntnisse und Verpflichtungen für die Zukunft.* (Oldenburg/Hamburg 1953)

- Reuth, R.G., *Goebbels. The mephistophelean genius of Nazi propaganda.* [1990] (1993)

- Riemenschneider, M., *Europäische Hochschulschriften, Reihe III. Geschichte und Ihre Hilfswissenschaften Bd./Vol. 316. Die deutsche Wirtschaftspolitik gegenüber Ungarn 1933-1944. Ein Beitrag zur Interdependenz von Wirtschaft und Politik unter dem Nationalsozialismus.* (Frankfurt am Main 1987)

- Ros, M., *Bloednacht Mayerling 1889-1945.* (Baarn 1989)

- Rothfels, H./Eschenburg T. ed., *Schriftenreihe der Vierteljahrshefte für Zeitgeschichte. Deel 28. Wilhelm H.H., Die Prognosen der Abteilung Fremde Heere Ost 1942-1945.* (Stuttgart 1974)

- Schlaug, G., *Die deutschen Lastensegler-Verbände 1937-1945. Eine Chronik aus Berichten, Tagebüchern, Dokumenten.* (Stuttgart?).

- Schramm, P.E. ed, *Kriegstagebuch des Oberkommandos der Wehrmacht (Wehrmachtführungsstab) geführt von Helmuth Greiner und Percy Ernst Schramm. Band IV: 1 Januar 1945 - 22 Mai 1945. Erster Halbband IV./7* (München 1982)

- *Schicksalweg der 13. Panzer-Division 1939-1945.* (Friedberg 1986)

- Schmith, D., *100.000 Juden gerettet. Raoul Wallenberg und seine aussergewöhnliche Mission in Budapest.* [1986] (Stuttgart 1987)

- Schukow, G.K., *Erinnerungen und Gedanken* (Stuttgart 1969)

- Schultz-Naumann, J., *Mecklenburg 1945.* (München 1989)

- Seaton, A., *Stalin as warlord.* (London 1976)

- Semmen, G. von, *Die Ritterkreuzträger 1939-1945. Mit einem Anhang über die Verleihungsbestimmungen von Rudolf Abolson, Leiter der Abteilung Zentralnachweisstelle des Bundesarchivs.* (Bad Nauheim 1955)

- Siegrunen?, *Budapest, the city of the unvanquished heroes.* (z.p. z.j.)

- Skorzeny, O., *Wir kämpften wir verloren. Kriegsberichte der Waffen-SS.* (1962)

- Skorzeny, O., *Meine Kommando-Unternehmen.* (Wiesbaden/München 1981)

- Sofsky, W., *Die Ordnung des terrors. Das Konzentrationslager.* (Frankfurt am Main 1993)

- Solowjow B., *Wendepunkt des Zweiten Weltkrieges, Die Schlacht bei Kursk.* (Köln 1984)

- Speer, A., *Spandauer Tagebücher.* [1975] (1981)

- Speer, A., *Der Sklavenstaat. Meine Auseinandersetzungen mit der SS.* [1981] (1984)

- Spiel, H., *Glanz und Untergang. Wien 1866 bis 1938.* [1987] (1994)

- Stein, G.H., *Geschichte der Waffen-SS.* (Düsseldorf 1978)

- Steiner, F., *Von Clausewitz bis Bulganin. Erkenntnisse und Lehren einer Wehrepoche.* (Bielefeld 1956)

- Stoves, R.O.G., *1.Panzer-Division 1935-1945. Chronik einer der drei Stamm-Divisionen der deutsche Panzerwaffe. Zusammengetragen von Soldaten der ehem. 1.Pz.Div., ihren Angehörigen, Freunden und Kameraden. Herausgegeben im Auftrage des Kameradenkreises der ehemaligen 1.Panzer-Division (Weimar) (Kameradschaftsbund 1.Pz.Div./Kam. Hilfswerk E.V.)* (Bad Nauheim 1961)

- Stoves, R.O.G., *Die gepanzerten und motorisierten deutschen Grossverbände (Divisionen und selbstandige Brigaden) 1935-1945. Aufstellung, Gliederungen, Kommandeure, Einsätze, Ende, Literatur.* (Bad Nauheim 1986)

- Strassner, P., *Europäische Freiwillige. Die Geschichte der 5.SS Panzerdivision Wiking.* (Osnabrück 1986)

- Sydnor, C.W., *Soldiers of destruction. The SS Death's Head Division 1933-1945.* [1977] (1990)

- Szöllösi-Janze, M., *Die Pfeilkreuzler-Bewegung in Ungarn. Historischer Kontext, Entwicklung und Herrschaft. Studien zur Zeitgeschichte Band 35.* (München 1989)

- Tessin, G., *Verbände und Truppen der deutschen Wehrmacht und Waffen-SS im Zweiten Weltkrieg 1939-1945. Die Landstreitkrafte 201-280 en 631-800.* (Osnabrück 1973,1975)

- Tieke, W., *Das Ende zwischen Oder und Elbe. Der Kampf um Berlin 1945.* (Stuttgart 1981)

- Tieke, W., *Der Kaukasus und das Oel. Der deutsch-sowjetische Krieg in Kaukasien 1942/43.* (Osnabrück 1970)

- Tieke, W., *Von Plattensee bis Österreich. Die Heeresgruppe Süd 1945.* (Gümmersbach 1975)

- Tieman, R., *Die Leibstandarte Band IV/2* (Osnabrück 1987)

- Tilkovszky, L., *Ungarn und die deutsche 'Volksgruppenpolitik' 1938-1945.* (Köln/Wien 1981)

- Toland, J., *The last 100 days.* (New York 1967)

- Tolstoy, N., *Die Verratenen von Jalta. Englands Schuld vor der Geschichte.* (München/Wien 1987)

- Traditionsverband der 3.Panzer-Division ed., *Geschichte der 3. Panzer-Division Berlin-Brandenburg 1935-1945.* (Berlin 1967)

- Tremain, R., *Stalin.* (Antwerpen 1978)

- United Restitution Organization. *Judenverfolgung in Ungarn. Dokumentensammlung.* (Frankfurt am Main 1959)

- Ungarisches Institut München ed. *Studia Hungarica, Schriften des ungarischen Institus München. Deel 2.* Gosztony P., *Der Kampf um Budapest 1944/45.* (München/Zürich 1964)

- Waffenring Kavallerie - Schnelle Truppen. e.v. ed., *Schriftreihe des Waffenrings Kavallerie - Schnelle Truppen Deel 1.*

- Wallace, Brig.Gen. B. G., *Patton and his third army.* (Nashville 1981)

- *Wehrmachtberichte 1939-1945.* Band 3, 1. januar 1944 bis 8 Mai 1945. (München 1985)
- Werth, A., *Rusland in oorlog 1941-1945.* (Amsterdam 1979)
- Weissberg, A., *Die Geschichte von Joel Brand.* (Köln 1956)
- Weithmann, M. von (Hg.), *Der ruhelose Balkan. Die Konfliktregionen Südosteuropas.* (München 1993)
- Wieczynski, J.L., *The modern encyclopedia of Russian and Soviet History. Deel 25 en 39* (z.p.1985)
- Whiting, C., *Skorzeny, de gevaarlijkste man van Europa.* (Antwerpen 1975)
- Wighton, C., *Eichmann, symbool van een regime.* (Utrecht/Antwerpen 1961)
- Wilmot, C., *The struggle for Europe.* (London 1952)
- Wistrich, R., *Wer war wer im Dritten Reich. Ein biographisches Lexikon. Anhänger, Mitläufer, Gegner aus Politik, Wirtschaft, Militär, Kunst und Wissenschaft.* (Frankfurt am Main 1987)

Bronnen II: Artikelen

Een aanzienlijk deel van de hieronder gepubliceerde artikelen ligt ter inzage in het RIOD en is grootdeels gerubriceerd onder persoonsnamen. Ook deze literatuuropgave is gerubriseerd op persoonsnaam. Indien deze niet bekend is, is de bron als uitgangspunt genomen.

- Albrecht, E., *Soldat ohne Furcht und Tadel.*

- Algemeen Dagblad, *'Wallenberg stierf natuurlijke dood' (11.03.1992)* *'Wallenberg in jaren vijftig nog gefotografeerd in Goelag.'* (19.02.1993)

- Algemeen Handelsblad, *Crisis in Israel verwekt door senationeel proces. Drama uit oorlogstijd maakt verkiezingsstrijd bijzonder fel.* (09.07.1955)

- Amersfoortse Courant., *SU bekent schuld in zaak Wallenberg.* (24.08.1989)

- Bergmayer, A., *'Hansi', ein Kinderschicksal 1945.* Der Freiwillige (4/1988)

- *Berkenkruis*, maandblad voor oud-oostfrontstrijders. 21ste jaargang nummer 4. Grasmaand-april 1974.

- Bernau, G., *Aus den letzten Kämpfen in Ungarn. I./SS-Panzer-Artillerie-Regiment 5* (DsJb)

- Bethell, N., *De man die weet wat er met Wallenberg is gebeurd.* (HP/De Tijd 23.10.1992)

- Biss, A., *Who was to live? A million jews to save.* (The Economist 16.02.1974).

- Boss, W., *Rechtschapen ondernemers. Zaken doen tot elke prijs. De economische collaboratie van neutrale staten met Nazi-Duitsland.* (Elsevier 25.08.1990)

- Bulletin, *Bundeskanzler würdigt Raoul Wallenberg.* (24.08.1989)

- East European Reporter, *We have nothing to be ashamed of. Jozsef Antall's speech remembering the battle of the Don.* (maart/april 1992)

- Galen-Last, D. van., *Accountantsverslag 'Auschwitz'.* (De Volkskrant 1993)
- (De) Gelderlander, *CIA: 'Wallenberg werkte voor VS.'* (?)

- Gosztony, P., *Ungarns militärische Rolle im Zweiten Weltkrieg. Wehrwissenschaftliche Rundschau (Teil IV). Blz. 157-164.* 5/82,

- Gosztony, P., *Unternehmen Margarethe.* (Die Zeit 18.03.1994)

- Györgyi, dr. K., *Wenn ein Ungarndeutscher der SS beitrat.* (FAZ 03.04.1993)

- Höpp. Prof. dr. G., *Was Muslime in Deutschland oft nicht wissen.* (F.A.Z. 02.06.1993)

- Jägerblatt, offizielles Organ der Gemeinschaft der Jagdflieger e.V., 1 Januar 1945: Unternehmen *'Bodenplatte'. Untergang der deutschen Jagdwaffe im Westen vor vierzig Jahren.*

- (Die) Kiepe, *Attentat auf Israelischen Redakteur.* (voorjaar 1957)

- KRO, *Joel Brand handelaar in mensen.* (14-20.02.1965)

- Melkman, dr. J., *Eerherstel voor Kasztner. Een aarzelend oordeel.* (Nieuw Israelitisch Weekblad 31-01-1958).

- Michman, dr. J., *Nimmer helende wonden.* (Nieuw Israelitisch Weekblad 08.07.1955)

- Michman, dr. J., *Toneelstuk over Kastner snijdt oude wonden open.* (Nieuw Israelitisch Weekblad 07.03.1986)

- Münchhausen, K. von., *Der Traum vom Grossen Arabien. Aus dem Leben des Grossmuftis: Werber für die Waffen-SS, Kriegstreiber gegen Israel, Note an Bonn.* (Die Zeit nr.37 07.09.1990)

- Nechushtan, dr. A., *'Verbond met de duivel.' Zware beschuldigingen in geruchtmakend proces.* (De Telegraaf 11.08.1955)

- Nieuw Israelitisch Weekblad, *Dr. Kasztner rechtvaardigt zijn gedrag tijdens de Duitse bezetting.* (22.07.1955)
  Onderzoek naar Kastner. Admiraal Horthy gaf inlichtingen. (16.12.1955).
  Proces van Grunwald tegen Kasztner begonnen. (17.02.1956)
  Moordaanslag op omstreden joodse leider Kastner. (05.03.1957)
  Dr. Kasztner herdacht. (21.03.1958)
  Politieke moord. De dood van Dr. Israel Kasztner. (22.03.1957)
  Beroep van Kasztners moordenaars verworpen. (09.05.1958)
  Standbeeld in Boedapest onthuld voor legendarische Wallenberg. (1987)
  Ter doodbrenging Wallenberg was een vergissing. (20.03.1992)

- (De) Nieuwe Dag, *Dr. Kastner in Tel Aviv overleden.* (16.03.1957)
- Nieuwe Rotterdams Courant, *Israel, Nasleep van de zaak-Kastner.* (18.01.1958)

- Noll, R., *Im Kessel von Budapest. Erlebnisbericht eines Funktruppführers. Wiking-Ruf, Mitteilingsblatt der europaischen Soldaten der ehemaligen Waffen-SS für Vermissten-Such und Hilfsdienst.* Nr. 17 (Hannover maart 1953)

- NRC-Handelsblad, *Joël Brand.* (19.02.1965)
  Excuses Moskou in zake Wallenberg. (24.08.1989)
  '*Wallenberg niet in 1947 overleden*' (29.03.1990)
  Raoul Wallenberg (16.11.1989)
  Wallenberg sprak met Eichmann. (15.01.1990)
  KGB opent dossiers Wallenberg. (28.08.1990)

- *Panzerkampf bei Komadi und Debrecen. Harte Abwehrkämpfen in Ostungarn im Herbst 1944.* (Ia. 23.Pz.D./Alte Kameraden)

- (Het) Parool, *Werk voor VS maakte Raoul Wallenberg verdacht.* (01.10.1993)

- Pierik, P. W., *Strijd om Boedapest en Wenen 1945.* Militaire Spectator (1991/2)

- Pierik, P. W., *Hongarije als wapenbroeder van Nazi-Duitsland. Hongarijes moeizame weg naar een eigen plaats in Midden-Europa.* Militaire Spectator (1991/5)

- Pohlman, H., *Eine entscheidende Überraschung. Der Donau-Übergang im Februar 1945.* (Alte Kameraden)

- (Das) Reich , *Um ganz Europas Schicksal.* (04.02.1945)

- Reitlinger, G., *The jews and the allies.* (The Observer, 20.04.1958)

- Rusland Monitor, *De Loebjanka en Wallenberg.* (jan/feb. 1992)

- Schickel, A., *Das Kriegsende in Osterreich und Ungarn. Vor 25 jahren eroberten die russischen Truppen Budapest.* (FAZ 20.02.1970)

- Schriftenreihe `Tradition im Forschritt'. Deel 9. *Chronik des Panzer-Aufklärungs-Bataillons 12 Ebern u. seiner Kameradschaftsverbände. Festschrift zum Treffen des Waffenrings der Kampftruppen Kavallerie-Schnelle Truppen e.v. vom 1.-4. Juni 1972* (Coburg 1972)

- Schweitzer, E., *Nach Zehn Tagen wieder hinter den deutschen Linien. Die 13.Pz.D. im Kessel von Budapest im Februar 1945.* (Alte Kameraden, nr.7 juli 1990)

- (Der) *Sturmartillerist. Zeitschrift der Gemeinschaft der Sturmartillerie e.V.* (Heft 90 1988)

- (De) Telegraaf., *Moskou:Wallenberg al in 1947 overleden.* (20.09.1988)

- Tilkovszky L., *Acta Historica, revue de l'academie des sciences de Hongrie. Deel 20. Die Werbeaktionen der Waffen-SS in Ungarn.* (Budapest 1974)

- Trouw, *Joel Brand, tegenspeler Eichmann, overleden.* (Trouw 15.07.1964)

- Utrechts Nieuwsblad, *Familie ontvangt eigendommen van Wallenberg.* (17.10.1989)

- Veluws Dagblad, *Sovjet-TV wil informatie over Wallenberg.* (06.10.1989)

- Voigt, H., *Zurück in die Reichsschutzstellung. Mit dem G.R.284 in den Kleinen Karpaten.* (1984/Alte Kameraden)

- Voigt, H., *Rückzug an die March. Das Regiment 284 bei Lozorno und Zohor.* (1985/Alte Kameraden)

- Voigt, H., *An der March-Front. Die Kämpfe um den Brückenkopf Ungeraiden.* (1985/Alte Kameraden)

- Voigt, H., *Auf historischen Boden. Zur Lage an der Hainburger Pforte im Frühjahr 1945.* (1985/Alte Kameraden)

- Voormalig Verzet Nederland, *Massamoord.* (16.07.1955). *Rechtlijnigheid en een interessant proces in Israel.* (08.10.1955)

- Wiking-Ruf, *Mitteilungsblatt der europäischen Soldaten der ehemaligen Waffen-SS für Vermissten-Such und Hilfsdienst. Deel 17.* (Hannover 1955)

- Wittenberg, D., *Wallenbergs bouwden rijk op ellende.* (NRC-Handelsblad 07.11.1989)

- Wunderle, M, *Bloss Lügengeschichte erzählt. Ein anständiger Faschist rettet Tausende ungarischer Juden vor dem Holocaust* (FAZ 27.02.1993)

- (Het) Vrije Volk, *Kastner geen collaborateur.* (16.01.1958)

Bronnen III: Ongepubliceerde bronnen

Boeken 'im Selbstverlag' zijn bij de boeken opgenomen.

- Behnke, C.H., *Dagboek Hongarije*. (1978)
- *Chronik 1944-1945 1.SS Pz.Gren.Btl. 'Norge'.*
- *Dagboek van de 01.'5.SS 'Wiking' G.Jahnke.*
- *(Die) Kavallerie der Waffen-SS. Reiten, reiten, reiten.* (Video)
- Lange, H., *Uitgewerkte herinneringen aan diensttijd bij 711.I.D. in Hongarije.*
- *(Der) Panzerkamerad. Aus der Kampf einer Rhein.-westf. Panzerdivision.* (divisie-tijdschrift 6.Pz.D. 1945)
- Pierik, P.W., *De operaties 'Konrad'* (november 1989)
- Pierik, P.W., *De operaties 'Konrad' en 'Frühlingserwachen'.* (juni 1990)
- Pierik, P. W., *Hongarije 1945. De operaties 'Konrad' en 'Frühlingserwachen'. De ondergang van Hitlers 6. SS pantserleger tussen Boedapest en Wenen.* (een werkmanuscript) (Nieuwegein 1994)
- Schönfelder, M., *Einsatz der Verbänder der Waffen-SS auf dem Kriegsschauplatz Ungarn in der Zeit von 01.01.1945-31.03.1945.* (1981)
- Schwarze Korps: *SS-Kriegsberichter Kurt Eggers: 'Für die Waffen-SS, das Fort der Unbeugsamen.* (1945)
- Sudauen, T. von, *Und glaubten das wir siegten. Als 17-Jähriger Panzersoldat der Waffen-SS von 1942 bis 1945 an der Front im Osten.*
- Wilfer, F., *Dagboek 15.03.1945-22.03.1945.*

Bronnen IV: Archiefmateriaal

- Bundesarchiv Koblenz, RK 43 II/692 f
- Bundesarchiv Koblenz, R24/835 fol.1/Die ungarsiche Industrie ab 1939. Statistisches Reichsamt, Zentralrat für die Auslandsstatistik und Auslandforschung September 1944.
- Bundesarchiv-Militärarchiv Freiburg, RH 60/V 40
- Bundesarchiv-Militärarchiv Freiburg, RH 19V/45
- Bundesarchiv-Militärarchiv Freiburg, RH 19V/46
- Bundesarchiv-Militärarchiv Freiburg, RH 19V/58
- Bundesarchiv-Militärarchiv Freiburg, RH 19V/59
- National Archives, Washington D.C. Microfilm T-311/rol 162, 163 en 165. (KTB.Heeresgruppe Süd 01.01.1945 tot einde van de oorlog/Anlage zum KTB.Heeresgruppe Süd).
- Rijksinstituut voor Oorlogsdocumentatie (RIOD)/Amsterdam (artikelen-archief/persoonsarchief)

- Privé-archief Mirko Bayerl/Zweden (foto's/documenten)
- Privatarchiv der Waffen-SS W. Vopersal/Hamminkeln (divisie- archief)
- Privatarchiv I. Heinrich/Lüdinghausen (persoonsarchief)
- Privé-archief G. Verhoef/Den Haag (persoonsarchief)

De foto's zijn afkomstig uit het Bundesarchiv Koblenz, het Rijksinstituut voor Oorlogsdocumentatie in Amsterdam, het privé-archief van Mirko Bayerl Zweden en het privé-archief van Perry Pierik.

Bronnen V: Mondelinge en schriftelijke mededelingen/correspondentie ter inzage

- Adämmer, Reinhard (6.Pz.D.)
- Agte, Patrick (Voorzitter Kameradenkreis I.SS Pz.korps)
- Albrecht, Ernst (96.I.D.)
- Antal, Dr.Saghy (inwoner Süttö)
- Banny, Leopold (auteur)
- Bayerl, Mirko (Zweeds onderzoeker, gespecialiseerd in operaties 'Konrad')
- Behnke, Carlheinz (4.SS 'Polizei')
- Bering, Rolf (6.Pz.D.)
- Berwald (Vorsitzender Verband Ehemaligen der 23.Pz.D.)
- Blume, Ernst (6.Pz.D.)
- Burchardt, U lf (96.I.D.)
- Burckhardt (101.Jg.D.)
- Dehen, Herbert (6.Pz.D.)
- Dülberg, Otto (8.SS 'Florian Geyer')
- Fdez-Solis (Generaalsecretaris Hermandad de la Division Azul/250.I.D.)
- Felgenhauer, Prof.Dr. Fritz (universiteit Wenen)
- Fussen, Johan (6.Pz.D.)
- Gaedcke, Heinz (Chef des Stabes 6.leger)
- Gündler, Karl (357.I.D.)
- Hack, Franz (5.SS 'Wiking')
- Hahl, Fritz (5.SS 'Wiking')
- Hammer, Ulrich (3.SS 'Totenkopf')
- Hauschildt, Werner (6.Pz.D.)
- Heder, Eberhard (5.SS 'Wiking')
- Heinrich, Ingo (archief)
- Husemann, Friedrich (4.SS 'Polizei')
- Jahnke, Günter (01. 5.SS 'Wiking')
- Jakobs, Dr,N. (3./4.Kav.Brigade/Divisie)
- Johow, Carl (6.Pz.D.)
- Krüger, Walter (12.SS 'Hitlerjugend')
- Kunze, Hans (96.I.D.)
- Lange, Horst (711.I.D.)
- Melinkat, Siegfried (5.SS 'Wiking')
- Menn, Waldemar (Schatzmeister Kameradschaftsbund 6.Pz.D. (1.leichte)
- Meyer, Hubert (12.SS 'Hitlerjugend'/auteur)
- Müller, Conrad (3./4.Kav.Brigade/Divisie)
- Padua, Anton (5.SS 'Wiking')
- Persch, Heinz (6.Pz.D.)
- Pipo, Klaus (96.I.D.)
- Philiph, Ernst (Gruppe Philiph/1.Pz.D.)
- Pohlman, Hartwig (Vorstandsvorsitzender 96.I.D./auteur)
- Pörtner, Heinrich (211.V.G.D.)
- Portugall, Kurt (8.SS 'Florian Geyer')

- Scherschel, Heinz (5.SS 'Wiking')
- Schmitz, Peter (Rgt.67/auteur/onderzoeker)
- Schmückle, Gerd (General a.D./auteur)
- Scholz, Dr.med.Wolfgang (San.6.Pz.D.)
- Schraml, Franz (Deutsch-Kroatische Legionsdivizionen)
- Schroeder, Ernst (23.Pz.D.)
- Siegel, Hans (12.SS 'Hitlerjugend')
- Stahl, Dr. Paul (6.Pz.D.)
- Stoves, Rolf (1.Pz.D. auteur)
- Stückler, Albert (I.SS Pz.korps)
- Ullrich, Karl (5.SS 'Wiking'/auteur)
- Wilfer, Franz (5.SS 'Wiking')
- Wolfgarten, Hubert (6.Pz.D.)
- Voigt, Horst (auteur/historicus)
- Vopersal, Wolfgang (archief)
- Wanzenberg, Wilhelm (6.Pz.D.)
- Zimmermann, Rudolf (6.Pz.D.)

Afkortingen
(Duitse en Nederlandse verklaring) *

AA	Aufklarungsabteilung (verkenningsafdeling)
Abt	Abteilung (afdeling)
aD	ausser Dienst (buiten dienst)
AK	Armeekorps (legerkorps)
AOK	Armeeoberkommando (opperbevel van het leger)
AR	Artillerieregiment (artillerieregiment)
art	artillerie (artillerie)
Art	Artillerie (artillerie)
AuEBtl	Ausbildungs- und Ersatzbataillon (opleidings en aanvullingsbataljon)
B	Beobachter (waarnemer)
BAMA	Bundesarchiv/Militairarchiv (`Bundes'-archief en militairarchief)
Btl	Bataillon (bataljon)
D	Division (divisie)
Div	Division (divisie)
FHH	Feldhernnhalle
FAD	Feldaussbildungsdivision (divisie in opleiding)
Flak	Flugzeugabwehrkanone (luchtafweerkanon)
Freiw	Freiwillig (vrijwillig)
G	Garde (garde)
Geb	Gebirg (berg)
GefStd	Gefechtsstand (hoofdkwartier)
Gen	General (generaal)
Gren	Grenadier (grenadier)
He	Heinkel
Hgr	Heeresgruppe (legergroep)
HKL	Hauptkampflinie (hoofdfrontlijn)
HuDM	Hoch und Deutschmeister
I	Infantrie (infanterie)
ia	in aanvoer
Jg	Jäger (jager)
Kav	Kavallerie (cavalerie)
Kdr	Kommandeur (commandant)
Kgr	Kampfgruppe (gevechtsgroep)
Kom	Kompanie (compagnie)
KTB	Kriegstagebuch (oorlogsdagboek)
Lkw	Lastkraftwagen (vrachtwagen)
MG	Maschinengewehr (machinegeweer)
Mech	mechanisiert (gemechaniseerd)
mot	motorisiert (gemotoriseerd)
O	Ordonnanz (ordonnans)
OKH	Oberkommando des Heeres (opperbevel van de landmacht)
OKW	Oberkommando der Wehrmacht (opperbevel van het leger)
Pak	Panzerabwehrkanone (anti-tankkanon)
Pi	Pionier (pionier/genie)

Pol	Polizei (politie)
Pszt	Puszta (poesta)
Pz	Panzer (pantser)
Res	Reserve (reserve)
Rgt	Regiment (regiment)
s	schwere (zware)
S	Schützen (infanterie/grenadier)
SD	Sicherheitsdienst (veiligheidsdienst)
Sfl	Selbstfahrlafette (gemechaniseerde artillerie)
SPW	Schützenpanzerwagen (halftruck)
SS	Schutzstaffel
Szt	Szint (sint)
ung	ungarisch (Hongaars)
VGD	Volksgrenadierdivision
zbV	zum besonderem Verwendung (voor speciaal gebruik)
Ia	1.Generalstabsoffizier (Führung) (leiding)
Ib	2.Generalstabsoffizier (Versorgung) (fourneren)
Ic	3.Generalstabsoffizier (Feindlage/Abwehr) (spionage)
Id	4.Generalstabsoffizier (Organisation) (organisatie)
01	1.Ordonnanzoffizier (bij Ia)
02	2.Ordonnanzoffizier (bij Ib)
03	3.Ordonnanzoffizier (bij Ic)

* *Het zal de lezer misschien opvallen dat er soms voor hetzelfde woord twee afkortingen in de lijst zijn opgenomen (bijvoorbeeld bij divisie: D en Div). Dit komt door het feit dat de in de citaten gebruikte afkortingen ongewijzigd in de tekst zijn opgenomen.*
Sommige woorden zijn niet vertaald omdat zij typisch Duits zijn.

SS-rangen in vergelijking met rangen in het Nederlandse leger (1940)

SS-Schütze (SS-Mann)	soldaat
SS-Oberschütze	soldaat 1e klas
SS-Sturmmann	
SS-Rottenführer	
SS-Unterscharführer	korperaal
SS-Scharführer	
SS-Oberscharführer	sergeant/wachtmeester
SS-Hauptscharführer	sergeant-majoor
SS-Stabsscharführer	
SS-Sturmscharführer	
SS-Standartenjunker	
SS-Standartenoberjunker	
SS-Untersturmführer	2e luitenant
SS-Obersturmführer	1e luitenant
SS-Hauptsturmführer	kapitein/ritmeester
SS-Sturmbannführer	majoor
SS-Obersturmbannführer	luitenant-kolonel
SS-Standartenführer	kolonel
SS-Oberführer	
SS-Brigadeführer	generaal-majoor
SS-Gruppenführer	luitenant-generaal
SS-Obergruppenführer	generaal
SS-Oberstgruppenführer	
Reichsführer-SS	

Namenregister

Hitler is niet in het register opgenomen.

Allmendinger 43
Ameiser 240
Angelis 110, 171, 207, 217, 256
Antonescu 15, 23, 24, 36, 45, 49, 50, 51, 57, 61
Apor 95
Auguszt 91
Bach Zelewski 45, 62
Bäke 240
Bakay 62
Baky 279
Balck 129, 130, 131, 134, 155, 156, 164, 166, 171, 175, 182, 185, 207, 214, 222, 224, 227, 229, 237, 247, 277, 284
Barbie 96
Baum 217
Becher 100, 120
Becker 149, 228, 267, 268
Bem 240
Berlin 163
Bernadotte 262
Bieber 157
Billnitzer 132, 143, 283
Bittrich 207, 218, 219, 222, 231, 236, 250, 251
Boeltzig 240
Boetticher 266
Boisson 257
Boosfeld 141
Bor 251
Bormann 10, 247, 266
Braham 91, 105
Brand 98
Braun 99
Breith 109, 164, 173, 185, 223, 235
Bullock 7
Bünau 249, 250, 251, 253
Burmeister 181
Carol-II 37, 38, 51
Chyczy 22
Csatay 22, 23
Dannecker 81
Darges 163, 165, 166

De Gaulle 44
Derogy 105
Dietrich 118, 205, 206, 209, 210, 211, 213, 219, 222, 228, 229, 230, 231, 232, 236, 238, 243, 246, 247, 248, 249, 251, 252, 254, 257, 284
Dirlewanger 209, 248
Dönitz 128, 261, 264
Dörner 144
Dorr 147, 163, 181
Draganovic 96
Drexler 144
Dülberg 145
Dumitrescu 51
Eckhardt 268
Ehrenpreis 102
Eichmann 11, 24, 30, 70, 71, 72, 73, 81, 82, 83, 84, 96, 97, 98, 99, 100, 104, 121, 283
Eicke 149
Endre 72, 81, 84, 279
Feine 46
Fegelein 99
Feketehalmy 80
Fischer 10
Fölkersam 62
Franz Joseph 127
Franenfeld 38
Frederik de Grote 112, 205
Freitag 256
Fretter-Pico 56, 57, 108, 110, 111, 129
Freud 245
Friessner 46, 49, 50, 51, 52, 53, 56, 61, 65, 107, 108, 109, 111, 129, 155, 284
Fröhlich 173, 248
Gaedcke 129, 155, 156, 157, 173, 186, 206, 207, 209, 222, 247
Gercke 34
Gerstenberg 34, 52
Gesele 240
Gilbert 92
Gille 147, 155, 156, 164, 175, 176, 177, 182, 184, 235, 284

Goebbels 65, 93, 117, 118, 205, 225, 247, 261, 262, 264
Göring 53, 119, 254, 257
Gosztony 133
Gregner 141
Greiffenberg 27, 109
Grothmann 176
Guderian 27, 46, 123, 128, 137, 155, 187, 188, 206, 219, 228, 229, 236, 256, 284
Habsburg 245,
Hack 174, 175
Haffner 7, 8, 9
Hampel 207, 217
Hansen 211, 212
Harrendorf 157, 255
Harteneck 164, 185, 219, 222
Heiber 7
Heinrici 260, 261
Hermani 176
Hilberg 73, 95, 105, 277
Himmler 13, 14, 24, 29, 79, 92, 99, 100, 120, 131, 155, 156, 175, 246, 247, 252, 262, 265
Hindy 132, 141, 144, 283
Hintersatz 207
Hofer 266
Hoffmann 234
Hoffmeyer 35, 52
Holste 182
Horthy 11, 14, 15, 16, 17, 18, 22, 23, 24, 25, 35, 57, 58, 61, 62, 63, 64, 65, 66, 73, 78, 81, 84, 85, 94, 101, 107, 140, 145, 237, 238, 279
Horváth 144
Hube 211
Hübier 262
Hunsche 82, 283
Husseini 207
Jaekcel 7
Jaenecke 43
Jahnke 147, 156, 164, 185, 186, 235, 284
Janza 132, 139, 141
Jodl 13, 35, 128, 187, 266
Jury 259
Jüttner 90
Kalandy 132
Kallay 14, 23, 25, 26, 31
Kammler 85
Karoly 96, 183

Kastner 97, 198, 100, 101, 103
Keitel 13, 14, 23, 24, 252
Kern 66, 68
Kernmayer 66, 68
Kirchner 171
Klages 64
Klaus 141
Klee 96
Kleemann, 240
Klein 133
Kleine 210
Kleist 14
Klement 96
Klett 143
Kliemchen 240
Kluge 44
Koch 38
Koehler 229
Kokott 181
Komoloy 97
Konjev 260, 261
Konrad 217
Körner 261
Kostenbader 212
Krämer 210
Kraus 245
Krause 212
Kravschenko 171
Kreutz 231
Kreysing 260
Krüger 209, 219, 244
Krumey 70, 81, 283
Kucklick 143
Kumm 212, 238
Kun 15, 18
Kündiger 131
Lange 174, 176, 284
Lanz 217
Lehmann 209
Lentz 229, 239
Levai 105, 277
Lewy 96
Ley 44
Liebisch 141
Lindenau 141
Lukacz 7
Lullay 84
Lutz 104
Mack 284
Magawly 240
Mahler 245

Namenregister

Maier 174
Mainka 210
Maknovski 49
Maniu 45
Manstein 14, 116
Maringgele 141
Marschall 35
Martin 84
Maytas, 278
Michael 38, 46
Miklos 107, 277
Mitzlaff 210
Molotov 37
Mussolini 61, 69
Napoleon 171
Ney 182, 183, 207
Novak 84
Ohlen 232, 255
Ohlen und Adlerscron 248, 255
Oppenhoff 262
Ostendorff 23
Osztapenko 133
Pabst 144
Papel 157, 163, 164, 181, 239, 257
Patton 267
Peiper 211, 212
Peltz 124
Perlasca 104
Philipp 174, 182, 183
Philipps 181
Phleps 99
Phönix 143
Piepgras 108
Pipkorn 210
Pipo 240
Pius XII 94, 96
Plehps 53
Porsche 27
Pörtner 268
Portugall 133, 141, 142
Priess 207, 211, 213, 231
Quin 265
Quisling 101
Radowitz 217, 232
Rahn 63, 64, 65, 66, 145
Raschid 207
Rauchensteiner 253
Rauff 96
Rauschning 7
Reichert 165
Rendulic 252, 253, 267
Reuter 211
Ribbentrop 14, 23, 37, 64, 65, 81, 262, 264, 283
Rietger 143
Roden 173
Rönnefarth 234
Roosevelt 94, 97
Rost 211, 234
Rothe 133
Rotta 95
Ruhle 68
Rumohr 99, 131, 133, 144
Rundstedt 114, 225
Saur 27, 28, 120, 121
Schell 228
Schack 141
Schindler 101
Schirach 246, 247, 248, 249, 254
Schmidt 23
Schmidthuber 105, 140, 144
Schönfelder 141, 176, 185
Schöning 142
Schörner 260, 268
Schumilov 90
Schweitzer 143
Schwermann 268
Seidl 81
Seredi 95
Siegel 211, 223
Siehl 234
Skorzeny 61, 62, 63, 64, 65, 66, 107, 254, 262
Speer 27, 28, 29, 35, 78, 79, 115, 118, 119, 120, 121, 213, 262
Spielberg 101
Stadler 235, 243, 247
Stalin 58, 182, 214
Stauffenberg 44, 181
Steinbrenner 223
Steindl 130
Steiner 264, 284
Steinmetz 133
Stern 102
Stückler 210, 219, 236
Sumilov 171, 255
Szálasi 11, 58, 68, 69, 70, 85, 90, 91, 95, 108, 188, 279, 283
Szokoll, 250, 251
Szombathelyi 22
Thierack 262

Thunert 182
Timoschenko 217, 218
Tiso 23
Tito 26, 61, 63
Tittmann 94
Tolbouchin 49, 182
Trabandt 259, 260
Tucholsky 9, 10
Ullrich 149, 164, 235, 236, 237, 238, 284
Veesenmayer 25, 58, 63, 65, 66, 81, 90, 91, 98
Verres 109
Vertessy 131
Viktor 13
Vlassov 168
Vogel 234
Vogt 165, 171, 236, 238
Vojacek 234
Waldenfels 257, 265
Walker 267
Wallenberg 101, 102, 103, 104
Weichs 15
Weidemann 182

Weidinger 248, 268
Weiss 102, 120
Wenck 112, 129, 264
Wendrinsky 141
Westrick 78
Wieshofen 254
Wildenbruch 129, 130, 131, 132, 134, 137, 138, 141, 142, 143
Wilson 58
Winkelmann 58, 61, 81, 128
Wisliceny 70, 72, 81, 98, 283
Wittgenstein 245
Wöhler 56, 57 107, 108, 110, 111, 112, 129, 140, 150, 155, 163, 164, 171, 173, 183, 209, 210, 213, 214, 222, 224, 228, 229, 230, 235, 236, 243, 252, 264, 284
Wolff 131, 142
Zachvatejev 218
Zehender 99, 131, 144
Zimmerhackl 234
Zjoekov 149, 260, 261
Zsedenyi 228
Zstojay 81

Uitgaven Aspekt

CICERO-REEKS, NON-FICTIE VAN UITGEVERIJ ASPEKT

REEDS VERSCHENEN:

Cicero-reeks nummer 1:

PERRY PIERIK

VAN LENINGRAD TOT BERLIJN

Nederlandse vrijwilligers in dienst van de Duitse Waffen-SS 1941-1945

ISBN 90-75323-02-6
NUGI 641

Tussen 1941 en 1945 dienden meer dan 20.000 Nederlanders vrijwillig in de Duitse Waffen-SS. Onder het motto van 'Kruistocht tegen het bolsjewisme' namen zij deel aan de strijd tegen de Sovjet-Unie.
Voor het eerst wordt de geschiedenis van de Waffen-SS-eenheid 'Nederland' vastgelegd. De auteur vertelt het verhaal van collaboratie, SS-ideologie, vermeend idealisme en ontberingen aan het Oostfront.
Als het front in de zomer van 1944 als een kaartenhuis ineenstort, worden ook de Nederlandse vrijwilligers meegezogen in de maalstroom van de ondergang van het Derde Rijk. Hun nederlaag bij Berlijn vormt het einde van een van de zwartste bladzijden uit de contemporaine Nederlandse geschiedenis.

EEN HISTORISCH NOODZAKELIJK BOEK
Een taboe doorbroken aan de hand van documenten uit de archieven in Moskou en Praag en uniek foto-materiaal.

Uitgaven Aspekt

LETTERENGALERIE, FICTIE VAN UITGEVERIJ ASPEKT

REEDS VERSCHENEN:

Letterengalerie nummer 1:

GEMMA VAN DALEN

VERZET
ROMAN

ISBN 90-75323-01-8
NUGI 300

Anne is zeven jaar na de oorlog geboren. Toch staat het leven thuis nog in het teken van de oorlog.
Haar vader heeft deelgenomen aan het verzet, is opgepakt en in een concentratiekamp terechtgekomen. Na ruim twintig jaar blijkt dat hij lijdt aan wat dan genoemd wordt 'een oorlogssyndroom'. Wat er allemaal is gebeurd, is Anne niet duidelijk; er wordt nooit ergens over gepraat en er wordt ook niets gevraagd.
De bestuursfunctie van haar vader in het voormalig verzet, de bijeenkomsten en herdenkingen... Anne verzet zich in stilte tegen het vasthouden aan een tijd die in haar ogen al zó lang geleden is. Zij trouwt, krijgt kinderen en na de dood van haar ouders kan zij eindelijk het verleden afsluiten. Denkt zij.
Totdat zij Anton ontmoet, waarmee ze een verhouding begint.
Hij stelt haar vragen over haar verleden, die zij niet onbeantwoord kan laten.
Zij wordt geconfronteerd met zichzelf (haar eigen onzekerheden, lijdzaamheid en schuldgevoel), met gebeurtenissen uit het verleden en met de relatie met haar vader. Zij moet dit alles een nieuwe plaats geven in haar leven.

Gemma van Dalen (1952) studeerde Nederlands. In 1994 won zij met 'De eerlijke vinder' de korte-verhalenwedstrijd van het weekblad Margriet. Verzet is haar debuutroman.